채무면제계약의 보험성

채무면제계약의 보험성

임 수 민

경인문화사

2016년, 국내 신용카드사는 일제히 채무면제·채무유예상품(DCDS)의 판매를 중단했다. 불완전판매와 높은 요율로 인한 소비자피해와 관련하여 금융감독원이 신용카드사에게 수수료 환급을 요구하는 등 감독을 강화하자, 신용카드사들은 판매중단으로 대응한 것이다. 그 후 일부 카드사가 2018년과 2019년에 상품판매를 잠시 재개하였지만 단발적인 판매에 그쳤다. 2020년 8월 현재 국내의 모든 신용카드사는 이 상품의 신규 판매를 중단한 상태이다. 2020년 금융소비자보호처는 「금융소비자보호법 시행령」에 DCDS에 관한 조항을 신설하기 위해서 법적 검토를 하였지만 최종적으로는 조항을 신설하지 않았다.

채무면제·채무유예계약이란 할부매매계약이나 대출계약 등 여신계약의 채권자와 채무자가 여신계약의 일부조항이나 부수계약조항의 형태로 체결하는 계약으로서, 우연한 사건(주로 채무자의 사망, 상해, 질병, 비자발적 실업)의 발생을 조건으로 채권자가 채무자의 잔존채무를 면제해주거나 그 상환을 일정기간 연기해주기로 하고 그 대가로 채무자가 채권자에게 일정한 수수료를 지급하기로 하는 내용의 계약을 말한다. 그런데 국내에서는 이 계약의 보험성이 명확하게 규명되지 않은 채 신용카드회사의 부가적인 수입원으로서 도입되었다. 상품의 법적 성격이 규명되지 않은 까닭에 어떠한 법규를 적용해야 할지 명확하지 않았다. 추후 판매과정에서 불완전성과 높은 수수료율이 문제되었으나 법규가 아니라 금융감독원의 감독 강화 조치에 의존할 수밖에 없었던 것은 이러한 이유 때문이다.

그런데 신용카드사들은 이 조치에 따라서 불완전판매가 입증된 사안에 대해서 계약을 해지하는 등 일부 소비자를 구제해주었으나, 신규판매를 중단하는 방식으로 이 문제에 대응했다. 금융소비자에게는 다양한 금융상품을 적절한 비용으로 구매할 수 있는 선택권이 주어지고, 금융회사에게는 일정한 서비스를 제공하는 대가로 수익을 창출할 수 있는 기회가 주어지는 것이 바람직하다. 그러므로 규제공백으로 인해 신규판매를 중단한 채 다른 한편으로는 이미 판매된 상품에 대해서 신용카드회원이 신용카드사에 매달 수수료를 납부하고 있음에도 이에 대한 규제가 법에 의해 이루어지지 않고 있는 현재와 같은 상황은 하루 빨리 종료되어야 할 것이다. 본서는 이러한 문제의식을 가지고 동 상품의 보험성을 규명하고 적절한 규제체계를 모색하는 것을 목표로 하였다.

우리나라의 경우 여신거래에서 채무면제·채무유예계약을 이용해 온 역사가 짧고 법적 논의가 성숙되어 있지 않기 때문에, 긴 역사와 축적된 법리를 가진 미국의 법적 논의를 비교법적으로 연구하고, 지급보장보험(PPI)의 불완전판매로 인한 소비자피해를 적극적으로 구제한 영국의 사례를 검토함으로서 국내법적 시사점을 찾고자 하였다.

연구 결과, 채무면제·채무유예계약은 보험계약의 핵심적인 구성요건을 갖춘 계약임을 확인하였다. 그러나 반드시 「보험업법」을 적용해야 하는 것은 아니며, 「여신금융업법」이나 「금융소비자보호법」 등 별도의 단행법으로 규제하는 것이 타당하다.

채무면제·채무유예상품은 일반적인 보험상품과 달리 판매시에 위험의 분류와 언더라이팅이 이루어지지 않는다. 즉, 상품의 수수료율이 각 구매자(신용카드회원)의 사망 및 질병 발생 위험의 크기에 비례해서 산정되지 않는다. 이 때문에 동질적 위험을 결집시켜 위험을 분산한다는 보험성을 결여한 것이 아닌지 문제된다. 그러나 보험시장이 발달하면서 금융회사와 각 소비자의 개별계약을 통해서 위험을 이전시키는 것이 보험의 핵심적인 요소가 되었고, 당초 동질적 위험집단의 구성원 간에 위험을 분산시킨다는 상호부조적 요소는 다소 퇴색되었기 때문에, 보험의 요건으로서의 위험의 동질성은 완화해서 해석할 필요가 있다. 그러므로 상품 판매 시에 위험의 분류와 언더라이팅이 이루어지지 않는다는 점만으로 보험의 위험분산 요건을 결여했다고 볼 것은 아니다. 보험의 기술성도 보험의 본질적인 요소는 아니기 때문에 수수료율 산정에 대수의 법칙 등 보험기술이 적용되지 않는다는 사실만으로 보험성이 부정되지는 않는다.

상품 구매자는 질병의 발병 등 우연한 사건의 발생으로 인해서 신용카드이용대금 상환 채무를 이행하지 못함으로써 부담하게 될 수 있는 경제적·법적 위험을 신용카드사로 이전시키는 방식으로 제거하기 때문에, 위험이전이라는 보험의 핵심적인 요소를 구비하고 있으므로 보험성이 인정된다. 또한, 2018년 5월 29일에 시행된 「신용정보법」과 동법 시행령에서는 신용카드사가 채무면제·채무유예상품 취급 시 카드회원의 질병 정보를 이용할 수 있는 길을 열어두었기 때문에, 개인별로 위험인수 여부를 결정하고 요율을 산정하는 것이 가능해지기도 하였다.

한편, 이 상품이 손해보상성이라는 손해보험의 요건을 충족하고 있는지가 문제된다. 질병의 발병 등으로 인해서 신용카드회원에게 발생한 손해액과 신용카드사가 면제·유예해주는 잔존채무액이 불일치하고, 채무면제·채무유예라는 급부의 특성상 급부실현시점에 실제로 금전이 이동되지 않는다는 점이 보험급부와 다른 점이다. 그러나 손해보험에 적용되는 실손보상법리는 완화해서 적용할 필요가 있고, 채무면제의 경제적·

법적 효과는 채무변제의 그것과 다르지 않으며, 채무유예는 이자에 해당하는 금원을 지급하는 것과 경제적으로 동일하기 때문에, 손해보상성을 충족한다고 보아야 할 것이다.

이처럼 채무면제·채무유예계약은 현행 「상법」(제4편 보험) 제638조와 「보험업법」 제2조 제1호의 보험의 핵심적인 요소를 구비한 계약이다. 그러나 어떠한 계약이 보험의 요소를 갖춘 위험이전계약이라고 해서 무조건 보험규제를 적용해야 하는 것은 아니다. 규제비용과 법체계적 정합성을 고려해 볼 때, 보험규제법이 아닌 다른 법률로 규율하는 것이 보다 바람직할 수 있기 때문이다. 채무면제·채무유예계약을 보험으로 규제하기 위해서는 보험규제를 통해 제거해야 할 해로움이 내재된 계약이어야 한다(규제필요성 기준).

우선, 「보험업법」상의 지급능력규제(건전성규제)의 필요성은 존재하지 않는다. 「보험업법」에서 보험사의 지급능력에 대해 강하게 규제하는 이유는 보험상품이 보험료 납입시와 보험금 지급시 간의 기간이 매우 길고, 보험료 납입기간과 보장기간이 일치하지 않는 경우가 많으며, 보험금의 지급이 보험사의 약속에만 달려 있다는 특이한 생산구조를 가지고 있기 때문이다. 또, 보험회사에는 다른 주식회사와 달리 과도한 위험추구전략을 막을 수 있는 집중된 채권자가 없기 때문이다. 그런데 채무면제·채무유예계약은 수수료 납입기간과 보장기간이 일치하고, 신용카드사로부터 신용카드회원에게로의 금전의 이동(여신)이 보장사건의 발생 및 채무의 면제나 유예라는 급부의 실행에 선행한다는 점에서, 보험과는 다른 생산구조를 가지고 있다. 신용카드사는 보험회사와는 다른 자본조달방식을 가지고 있어서 집중된 채권자가 존재하기 때문에 강한 규제를 적용할 필요성이 적다. 이러한 점에서 보험회사에 대한 지불능력규제를 신용카드사에 적용할 필요성이 인정되지 않는다.

다음으로, 요율과 판매에 관한 규제는 필요하지만, 「보험업법」 규정을 그대로 적용하는 것은 적절하지 않다. 이 상품의 수수료율은 보험요율과 달리 소비자의 위험에 비례해서 산정되지 않는다. 그러므로 현행 「보험업법」상의 요율규제는 이 상품에 부적합하다. 특히, 원칙규정과 간접적 통제규정만을 두고 있는 보험업법은 채무면제·채무유예계약에 존재하는 요율 관련 해로움을 제거하기에 불충분하다. 불완전판매 등을 막기 위한 판매규제도 필요하다. 하지만 현행 보험업법상의 판매규제보다 강화된 규제가 필요하다. 따라서 「여신전문금융업법」에 조문을 신설하거나 독립된 단행법을 제정하거나 또는 「금융소비자보호법」 등 「보험업법」과는 별도의 규제체계를 마련하는 것이 법체계에 부합하는 규제방식이라고 생각된다.

채무면제·채무유예계약의 보험성을 규명하고 적합한 규제체계를 모색한 이 연구가 새롭게 생겨나는 다양한 위험이전계약의 보험성을 규명하고 적합한 규제법체계를 마련하는데 작은 도움이 되었으면 한다.

2022년 3월
임수민

〈목 차〉

서론

제1절 연구의 목적

2005년 국내 시장에 채무면제·채무유예상품이 처음으로 도입된 후부터 이 상품이 보험 상품인지 여부에 대한 논란이 계속되어 왔다. 2005년 1월, 삼성카드사가 자사 신용카드회원에게 부가서비스의 형태로 이 상품을 판매한 것을 시작으로, 여러 신용카드사가 적극적인 마케팅을 통해 이 상품을 판매했는데, 수수료율이 높다는 소비자의 불만이 제기되고, 불완전판매로 인한 소비자 피해사례가 지속적으로 보고되었다. 이에 금융감독원이 소비자의 피해를 구제해 줄 것을 신용카드사에게 권고하고 전반적인 감독을 강화하는 등의 조치를 몇 차례 취했다.

2016년, 금융감독원은 동 상품을 카드사의 적극적인 권유에 의한 판매(outbound 방식의 판매)는 금지하되 소비자의 자발적이고 적극적인 청약에 의한 판매(inbound 방식의 판매)는 허용하는 방안을 논의했고, 금융감독원과 신용카드사들은 채무면제·채무유예상품의 불완전판매 관행을 시정하기로 하는 내용이 담긴 불합리한 영업관행 개선에 관한 업무협약(MOU)을 체결하였다. 금융당국이 판매규제를 함에 있어서는 정책적인 목적 이외에 법적 근거도 명확히 제시했었어야 할 것인데 하지 못하였다. 그 해 7월부터 일부 신용카드사들이 이 상품의 신규판매를 중지하기 시작하였고 8월에는 모든 신용카드사가 신규판매를 중단했다. 2018년과 2019년에는 일부 신용카드사가 이 상품의 판매를 재개하였으나, 2020년 8월 현재 모든 신용카드사가 판매를 중단한 상태이다.

상품의 신규 판매가 중단된 2016년 이후에도 상품의 법적 성격이 명확히 규명되지 않고 있고 규제법체계도 정비되지 않고 있다. 2018년과 2019년에 일부 카드사가 신규판매를 재개한 것에 대하여 업계와 금융감독원은 명확한 해명을 내놓지 못하고 있다. 2020년 8월 경에 금융감독원은 금융소비자 보호에 관한 법률(이하 '금융소비자보호법'이라고 한다)

의 시행령에 채무면제·채무유예상품에 관한 조문을 신설하는 방안을 논의 했으나, 결국 신설하지 않기로 결정했다. 이로인해 지금까지 지속되어 법적 공백 상태가 해소되지 않았다.

상품의 법적 성격에 대한 명확한 규명 없이 불완전판매로 인한 소비자의 피해를 일부 구제해주고 상품의 신규판매를 중단한 현제의 상황은 신용카드사의 영업활동의 자유와 영리추구라는 관점에서 뿐만 아니라 소비자 효용이라는 관점에서도 바람직하지 않다. 특히 소비자의 입장에서는 합리적인 가격으로 위험을 보장해주는 상품을 구매할 수 있는 선택권을 가지는 것이 효용이 가장 높은 상태라고 할 수 있다.

한편, 이 상품을 보험업법의 보험종목으로 편입하려는 입법적 시도가 있었다. 그러나 최종 입법으로 이어지지는 못했다. 2010. 7. 23. 개정되어 2011. 1. 24. 시행된 보험업법에서는 보험상품에 대한 일반적인 정의규정을 두면서 구체적인 보험종목에 대한 입법권한은 보험업법 시행령에 위임하는 형식을 취했는데, 입법예고 당시까지만 해도 채무면제·채무유예상품과 날씨보험이 보험상품으로 열거되었으나, 최종적으로 확정되어 시행된 시행령에서는 채무면제·채무유예상품은 삭제되고 날씨보험만이 남았다.

현행 보험업법과 동법 시행령에서는 동 상품을 직접적으로 규율하지 않는 까닭에 동 상품이 보험업법의 규제대상인지는 여전히 논란의 대상이다. 본고에서는 이를 규명하기 위해 이 계약이 보험업법 제2호 제1호 본문이 정하는 보험의 개념요소를 충족하는 보험계약에 해당되는지와 신용카드사가 동 상품을 취급하는 것이 동법 제2조 2호의 보험업에 해당하는지를 먼저 살펴보고, 보험업법으로 규제하여야 할 필요성이 인정되는지를 생각해보기로 한다.

국내시장에 동 상품이 도입된 이후부터 현재에 이르기까지 동 상품에 대해 보험업법과 상법 보험편이 아니라 여신전문금융업법을 적용하고 있다. 금융감독원이 전업 신용카드사에 한정하기는 하였지만 채무면제·채무유예상품 취급을 허용한 것은 이 상품의 취급을 여신전문금융업법상의 신용카드사의 부수업무로 파악하였기 때문이다. 또, 최근 여신전문금융업법 및 관련규정이 개정됨으로써 신용카드사의 동 상품 취급권한은 여신전문금융업법상의 부수업무규정에서 연원하는 것임이 명확해졌다. 그리고 여신전문금융업법은 동 상품의 판매에 대한 일부 영업행위규제를 도입했다. 이에 관해서도 살펴보기로 한다.

동 상품의 법적 성질이 보험인지 아닌지가 명확히 규명되지 않은 채, 보험업법 적용이 배제되고 여신전문금융업법이 적용되고 있는 실정이므로, 업계 간 취급권한에 대한 갈등과 규제차익에 대한 의구심이 중단되지 않고 있다. 이미 늦었지만 이제라도 이 상품의 법적 성질을 명확히 규명해보아야 한다.

이러한 연구는 채무면제·채무유예계약 그 자체에 관한 논의로서도 의미를 가지지만, 시장에서 끊임없이 생겨나는 다양한 위험에 대한 보장수요에 의해 향후 새롭게 등장할 다수의 신종계약의 보험성을 판단하는 하나의 기준과 시사점을 제공한다는 점에서도 의미가 있을 것이라고 생각한다.

제2절 연구의 구성

본 연구는 채무면제계약과 채무유예계약이 보험의 핵심적 요소를 갖추고 보험적 위험처리방식을 사용하는 계약인지를 밝히고, 국내 신용카드사가 자사 신용카드이용계약자에게 이 상품을 판매하는 것이 보험업법상의 보험업을 하는 것에 해당되어 현행 보험업법이 정하는 보험규제를 적용하여야 하는지를 규명하는데 그 목적이 있다. 만약 이 상품을 판매하는 국내 신용카드사에 보험규제가 적용되어야 하는 것으로 규명된다면, 지금까지 신용카드사는 보험업 허가를 받지 않고 보험업을 한 것에 해당되어 위법할 뿐만 아니라 규제차익도 누려온 셈이다.

또, 어떠한 계약에 대해 보험규제를 적용하기 위해서는 보험업을 영위하는 주체가 보험회사에 해당하여야 하는데, 이는 보험규제가 보험회사의 특이한 지배구조 및 특수한 생산 사이클로 인한 보험금 지불불능을 방지하고 보험소비자를 보호하기 위한 것이기 때문이다. 채무면제·채무유예상품을 취급하는 신용카드사가 이와 같은 보험회사의 특성을 띠고 있어서, 소비자에게 약정된 급부를 제공하지 못할 위험이 크다면, 보험업법령 개정을 통해서 보험규제를 해야 할 필요성이 있을 것이다. 판매규제와 요율규제의 필요성으로 인해 보험규제를 적용하여야 할지에 대해서도 생각해본다.

본고는 5개의 장으로 구성된다. 먼저, 제1장에서는 채무면제계약과 채무유예계약의 계약구조, 계약당사자 간의 경제적 이해관계 및 법적 관계를 살펴본다. 국내 채무면제·채무유예상품시장의 역사가 짧고 실증적 조사와 연구가 부족하기 때문에, 미국시장에서 동 상품 활용역사를 간략히 살펴봄으로써 국내 시장에 대한 이해를 높인다. 이어서 채무면제·채무유예상품이 국내 시장에 도입된 후 상품의 운용현황과 금융감독원의 대응 추이와 보험규제를 적용하려는 입법적 시도에 대해 소개한다.

이어서 제2장에서는 채무면제·채무유예계약에 대한 현행법 규정을 살펴보고, 동 계약의 보험성을 논의하는 것이 보험규제법과 보험계약법적 측면에서 어떠한 의의를 가지는지를 생각해본다.

제3장에서는 채무면제·채무유예상품의 법적 성질에 관한 미국법리를 살펴보고 국내법적 논의에 참고할 만한 시사점을 도출한다. 전업 신용카드사의 새로운 수입원으로 동 상품을 도입한 우리와 달리, 미국에서는 소매할부매매업자, 자동차할부매매업자, 자동차리스업자, 창고임대업자, 은행 등 대출금융기관 등 다양한 주체가 취급해왔다. 소매할부매매업계에서는 소액채무자의 경제적 위험에 대한 대비책, 자동차할부매매업계

와 자동차리스업계에서는 보험으로 보장되지 않는 차액을 보상하는 GAP
보험과 같은 수단, 은행 등 금융업계에서는 금융기관의 신용위험을 관리
하기 위해 이용해오던 신용보험에 대한 보험규제를 회피하기 위해 신용
보험의 대안으로 활용해왔다. 이처럼 긴 상품 운용 경험과 큰 시장을 보
유한 미국의 집적된 법리를 이해하고 분석해 봄으로써 국내법적 논의를
위한 시사점을 도출한다.

　이를 바탕으로 제4장에서는 보험의 정의와 개념요소를 검토한 후 채
무면제·채무유예상품이 보험의 주요 개념요소를 구비하고 있는지를 분
석한다. 구체적으로는 채무면제·채무유예상품계약을 통해 위험이 이전
되고, 위험집적(risk pooling)을 통한 위험의 분산이 이루어지는지를 검토
하는 동시에, 보험이 되기 위해서는 집적되는 위험이 반드시 동질적 위
험이어야 하는지에 대해 재검토한다. 다음으로는 채무면제·채무유예상
품계약 체결시점에 위험분류와 언더라이팅 및 개별소비자의 위험에 기
초한 요율산정이 이루어지지 않는데, 그럼에도 불구하고 보험계약으로
볼 수 있을 것인지를 생각해본다. 손해보상성을 충족하는지도 검토한다.

　제5장에서는 채무면제·채무유예상품이 보험의 요소를 갖춘 보험이라
고 해서 상품 취급 주체에게 반드시 보험규제를 적용하여야 하는 것은
아니라는 점을 밝히고, 채무면제·채무유예상품을 취급하는 신용카드사
에 대해 보험규제를 하여야 할 필요성이 존재하는지를 살펴본다. 보험규
제를 지급능력규제, 요율규제 및 판매규제로 나누어서 각각의 규제필요
성을 검토한다.

　결론에서는 위의 논의들을 요약·정리하고 앞으로의 전망을 제시한다.

제1장
채무면제·채무유예계약 개관

제1절 채무면제·채무유예계약의 의의

I. 정의

채무면제계약이란 대출을 받은 차입자에게 계약에서 정한 일정한 사건(이하 '보장사건'이라고 함)이 발생하면 대여자가 차입자의 채무(대출금상환채무, 신용카드대금상환채무 등)를 면제하여 주기로 하고 차입자는 그 대가로 수수료를 지급하기로 하는 계약을 말한다. 채무유예계약이란 대출을 받은 차입자에게 계약에서 정한 일정한 사건이 발생한 경우, ① 채무(대출금상환채무, 신용카드대금상환채무 등)의 전부 또는 일부의 상환을 유예하면서 그 기간 동안에 이자도 발생하지 않는 것으로 약정하거나, ② 이자의 상환만을 유예하여 주기로 하는 계약을 일컫는다.

채무면제·채무유예계약은 여신계약을 체결한 차입자와 대여자가 체결하는 2당사자 간의 계약이고, 대출계약서의 부수계약조항(Loan Addendum)의 형태로 체결된다.[1]

채무면제·채무유예계약은 미국의 소매할부시장에서 고안해서 이용하다가, 미국의 신용카드사와 은행이 금융상품으로 만들어 판매한 계약이다. 이것을 국내 신용카드사가 부가수입원으로 활용하기 위해서 2005년부터 들여와서 판매했다.

---

1) 대출채권자의 입장에서 보면 채무면제·채무유예계약을 체결함으로써 얻는 경제적 효과가 비슷하다는 논의가 있는 신용보험은 3당사자(대출기관, 보험회사, 채무자)간의 계약이며, 독립된 보험계약의 체결과 보험증서(insurance certificate)를 통해서 보호가 제공된다는 측면에서 채무면제·채무유예계약과 차이가 있다.

Ⅱ. 계약 내용

1. 보장사건

미국의 소매시장과 금융시장에서 활용되는 채무면제·채무유예계약상의 보장사건(protected event)에는 사람의 사망, 재해사망, 신체의 절단, 장애, 입원, 비자발적 실업, 육아휴직, 경조사, 군복무, 재난, 자동차 등 물건의 파손 등이 포함된다.

사망은 특정한 미리 존재하는 컨디션(condition)을 제외하고는 사망의 원인을 불문하고 모든 사망을 다 포함한다. 그러나 재해 사망(Accidental Death)은 특정한 사고로 인한 사망만을 포함한다. 재해사망의 가능성은 일반적 사망의 가능성보다 낮기 때문에 일반적인 사망 보상금에 비해 소비자들에게 지급되는 보상금의 총 금액이 적다.

신체의 절단에는 특정한 신체 부분의 상실(loss)이 포함되고, 장애에는 전체 또는 부분적 장애, 영구적 또는 일시적 장애가 포함된다. 입원이란 의사의 지시나 허가에 따른 하룻밤 이상의 입원을 의미한다.

비자발적 실업이란 해고나 파업 같은 특정한 유형의 비자발적 실업을 포함한다. 육아휴직은 출산이나 급작스런 가족의 발병과 같은 특정한 사건으로 인한 휴직을 말한다. 경조사란 결혼, 이혼(이혼소송의 제기 또는 이혼의 성립), 자녀출산, 입양, 주택구입, 생애 처음 새집으로의 이사, 대학 입학 또는 졸업 등을 의미한다.

군복무란 31일 이상 계속되는 군복무를 말하고, 재난은 연방재난으로 선포된 재난과 그 직접적 영향을 받는 것, 재난으로 인해 500달러 이상의 손해 또는 연속 5일 이상 일을 못하는 상황을 포함한다.

미국에서는 '자동차의 파손, 전손 또는 도난'을 보장사건으로 하는 채무면제·채무유예계약을 'GAP 상품(Guaranteed Asset Protection Plan)'이라고 지칭하면서[2], 주로 자동차 할부매매계약이나 리스계약과 연계해서 체결한다. 조지아 주법에 따르면 GAP 상품은 채권자가 별도의 수수료를 받고 자동차에 회복할 수 없는 절취 또는 전손이 발생하면 채무자의 자금조달계약(finance agreement)[3] 금액의 전부나 일부를 취소하기로 합의한 약정을 의미하고, 이 약정은 「자금조달계약」 또는 「리스계약의 만기 도래로 리스차량 반납 시에 리스계약에 따라 채무자가 채권자에 대해 부담하는 과도하게 사용한 부분에 대한 요금(excess wear and use charge)의 전부나 일부를 포기하기로 하는 계약」의 '일부 또는 별개의 부수계약

---

2) 「GAP 보험(GAP Insurance)」은 채무자의 차량이 손상되거나 파손되어 '대출금잔액'이 '보험자가 지급한 배상액의 실제현금가치'를 초과하는 경우에 '대출금잔액'을 지급하는 보험종목이다. GAP 보험에는 '차량 GAP 보험'과 '비차량 GAP 보험'이 있다. GAP은 비교적 긴 기간의 자동차 대출이나 리스와 연계해서 판매되는 경우가 대부분이고, 이 경우 자동차의 가치(자동차가 파손된 경우 보통의 자동차보험계약에 의해 지급되는 금액)는 대출이나 리스의 남은 원금보다 빠르게 감소한다. 몇몇 주에서는 특정한 대출자가 제공한 계약적 「GAP waiver agreement」나 「GAP debt cancellation agreement」를 "보험"으로 취급한다.

예컨대, 예컨대 앨라배마주 보험청 보험규칙(Alabama administrative code; Alabama Department of Insurance Regulation)에서는 "GAP Insurance"에 관한 규정을 두고 있다. 이에 의하면 보증자산보호(guaranteed asset protection) 또는 보증자동차보호 (guaranteed automobile protection)라고도 알려진 GAP Insurance는 임대, 대출 및 신용거래의 담보로 제공된 동산이 전손된 경우에 그 차액의 전부나 일부를 보장하는 보험이라고 한다. 동 규칙에서 정의하는 채무면제계약에 GAP Insurance는 포함되지 않는다. 그리고 GAP Insurance는 임대인이나 채권자가 채무자와 독립적으로(independently) 구입한 보험, 즉 그 차액(the gap amount)이 채무면제계약에 의해 좌우되는지(be subject to) 여부와 무관하게 담보물이나 임대목적물이 전손된 경우에 차액의 전부나 일부에 대하여 임대인과 채권자만 부보하는(insure) 보험은 포함하지 않는다(제482-1-111-03(n)조). 여기에서 말하는 차액(gap amount)이란 '임대차, 대출(loan), 기타 신용거래상, 도난 또는 물리적 손괴로 인해 야기된 임대차 목적물(동산)이나 담보물의 전손이 발생한 시점에 임차인이나 채무자가 부담하는 금액'과 '전손 시점 이전에 누적된 미지급금 및 기타 수수료(charges)와, 전손 시점의 임대차 목적물과 담보물의 실제현금가치의 합계' 간의 차액(deficiency)이다(제482-1-111-03(m)조).

3) 'Finance agreement'란 차량의 구매 또는 리스하기 위한 대출, 리스, 또는 할부매매계약을 말한다(조지아 주법 제33-63-3(4)조).

조항(separate addendum)'의 형태로 이루어져야 한다.[4]

미국 시장에서는 이처럼 다양한 사건을 보장사건으로 하는 채무면제·채무유예계약이 이용되어 왔다. 반면, 국내 시장에서 신용카드사가 판매하는 채무면제·채무유예상품의 보장사건의 범위는 좁다. 국내 신용카드사가 판매한 대부분의 채무면제·채무유예상품의 약관은 카드회원의 사망, 상해, 질병, 비자발적 실업만을 보장사고로 정한다. 국내 신용카드사들은 GAP을 취급하지 않는다.

2. 보장사건 발생 당사자

대다수의 채무면제·채무유예계약은 위와 같은 보장사건이 '여신계약상 채무자 본인'에게 발생한 경우에 급부를 제공하는 것을 그 내용으로 한다. 그러나 '채무자(차입자)의 배우자나 가족'에게 보장사건이 발생한 경우에 급부를 제공하는 내용의 계약도 존재한다. 미국 뿐 아니라 우리나라에서도 이러한 상품이 판매되었다. 미국에서는 전자를 단일보장상품, 후자를 공동보장상품이라고 지칭한다.

Ⅲ. 종류

1. 일시납상품과 월납상품

채무면제상품은 차입자인 소비자가 수수료를 납부하는 방식에 따라 일시납 상품과 월납 상품으로 분류할 수 있다. 일시납 방식은 주로 할부 대출채권에서 이용되고 주로 대출액수에 수수료를 추가하는 방식으로

---

4) 조지아 주법 제33-63-3(6)조.

수수료가 부과된다. 이와 달리 수수료를 월납으로 납부하는 상품은 주로 신용카드와 같이 채무액과 대출계약의 종료시점이 불명확한 연속 여신(open-ended credit)에서 이용된다. 월별 수수료는 통상 현재 대출 잔고에 기초해서 산정된다. 할부채권 등 채무액과 대출계약의 종료시점이 명확한 여신(closed-ended credit)과 연계해서 제공되는 월납상품은 일부 존재한다.5)

2. 일괄보상상품과 월별보상상품

채무면제상품은 급부의 형태에 따라 분류할 수 있다.

첫째, 일괄 보상 상품(lump sum benefit programs)과 월별 보상 상품(monthly benefit program)으로 분류할 수 있다. 사망 등을 보상사건으로 하는 일괄 보상 상품에서는 여신 잔액 전부가 취소된다. 월별 보상 상품에서는 월별 원리금 상환의무가 면제된다. 이 경우 보상금은 매월 지급해야 하는 액수(월별 상환 원리금에 월별 대출이자의 발생으로 인한 원금 감소액을 더한 금액)이다.

채무면제상품의 보상급부액은 일반적으로는 동일한 부보사건에 대한 신용보험상품의 보험금 액수와 같다. 채무면제상품계약상 채무자(소비자)의 채무는 면제되거나(일괄 보상 상품의 보상금) 감축된다(월별 보상 상품계약상 원금 부분).

둘째, 월별 보상을 하는 채무유예상품(Debt Suspension, Debt Deferment, Debt Freeze)은 월별 원리금과 월별 이자의 상환의무를 면제하는 것을 급부의 내용으로 한다. 소비자는 이자의 발생·누적, 벌칙적 수수료의 부담

---

5) 대출기관이 보상금 패키지를 유연하게 디자인 할 수 있게 허용하면, 대출기관은 부보되는 사건의 가능성이 할부대출기간동안에 급격하게 요동치지 않도록 계약내용을 설계할 수 있다. 다시 말해, 월납 방식의 채무면제유예상품을 할부채권과 연계하여 제공하지 못할 이유는 없다.

없이 상환을 건너뛸 수 있다. 이 경우에 보상금 액수는 월별 상환해야 할 대출이자의 액수와 동일하다. 대출원금은 변하지 않는다.

셋째, 월별 보상 상품 중 상환 연기(Payment Holiday)상품에서는 월별 상환의무가 취소된다. 보장기간 동안 대출금에 대한 이자가 계속 누적되기 때문에 대출금이 계속 증가하기는 하지만 벌칙적 수수료는 부과되지 않는다.

3. 기타

연령제한을 두는 채무면제·채무유예상품도 있다. 이 경우 특정한 연령을 초과한 소비자는 급부를 받을 자격이 없다.

고용된 상태일 것을 요구하는 상품도 있다. 장애·비자발적 실업·휴직 등을 약정상의 사건으로 정하는 채무면제·채무유예상품은 통상적으로 프로그램의 시작 시점이나 그 이전에 차입자가 전일제 고용상태에 있을 것을 급부의 요건으로 한다. 그러나 자영업을 하는 차입자에 대해서는 통상적으로 이러한 적격요건이 적용되지 않는다.

'월별 보상 채무면제·채무유예상품'과 '채무유예상품'의 대다수가 차입자 채무면제·채무유예상품보상금을 받고 있다면, 신용카드 사용을 동결시키기 때문에, 보장사고가 발생한 경우 차입자는 '보상금'과 '신용카드 이용을 계속하는 것' 중에서 하나를 선택해야 한다.

IV. 신용보험과의 차이점

이러한 채무면제계약과 채무유예계약에 대해서는 신용보험이라고 이해하는 관점과[6] 신용보험과 기능적으로 동일하다는 관점이 존재한다.[7] 그러나 신용보험의 보험사고가 "채무자의 채무불이행"인데 비해,[8] 채무면제·채무유예계약의 보장사고는 채무자의 채무불이행이 아니라 '채무자의 사망, 상해 등 여신채무에 대한 변제를 곤란하게 하는 사고'이므로, 양자는 그 내용을 달리하는 계약이다.

채권자의 입장에서 보면, 채무면제계약을 체결함과 동시에 또는 그 이후에 채무면제계약상의 위험을 별도의 보험회사에게 이전하는 CLIP보험(계약상보상책임보험)[9]을 구매하면, 채권자 스스로 기업신용보험을 구매하거나[10] 채무자가 보증보험을 구매한 경우와 유사한 현금흐름을 만들어 낼 수 있다. 그러나 이 경우에도 기업신용보험과 보증보험의 보험사고는 '채무자의 채무불이행'인데 비해, 채무면제계약의 보장사고는 '채무자의 사망, 상해, 질병, 실직 등 여신채무에 대한 변제를 곤란하게

---

6) 김해식/서성민, "CDS와 DCDS, '동일위험, 동일규제'의 원칙 적용해야", 『KiRi Weekly』(2010. 4. 26.), 보험연구원, 1면; 이와 반대로 동 계약은 신용보험이 아니라는 견해로는 정경영, "신용카드 채무면제·유예계약의 법률관계에 관한 소고", 『성균관법학』 제28권 제1호(2016. 3.), 성균관대학교 법학연구소, 2015, 161-162면.

7) 이 견해에 따르면 채무면제계약과 채무유예계약은 채무자의 신용도를 보호해주기 때문에 채무자(소비자)의 관점에서는 신용보험과 동일한 기능을 수행한다고 한다(김선정, "미국에 있어서 채무면제 및 지급유예계약 (DCDS)에 대한 연방규제의 전개", 『보험법연구』 제9권 제2호, 한국보험법학회, 2015, 139-140면).

8) 이는 '우리법상 신용보험'의 경우 그러하다. 우리법상 신용보험과 보증보험은 채무자의 채무불이행을 보험사고로 하기 때문이다. 그러나 미국의 소비자 신용보험(신용생명보험, 신용장애보험, 신용비자발적실업보험 등)은 채무자의 사망, 장애발생, 비자발실업 등을 보험사고로 하고, 채무자가 보험계약자가 되기 때문에, 채무자의 입장에서는 채무면제상품을 구입한 경우와 거의 동일한 효과를 누릴 수 있다.

9) 신한카드사와 LIG손해보험사 간의 신용보호서비스포괄업무약정서는 신용보호서비스 제공 및 서비스에 수반되는 보험을 '계약상보상책임보험(CLIP)'이라고 명명하고 있다(정경영, 앞의 논문, 144면).

10) 미국의 신용보험(credit insurance)에는 기업신용보험(business credit insurance)과 소비자신용보험(consumer credit insurance)이 있다. 이 중 기업신용보험은 채권자인 기업이 자신의 신용위험을 보험자에게 전가하는 보험으로, "우리법상 신용보험"과 유사하며 채무면제·유예상품이나 CLIP과는 관련이 적다(정경영, 앞의 논문, 146면).

하는 사고'이기 때문에, 각 상품의 경제적 효과가 다르다.

참고로 미국에서는 보장범위와 관련하여 채무면제·채무유예상품이 신용보험에 비해서 소비자에게 불리한 방향으로 발전해왔다. 즉, 채무면제·채무유예상품의 보장범위가 신용보험의 보장범위에 비해 좁다. 그 이유는 채무면제·채무유예상품의 보장사건이 차입자의 사망인 경우에 그 보상금액이 재해사망보상금과 같이 산정되는 바람에, 이 상품의 기대 보상금 신청비율이 전통적인 보험(신용보험 등)의 사망 보장의 5%에 그치기 때문이다. 또, 신용보험과 동등한 채무면제상품의 상당수가 채무유예상품으로 대체되었기 때문이다. 채무유예상품의 급부는 채무면제상품의 급부 및 신용보험의 보험금에 비해 그 액수가 훨씬 적다.

V. 국내 채무면제·채무유예상품의 특징

1. 보장사건

2005년부터 2016년 상반기까지[11] 국내 신용카드사가 판매한 채무면제·채무유예상품의 보장내용을 살펴보자. 각 카드사는 5종 내지 11종의 상품을 판매했다. 신용카드사마다 상품명은 다르지만 상품을 크게 기본형, 건강보장형, 일반형, 실속형, 여성형, 소득상실형, 가족형 등으로 구분해서 판매한다. 기본형 채무면제·채무유예상품은 7개 카드사가 모두 제공하고 있으며 이 상품계약에서는 '신용카드회원 본인의 사망, 치명적 질병, 치명적 상해·장애, 장기입원'을 보장사고로 정한다.[12] 카드사에 따

---

11) 2005년 (주)삼성카드가 국내시장에 채무면제·채무유예상품을 도입한 후부터 2016년 8월 국내 모든 신용카드사가 이 상품의 신규판매를 중지하기 전까지의 기간을 의미한다.
12) 여신금융협회 홈페이지 연도별 신용카드 실적 자료 참조.

라서는 기본형 상품의 보장사고에 자동차사고 6주 진단, 대중교통사고 6
주 진단, 화상, 골절(치아파절 포함 또는 불포함)을 추가한 경우도 있
다.[13] 또 사고 발생 시 카드대금채무를 면제하거나 유예하는 것에 그치
지 않고 별도의 위로금을 지급하는 경우도 있다.[14]

여성형 상품은 부인과 질병 수술과 얼굴 성형을 보장내용에 포함하
기도 하며,[15] 기본형을 변형한 기본형2 또는 일반형2 상품의 보장내용에
는 전화금융사기와 주택화재 및 휴대폰 수리가 포함되어 있는 경우도
다수 존재한다.[16]

실업보장형 상품은 신용카드회원의 비자발적 장기 및 단기 실업을
보장한다. 상품에 따라서는 사망과 장기 실업의 경우에는 채무를 면제하
고 비자발적인 단기 실업이나 자연재해의 경우에는 채무를 유예하기로
약정함으로써 실업 기간에 따라 급부를 달리하기도 한다.[17] 질병을 보
장하는 건강보장형 상품의 경우에도 중장기 입원의 경우에는 채무를 면
제하고 단기입원의 경우에는 채무를 유예하는 상품도 다수 있다.

가족형 상품은 신용카드회원 본인이 아닌 회원의 가족에게 사고가
발생한 경우에 회원 본인의 채무를 면제하거나 유예해주는 상품이다. 예
컨대 가족이 사망하거나 치명적 질병에 걸리거나 상해를 입은 경우에
회원 본인의 채무가 면제되거나 유예된다. 가족이 유괴되거나 인신매매
의 피해를 입은 경운, 얼굴성형을 한 경우, 전화금융사기를 당한 경우를
포함하는 상품도 있다.[18] 본인과 가족의 경조사(라이프 이벤트)의 발생

---

13) (주)KB국민카드, (주)신한카드.
14) (주)KB국민카드의 기본형 상품, (주)롯데카드의 개인형 상품, 여성형 상품의
    보장내용에는 골절발생위로금 지급이 포함되어 있다.
15) (주)롯데카드의 여성형 상품, (주)신한카드의 여성형 1 상품, (주)하나SK카드의
    일반형 2 상품.
16) (주)하나SK카드의 일반형 2, 일반형 3 상품과, (주)신한카드의 여성형 1, 실버
    1 상품, (주)비씨카드의 INFO safe, INFO safe-II 상품 등.
17) (주)삼성카드의 실업보장형 상품.
18) (주)신한카드의 가족형 3 상품.

을 보장사건으로 하는 상품도 있다. 상품의 약관에서는 '결혼, 이사, 대학입학(가족 포함), 출산(법률상 배우자의 출산 포함)'을 라이프 이벤트로 정하고 있다[19]

이상 몇 가지 대표적인 상품계약상의 보장사고의 내용은 국내보험시장에서 판매되는 생명보험, 상해보험, 질병보험 약관상의 보험사고와 상당히 유사하다. 예컨대 가택에 도난사고가 발생한 경우 위로금을 지급하거나 주택에 화재가 발생한 경우 위로금을 지급하는 상품은 화재보험 등 손해보험의 보험사고와 상당히 유사하다. 그러나 화재보험자는 화재로 인해 보험계약자나 보험수익자가 입은 손해 액수만큼을 보험금으로 지급하는 데 비해 채무면제·채무유예상품 매도인은 화재와는 무관한 신용카드이용액수 만큼의 급부를 제공한다. 이 때 급부는 적극적인 금전의 지급이 아니라 이미 발생한 금전채무를 면제하거나 일정 기간 연기해주는 방식으로 실현된다는 점에서 보험상품과 차이가 난다.

2. 수수료율

기본형 상품의 수수료율은 0.21% 내지 0.49%이고, 보장사고의 범위가 넓고 다양한 상품의 수수료율은 0.6%에 이른다. 가입기간이 길어질수록 수수료율이 할인되는 상품도 있다.[20]

신용카드회원이 수수료를 지급하고 이 상품을 구매한 후 상품계약에서 정한 보장사건이 발생하면 신용카드사는 대체로 3,000만원을 한도로 하여 신용카드대금상환채무를 면제하거나 유예해준다. 본래 채무면제·채무유예상품은 보장사고 발생시점까지 발생한 상품매수인의 금전채무

---

19) (주)삼성카드의 라이프 개인형 상품.
20) 예컨대 (주)삼성카드의 라이프 개인형 상품의 경우에는 상품가입 1~24차월의 수수료는 0.522% 이지만 25~48차월에는 0.464%, 49차월 이후에는 0.406%로, 가입기간이 장기화될수록 수수료율이 할인된다.

를 면제 또는 유예하는 상품이지만, 국내 신용카드사가 판매하는 모든 채무면제·채무유예상품의 계약서에는 보장금액의 상한이 정해져있다. 보장금액의 상한이 1,000만원인 상품도 있으나. 대부분의 상품은 상한을 5,000만원 또는 3,000만원으로 정한다.

수수료율은 2005년 이 상품이 국내 시장에 도입된 시점에는 평균적으로 0.5%가 넘었다. 그러나 그 후 수수료가 지나치게 높다는 비판이 제기되었고, 금융감독원이 신용카드사에게 지속적으로 수수료 인하를 요구함에 따라 신용카드사들이 수수료를 인하했다.

3. 판매 중단, 재개 후 재중단

금융감독원은 신용카드사에게 불완전판매로 인한 소비자 피해를 보상해 줄 것을 신용카드사에게 권고했다. 이 권고에 따라 2016년 상반기에 신용카드사들은 불완전피해가 확인된 회원에 한해 계약해지 및 손해배상 등의 구체조치를 실시하였다. 그러나 이러한 금융감독원의 규제에 부담을 느낀 몇몇 신용카드사들이 신규판매를 중지하기 시작했고, 2016년 8월에는 모든 신용카드사가 채무면제상품과 채무유예상품의 신규판매를 중단했다. 그러나 기존에 판매한 상품에 대해서는 계약을 유지하면서 수수료를 지급받고 보장사고 발생 시 채무의 면제나 유예를 해 주고 있기 때문에, 이 상품의 수수료율에 대한 규제 및 불완전판매에 대한 규제의 필요성은 여전히 남아 있다. 무엇보다도 이 상품의 법적 성격에 대한 규명이 이루어지는 것이 중요하다.

그런데 2020년 8월 현재까지도 이 상품의 보험성에 대한 규명이 완전히 이루어지지 않은 탓에 규제법체제기 정비되지 못한 채, 금융감독원 차원에서 판매규제에 관한 내부 논의가 이루어져왔다. 상품의 신규판매가 중단된 2016년 8월 이후, 금융감독원은 아웃바운드(outbound) 방식[21]의 판매를 금지하고 인바운드(inbound) 방식[22]의 판매만을 허용하는 방안을 논의했다. 그런데 이에 대한 논의가 종결되지 않은 2018년 경, 여러 신용카드사들이 신규판매를 재개하였다.

판매가 재개되었던 2018년, 각 신용카드사의 홈페이지에 공시된 신규판매 채무면제·채무유예상품의 수수료율은 보장범위에 따라서 0.23% 내지 0.38%로 책정되어 있어, 판매가 중지되기 직전 시점인 2016년 상반기에 비해 다소 낮아진 것으로 확인되었다. 보장금액의 상한은 대부분의 상품이 5,000만원 또는 3,000만원으로 정하고 있어서, 2016년 상반기와 거의 차이가 없는 것으로 확인되었다.[23]

그런데 신용카드사가 자율적으로 판매 재개를 결정하였는지, 금융감독원이 별도로 신규판매를 권고하는 조치를 하였는지는 확인하기가 어렵다. 그 즈음의 금융감독원의 논의 진행 상황과 신용카드사에 대한 조치 내용은 공개되지 않았다. 그런데 그 후 2019년 8월에는 롯데카드사를 제외한 다른 신용카드사들은 다시 상품의 신규판매를 중지한 것으로 확인되었다. 판매를 다시 시작한 후 또다시 중단한 배경 역시 파악하기 어렵다. 소비자의 알 권리와 소비자권익보호를 위해서는 금융감독원과 여신금융협회가 이에 대한 설명과 명확한 지침을 공개하는 것이 바람직할 것이다.

2020년 3월 24일 금융소비자 보호에 관한 법률이 제정된 후 시행령을 정비하는 과정에서, 금융감독원은 금융소비자보호처를 중심으로 금융소

---

21) 아웃바운드(outbound)란 잠재적 고객에게 직접 전화를 걸어 신규고객 유치 및 이벤트 초대 등의 일을 하는 텔레마케팅의 한 종류를 의미하므로, 아웃바운드 방식의 판매란 고객에 대한 판매권유를 통한 판매를 의미한다.

22) 인바운드(inbound)란 텔레마케팅의 한 형태로 고객으로부터 온 전화를 콜 센터에서 받아 처리하는 것을 의미하므로, 인바운드 방식의 판매란 고객의 적극적인 구매요청에 의한 판매를 의미한다.

23) 예컨대 2018년 8월 2일 현재 판매되고 있던 (주)현대카드의 실속플랜, 질병플랜, 케어플랜 상품계약상의 면제되는 채무금액의 상한은 3,000만원으로 정해져 있었다((주)현대카드 홈페이지).

비자보호법 시행령에 채무면제·채무유예상품에 대한 조문을 신설하는 방식으로 이 상품을 규제하려는 논의를 하였으나, 2021년 2월 현재 동 시행령에는 채무면제·채무유예상품에 대한 조문이 신설되지 않은 것으로 확인된다.

VI. 효용과 단점

1. 효용

1) 통일적인 상품 제공

대출기관은 자사(自社)의 고객과 대출현황을 기초로 해서 적절한 채무면제·채무유예상품을 일단 만들기만 하면, 미국 전역에 통일적인 상품을 제공할 수 있다는 장점이 있다.

미국에서는 보험에 대한 규제 권한은 연방정부가 아닌 주 정부에게 있으며, 각 주는 조금씩 다른 보험법전을 가지고 있기 때문에, 신용보험의 경우에는 각 주마다 판매할 수 있는 보험의 종류와 요율이 서로 다르다. 그러나 채무면제·채무유예상품의 경우에는, 이를 특정한 대부자나 대출기관이 취급하는 경우, 그것을 신용보험으로 취급하는 주도 있지만, 신용보험으로 취급하지 않는 주도 상당히 많기 때문에,[24] 광범위한 지역에서 통일적인 상품을 공급하는 것이 가능하다. 특히, 국법은행이 제공하는 채무면제·채무유예계약은 보험상품이 아니다.[25]

---

24) Anthony Rollo/Jeffrey R. Seewald/Daniel T. Plunkett, "UPDATE ON CREDIT INSURANCE ISSUES AND DEVELOPMENTS: AN INDUSTRY UNDER SIEGE", *58 Consumer Fin. L.Q. Rep. 238*, 1996, p.240.

25) 연방 은행규제당국은 채무면제계약과 채무유예계약이 은행상품이기 때문에

채무면제·채무유예계약에 대해서는 이 상품을 판매하는 대출기관을 관할하는 감독청 자체의 규칙과 감독권이 행사된다. 즉, 국법은행에 대해서는 통화감독청(OCC), 저축대부조합[26]에 대해서는 저축금융기관감독청(OTS), 연방신용조합에 대해서는 신협감독청(NCUA)이 감독권을 가지고 있다. 상품판매기관이 주법에 의해 설립된 기관이 아니라면, 연방 감독기구가 감독권을 가지므로, 이 경우 전국적으로 통일된 상품을 제공할 수 있어서 상품판매자는 비용을 절감할 수 있다는 장점이 있다. 이로 인해 미국에서는 1980년 이후부터 채무면제·채무유예상품이 신용보험상품을 빠르게 대체해왔다.

2) 다양하고 유연한 상품 설계

위와 같이 채무면제·채무유예상품이 주 보험청의 규제를 받지 않기 때문에 수수료에 대한 감독이나 제한이 없고, 상품디자인과 보험금 조항에 대한 제한이 거의 없다.[27] 그래서 신용보험과는 달리 개별 소비자의 니즈에 맞춰서 상품을 유연하게 설계할 수 있다. 즉, 대출소비자에게 가장 적합한 가격과 급부를 책정하는 등 소비자의 특성에 맞게 계약내용을 정할 수 있다. 예컨대 대출소비자의 대출 상황을 고려해서 특정소비자에게 적합한 생애 사건(life event)을 보호하는 상품설계가 가능하다. 실제로 미국에서 이 상품의 계약내용은 점점 더 다양해져서 이혼 절차를 진행 중이나 재혼을 한 경우에 보호를 제공하는 상품도 등장했다. 이처럼 채무면제·채무유예상품은 소비자에게 편의와 효율성을 제공할 기

설사 이들 상품이 신용보험에 대한 효과적인 대체물이라고 하더라도 주 보험 규정이 적용되지 않는다고 공포했다.
26) 미국의 저축대부조합(Savings&Loan Association)은 1932년에 설립되었고, 주로 예금을 통해 조달한 자금을 장기 저리 주택담보대출로 운용하여 왔다.
27) 예컨대 일괄판매(bundling)에 대한 제한이 없다.

회의 측면에서 신용보험 상품보다 우위에 있다.

대출기관의 입장에서는 대출기관의 대출여건에 더 적합하게 채무면제·채무유예상품이 적절하게 디자인할 수 있다는 장점이 있다.[28] 미국 금융시장에서는 은행을 비롯한 다양한 대출기관이 다양한 채무면제·채무유예상품을 판매하고 있다. 보장사고 발생 시에 남아 있는 대출금잔액을 면제해주는 상품, 일정 기간 동안의 월상환액을 면제해주는 상품 및 월 상환채무를 연기해줌으로써 연기된 기간 동안 이자발생을 연기하는 상품을 구입하는 것도 가능하지만, 채무 전액이 아닌 계약에서 정한 일정 금액만을 면제해주는 계약, 계약에서 정한 일정한 기간이 도과한 이후부터 채무를 면제해주는 계약을 체결하는 것도 가능하다. 보험금과 보험료 등이 주법에 의해 정해져 있거나 주정부의 승인을 받아야 하는 신용보험과 달리, 채무면제·채무유예상품의 수수료 금액과 사고금은 대출자가 임의로 설계할 수 있기 때문이다.

이처럼 상품을 다양하게 디자인 할 수 있다는 점이 채무면제·채무유예상품의 장점 중의 하나이다. 채무면제·채무유예상품은 그 다양성 덕택에 미국 금융시장에서 신용보험상품의 대안으로 자리 잡을 수 있었다.

3) 공급자의 비용절감

(1) 이론적 분석

채무면제·채무유예상품을 제공하는 대출기관의 입장에서는 신용보험을 취급하는 경우에 비해 상품의 설계와 판매단계에서 비용을 절감할 수 있다.

신용보험에 대해 존재하는 서식요건과 요율요건이 존재하지 않는다. 각 주마다 신용보험에 대한 서식과 요율에 관한 요건을 달리 정하고 있

---

28) Bob Reilley, "Debt cancellation: the preferred alternative to credit insurance", *ABA Banking Journal*, Vol. 93, Iss. 10, October 1, 2001, p.6.

기 때문에 상품의 제공자는 각 주별로 다른 신용보험서식을 설계하고 인쇄해야 한다. 그러나 채무면제·채무유예상품 제공자는 이러한 컴플라이언스 비용과 서류 비용을 지출할 필요가 없다. 따라서 상품 설계단계와 판매단계에서 상당한 비용을 절감할 수 있다.

신용보험을 판매하기 위해서는 보험면허가 필요하지만(예컨대 보험대리인은 주 정부로부터 면허를 받아야 한다), 채무면제·채무유예상품은 보험면허를 취득하지 않고도 판매할 수 있다. 대출기관의 모든 직원은 이 상품을 판매할 자격이 있으며, 대출기관은 대출상품의 판매와 마찬가지 방식으로 채무면제·채무유예상품을 판매한 직원에게 적절한 보상을 해 주면 된다. 따라서 대출기관은 기관 내 컴플라이언스 부서의 업무 부담을 줄이면서도 다양한 판매채널을 통한 상품판매기회를 늘릴 수 있다. 텔레마케팅을 통한 판매에서도 텔레마케터가 보험면허를 가지고 있을 필요가 없기 때문에, 대출기관 입장에서는 판매가 수월하다. 보험료에 상응하는 수수료에 대해 세금이 부과되지 않기 때문에 세법적으로도 유리하다. 대출기관이 불량채권 등의 상각을 통해 대출채무불이행으로 인한 비용발생을 줄임으로써 대출채권을 더 잘 보호할 수 있다는 장점도 있다.

(2) 이론과 현실의 차이

위와 같이 채무면제·채무유예상품의 운용비용이 적기 때문에[29] 대출기관 입장에서는 신용보험상품 대신 채무면제·채무유예상품을 개발·판매하는 편이 비용 측면에서 훨씬 유리하다. 만약 이 상품 시장이 경쟁적이라면, 절약되는 운용비용은 보다 큰 액수의 보장금의 지급이라는 형태

---

29) 이러한 비용절감은 51개 관할구역에서의 최신 요율 변화를 따라잡고, 수백 개의 요율에 대해 승인을 받고, 서식을 획득하는 대신에 하나의 상품과 하나의 서식을 개발해서 전국에서 판매하고 이용할 수 있다는 점과 대리인 면허를 취득할 필요가 없다는 점, 보험료에 대한 세금에 상응하는 세금이 없기 때문에 가능하다.

로 소비자에게 흘러가게 될 것이다. 그렇다면 대출기관은 이론적으로는 신용보험의 보험료 대비 보험금보다 큰 액수의 보상금(채무면제·채무유예상품 수수료 대비 보장금)을 소비자에게 지급할 수 있다. 그러나 실제에 있어서는 그렇지 못한데, 이는 채무면제·채무유예계약시장이 충분히 경쟁적인 시장이 아니기 때문이다.[30]

2. 단점

미국 채무면제·채무유예상품의 경우 소비자가 상품을 구매함으로써 얻는 효용가치가 크지 않다는 지적이 있다.[31]

첫째, 신용카드 채무면제·채무유예상품의 경우, 소비자가 채무면제급부나 채무유예급부를 수령하면 신용카드를 이용할 수 없기 때문에, 다수의 소비자는 급부를 포기하고 신용카드를 계속 이용할 것을 선택하는 경향이 있다.

둘째, 신용카드 채무면제·채무유예상품의 수수료 대비 보장금액의 비율이 낮다.[32][33][34] '소매할부매매채권'에 대해서도 대출기관들이 채무

---

30) Credit Union Incidental Powers, 66 Fed. Reg. 40,845(Aug. 6, 2001).

31) Center for Economic Justice, "The Impact of Debt Cancellation Contracts on State Insurance Regulation", *A Report to the FIRST*, July 2003.

32) 신용카드 발급자가 판매하는 채무유예상품의 기대손실율은 일반적으로 3~5%의 범위 내에 있고, 수수료 대비 실제 사고금 비율은 이보다 더 낮다고 한다.

33) 〈채무면제·채무유예계약으로 옮겨감으로써 신용카드소비자들이 받은 영향〉

	신용보험	채무면제·채무유예계약
연간 보험료/연간 수수료	$2,000,000,000	$2,500,000,000
사고금(%)	40%	5%
사고금($)	$800,000,000	$125,000,000
비용 증가 추정치	·	25.0%
사고금 감소 추정치	·	-84.4%

34) 〈Comparision of 2001 Citicorp DSA program to Texas Credit Insurance Program〉

면제상품으로 신용보험을 대체해나감에 따라 소비자가 부담하는 비용이 점점 증가할 것이라고 한다.

셋째, 신용카드 채무면제·채무유예상품 가운데 소비자에게 가장 높은 가치가 있었던 '사망'을 보장사고로 하는 상품35)의 계약내용을, 다수의 상품제공주체들이 이 상품의 판매를 중단하거나 사망사고금을 재해사망사고금으로 변경해서 판매하였는데, 재해사망사고금 지급비율은 사망사고금 지급비율에 비해 통상적으로 낮기 때문에, 소비자의 효용은 감소된다는 비판이 제기되었다.36)

	2001 Citicorp DSA	2001 TX Credit Insurance
Cost per $100 Outstanding Balance	$.690	$.386
Monthly Fee, $2,000 Balance	$13.80	$7.72
Expected Monthly Benefits, $2,000 Balance	$0.56	$3.86
Expected Benefits, % of Fee	4.1%	50.0%
Expected Monthly Revenue to Lender, $2,000 Balance	$13.24	$2.32
Expected Revenue to Lender, % of Fee	95.9%	30%

출처: 이 자료는 2001년 텍사스 신용보험과 시티그룹의 채무면제프로그램간의 비용대비 사고금에 대한 분석자료(Center of Economic Justice와 Consumer Federation of America가 통화감독청에 보낸 코멘트 레터에 첨부한 자료)이다.

35) 이 상품의 수수료 대비 사고금 비율은 보장사고를 달리하는 신용카드 채무면제·채무유예상품에 비해 현저히 높았다고 한다.
36) 〈다양한 채무면제·채무유예프로그램에서의 수수료 대비 사고금 비율 추정치〉

Program	Ratio of Expected Benefits to Fee Paid
Fleet Card Credit Protector(사망사고금 계속해서 제공하는 몇 안 되는 회사 중의 하나임)	11%
Citicorp Card Credit Protection	3%
Bank of America Cardholder Security Plan	2%
Discover Card AccountGuard	2%
Bank One First Protect	3%
Chase Card Payment Protection Plan	2%

제2절 채무면제·채무유예상품 시장의 구조와 특징

Ⅰ. 서

국내의 채무면제·채무유예상품 시장은 그 역사가 길지 않은 탓에 시장이 성숙되어 있지 않고, 상품취급주체도 다양하지 않다. 또, 시장에 대한 논의와 선행연구가 부족해서 국내 시장만을 대상으로 하여 동 상품시장의 구조와 특성을 분석하는 작업이 용이하지 않다. 따라서 운용의 역사가 긴 미국 채무면제·채무유예상품 시장의 구조와 특징을 살펴봄으로써 국내 채무면제·채무유예상품 시장에 대한 이해를 높이고 동 상품에 대한 규제방향에 대한 시사점을 얻고자 한다.

Ⅱ. 미국 시장의 형성

1. 소비자 신용시장의 발달과 채무면제·채무유예상품시장의 형성

미국의 소매할부시장의 거래참여자들은 이미 1900년을 전후한 시점부터 소매할부매매계약과 연계해서 채무면제계약을 활발히 체결했다.[37] 또, 이러한 채무면제계약의 보험성에 대해 법적 판단을 한 다수의 판결

---

37) 국법은행을 비롯한 금융기관이 대출채권과 연계해서 채무면제상품 대량 판매를 한 것은 1980년대 중반 이후부터이다. 하지만 소매할부매매업계에서는 그보다 훨씬 이른 시기부터 할부채권과 연계해서 채무면제계약을 체결했다. 자동차할부매매업계와 자동차리스업계, 창고임대업계 등에서도 거래당사자간에 채무면제계약을 체결하곤 했다. 이처럼 미국시장에서 먼저 인기를 얻은 것은 채무면제상품이었다. 그 후 신용생명보험에 인기를 물려주었다.

도 발견된다.[38]

미국은 우리에 비해 상당히 이른 시기부터 신용거래를 정착시켰다. 1800년대부터 식료품의 외상구입이나 가구의 할부판매와 같은 형태로 소비자 신용거래가 널리 이루어졌다. 현재와 같은 형태의 할부판매는 1856년 재봉틀 회사인 싱어(Singer)社에 의해 개시된 것으로 알려져 있다. 1910년대부터는 자동차산업의 발전으로 판매금융회사(sales finance company)[39]가 설립되기 시작해 1919년 제너럴 모터스 할부금융社(General Motors Acceptance Company) 설립을 계기로 자동차판매금융회사가 본격적으로 발달하게 되었다.[40] 자동차 이외에도 가구, 가전 등 다양한 상품에 대한 판매금융회사도 설립되었다.[41][42]

---

38) *Missouri, K. & T. Trust Co. v. Krumseig*, 77 F. 32, 23 C.C.A. 1 (C.C.A. 8th Cir. 1896), aff'd, 172 U.S. 351, 19 S. Ct. 179, 43 L. Ed. 474 (1899); *United Security Life Ins. & Trust Co. of Pa. v. Bond*, 16 App. D.C. 579, 1900 WL 129755 (App. D.C. 1900); *Attorney General v. C. E. Osgood Co.*, 249 Mass. 473, 477, 144 N.E. 371, 35 A.L.R. 1037 (1924); *State v. Beardsley*, 88 *Minn.* 20, 26, 92 N.W. 472, 475 (1902); *Ware v. Heath*, 237 S.W.2d 362, 363-64 (Tex. Civ. App. Fort Worth 1951).

39) 미국 가계대출은 크게 소비자신용과 주택금융으로 구분되고 소비자신용은 다시 판매금융과 소비자금융으로 분류할 수 있다. 판매금융은 자동차, 가구, 가전 판매 및 비자카드와 마스터카드사가 제공하는 회전신용 등을 포괄하는 할부금융과 의료서비스 관련 非할부금융 및 아메리칸 익스프레스사가 제공하는 非할부금융으로 나누어 볼 수 있다. 한편 소비자금융은 개인대출 등으로 구성된다.

40) 이후 자동차할부판매대출은 1945년부터 1960년 기간 중에 연평균 27% 증가하는 등 소비자신용시장에서 큰 비중을 차지하게 되었다.

41) 1929년 약 1,300개였던 판매금융회사는 1959년 약 2,900개, 1980년대 초에는 약 3,000개까지 증가하였다.

42) 할부판매의 대상인 상품이 다양화되고 할부판매의 영역이 확장됨에 따른 할부판매대행업자(commission agent)와 고리대금업자의 폭리행위로부터 소비자의 권리를 제도적으로 보호할 필요성이 제기되었다. 1907년 러셀 세이지 재단(Russel Sage Foundation)이 작성한 소액대출업무에 관한 법률 초안은 1911년 매사추세츠주의 「소비자대부법(Consumer Loan Law)」 제정을 비롯한 각주의 소비자 신용 관련 입법의 기초가 되었다. 1916년 제정된 「소액대출에 관한 통일법(Uniform Small Loan Law)」으로 인해 소비자 금융 회사(consumer finance

이러한 신용거래와 연계하여, 신용보험상품을 판매하는 신용·보험시장 뿐만 아니라, 다양한 부가상품시장이 발달했다. 부가상품(Supplemental Products)이란 채무면제계약, GAP 상품(guaranteed asset protection waivers), 차량보호상품(vehicle protection products), 차량교체계약(vehicle replacement contracts)을 포함하는 개념이다. 부가상품은 미국의 소비자 거래에서 중요한 부분이 되어왔다. 상품이 인기를 얻자 소비자와 정부규제기구는 소송 및 입법의 형태로 상품에 대해 면밀한 검토를 시작했다.[43]

2. 금융기관의 상품취급 확대

1) 서

소매할부매매 업계와는 달리 「국법은행」이 대출계약과 연계해서 동계약을 본격적으로 체결하기 시작한 것은 1980년대 중반부터이다. 이때부터 국법은행을 비롯한 금융기관은 당시까지 이용하던 신용보험을 대신해서 채무면제·채무유예상품을 판매하기 시작했다.[44] 이는 규제비용

---

company)의 설립이 활성화되었다. 1920년 약 3,500개였던 소비자금융회사는 1941년 약 5,000개, 1955년 약 5,000개까지 증가하였다. 또한 전국소비자금융협회(NCFA)의 주도로 1948년에 제정된 「규범소비자금융법」에 의해 소비자 신용시장에 대한 진입장벽이 낮아졌다.

상업은행도 1928년 국법 씨티은행이 개인 대출 부서를 신설하면서부터 소비자 신용 시장에 진출하였다. 이후 1930년대 후반부터 판매금융회사와 소비자 금융회사의 활발한 영업에 자극받아 다수의 상업은행이 소비자 신용 시장에 본격적으로 진출하기 시작함에 따라 소비자 신용 시장에서 은행이 차지하는 비중이 증가하여 1955년 전체 할부금융의 44%를 상업은행이 차지하게 되었다.

43) David E. Gemperle/Kenneth J. Rojc, "Auto Finance: Litigation and legislative developments impacting supplemental products", 66 Bus. Law. 495, 2011, pp.495-496.

44) 1990년대에는 신용보험 가입이 증가하는 추세였다. 예컨대 신용카드 신용보험의 보험료는 1995년부터 2000년까지의 기간 동안 매년 20억 달러씩 증가했다. 그러나 2001년부터 신용생명·장애·건강보험 판매량이 급격히 감소했다(약 62%

의 측면에서 신용보험[45]에 비해 채무면제·채무유예상품을 취급하는 것
이 유리했기 때문인데, 그것은 국법은행이 취급하는 채무면제상품에 대
해 보험규제가 적용되지 아니한다는 통화감독청의 유권해석 및 연방법
원판결[46], 그리고 이를 성문화한 통화감독청 규칙 덕택이었다.

2) 통화감독청의 유권해석

1964년 미국 통화감독청(OCC)은 '국법은행이 채무면제계약을 체결하
기 위해 추가적으로 수수료를 부과하고 유보금을 적립하는 것은 국법은
행의 권한 및 업무상 필요한 권한을 적법하게 행사하는 것'이라고 설명
하면서, '국법은행은 채무자가 사망하는 시점의 대출 잔액의 취소로 인
한 손해에 대해 채무면제상품을 제공할 수 있다'는 입장을 밝혔다.[47] 이
후에도 일관된 유권해석서가 발표되었다.[48]

감소). 이러한 감소는 그 대체재인 채무면제·채무유예상품이 증가했다는 것을
의미하는 것이라고 한다. 또, 문헌에서는 국법은행법에 의해 국법은행은 채무
면제계약과 채무유예계약이라고 불리는 "보험 대체재(insurance substitutes)를 판
매할 권한이 있다고 설명하면서, 명시적으로 대체재라는 표현을 사용하고 있다
(Tom Baker/Peter Siegelman, "You want insurance with that? Using Behavioral Eco-
nomics to Protect Consumers From Add-On Insurance Products", *20 Conn. Ins. L. J.
1*, Fall, 2013, p.20; Barnett, Sivon & Natter, P.C. and McIntyre & Lemon, P.L.L.C.,
Debt Cancellation Contracts and Debt Suspension Agreements, AM. BANKERS ASS'N
(May 23, 2012).

45) 신용보험은 보험종목 중 하나이므로 미국 각 주 보험법이 적용되고 주 정부의
  보험규제 관할권에 속한다.

46) *First National Bank of Eastern Arkansas v. Commissioner of the Insurance Depart-
  ment for State of Arkansas*, 907 F.2d 775 C.A.8 (Ark.), 1990.

47) Bob Reilley, "Debt cancellation: the preferred alternative to credit insurance", *ABA
  Banking Journal*, Vol. 93 Issue. 10, October 1, 2001, p.2.

48) OCC Inter. Ltr. 827 (O.C.C.), 1998WL295634, Interpretive Letter #827, April 3, 1998;
  OCC Inter. Ltr. 1093 (O.C.C.), 2007 WL 5396020, Interpretive Letter #1093, October
  29, 2007; OCC Inter. Ltr. 1095 (O.C.C.), 2008 WL 3274062, Interpretive Letter #1095,

통화감독청이 국법은행에게 이 같은 새로운 권한을 인정하였음에도 불구하고, 국법은행은 1980년대 중반에 이르기까지는 채무면제상품을 대량으로 취급하지 않았고, 그 결과 금융기관이 취급하는 채무면제계약에 주보험법이 적용되는지가 소송상으로 문제된 적이 거의 없었다.[49] 1986년이 되어서야 비로소 채무면제상품 시장이 형성되었는데, 이 시장의 형성을 촉진한 것은 'Taylor 판결'이다.

3) Taylor 판결[50]

(1) 판시내용

이 판결은 소매할부매도인이나 자동차할부매도인, 자동차리스업자 등이 아니라 미국의 대표적 금융기관인 국법은행이 판매한 채무면제상품에 대해 주 보험청의 보험규제권한이 인정되는지 여부가 문제된 사안이다. 이 사건 아칸소주 소재 동아칸소제일국법은행(First National Bank of Eastern Arkansas)(이하 "아칸소 은행")은 신용보험의 대체물로서 채무면제상품을 판매했다.[51] 이 사건 채무면제계약은 아칸소 은행으로부터

---

49) 이와 달리 소매할부시장에서 체결되는 채무면제계약이 보험인지를 다룬 1980년대 중반 이전의 판결례는 다수 존재한다(State v. Beardsley, 88 Minn. 20, 26, 92 N.W. 472, 475 (1902); Attorney General v. C. E. Osgood Co., 249 Mass. 473, 477, 144 N.E. 371, 35 A.L.R. 1037 (1924); Ware v. Heath, 237 S.W.2d 362, 363-64 (Tex. Civ. App. Fort Worth 1951 등)).

50) First National Bank of Eastern Arkansas v. Commissioner of the Insurance Department for State of Arkansas, 907 F.2d 775 C.A.8 (Ark.), 1990.

51) 1986년 아칸소주가 새로운 신용보험규칙을 채택한 것이 위 은행이 이 상품의 판매를 개시하게 된 계기이다. 新신용보험규칙에 의하면 은행이 받을 수 있는 보상(compensation)이 심하게 제한되는데, 이로 인한 수입상실을 회복하는 한편 은행의 고객에게는 서비스를 계속 제공하기 위해 위 은행은 채무면제상품을 판매하기로 하였다. 채무면제상품에 대한 규제가 新신용보험규칙에 비해 덜 제한적이라고 판단했기 때문이다.

10,000 달러 이하의 금액을 빌리는 대출고객(차입자)이 추가비용을 지불하고 사망을 조건으로 채무계약 취소 옵션(option)을 가지고, 아칸소 은행은 차입자가 사망하기만 하면 사망한 원인에 관계없이 미상환 채무 잔액을 면제할 의무를 부담한다. 차입자의 연령이나 의학적 상태에 따른 수수료 차등은 없다.

아칸소주 보험청은 상품판매개시 전 질의에 대한 회신에서는 채무면제상품에 보험규제를 하지 않겠다고 하였으나, 신용보험상품시장의 축소를 우려한 신용보험회사들이 채무면제상품은 보험상품이기 때문에 신용보험상품과 동일하게 규제되어야 한다면서 이의를 제기하자, 채무면제계약은 신용보험과 등가관계에 있기 때문에(equivalent) 국법은행이 채무면제상품을 판매하기 위해서는 허가를 받아야 한다는 내용의 통지를 하였다.

이에 아칸소은행은 국법은행법이 아칸소주 보험청의 규제보다 우선한다(즉, 주 보험청은 국법은행의 채무면제상품판매에 대해 규제할 권한이 없다)는 확인을 구하는 소를 제기했다.

1심인 연방 지방법원은 아칸소 은행의 채무면제계약 체결권한은 국법은행법에 의해 보호되므로,[52] 채무면제계약은 「맥카렌-퍼거슨법」[53] 제2조의 "보험업"을 구성하지 않는다고 판시함으로써, 원고 아칸소 은행의 손을 들어주었다.

이에 아칸소주 보험청이 항소하였으나, 항소심법원은 항소를 기각했다.[54] 항소심 재판부는 "국법은행이 판매하는 채무면제계약은 보험이 아

---

52) 이 사건 채무면제계약은 아칸소 은행에게 명시적으로 인정되는 대출권한과 직접적으로 관련(directly related)되어 있다고 판시했다.

53) McCarran-Ferguson Act, 15 U.S.C. § 1012 (1988).

54) 항소인인 보험감독관은 국법은행법은 국법은행에게 채무면제계약을 체결할 권한을 인정하지 않기 때문에 보험감독관이 이를 금지하는 것은 연방법에 저촉되지 않고 통화감독청이 동 계약을 인가하는 것은 월권이라고 주장했지만, 항소심 법원은 이 주장을 받아들이지 않았다.

니"라고 설시하면서, 아칸소주 보험감독관이 아칸소 은행의 채무면제계약체결을 금지할 수 있는지 여부, 다시 말해, 당해 채무면제계약에 아칸소주 보험법이 적용되는지 여부에 초점을 맞추어 판단했다.

항소심은 첫째, 국법은행법상 국법은행에게는 채무면제상품을 제공할 권한이 인정된다고 판시했다. 이 사건 채무면제계약은 아칸소 은행의 명시적 권한인 대출권한과 직접적으로 관련되기 때문에 은행의 부수적 권한 범위 내에 속한다고 한다.[55]

둘째, 연방우선원칙이 아칸소 은행에게 유리하게 적용된다고 판시했다. 아칸소 은행은 국법은행으로서 연방기관이기 때문에 아칸소주는 아칸소 은행의 활동을 금지하거나 부당하게 제한해서는 안 되고, 따라서 아칸소 은행의 채무면제계약체결을 금지하는 주 보험감독관의 권한보다는 국법은행법이 우선한다고 한다.

재판부는 아칸소 은행이 제공한 채무면제상품은 국법은행법이 부여한 은행의 부수적 권한의 범위 안에 있기 때문에, 국법은행이 동 상품을 취급하는 것은 맥카렌·퍼거슨법상의 보험업에 해당되지 않는다고 판단했다.[56]

---

55) 국법은행법(12 U.S.C. § 24(7))은 대출권한을 포함한 특정한 권한을 열거하는 것에 그치지 않고, 은행 업무를 수행하는데 필요한 모든 부수적인 권한(incidental powers)을 행사할 권한을 국법은행법에 부여한다.
이 사건 항소심 법원은 부수적 활동은 명시적 권한 행사에 '필수적'인 활동만으로 제한되지 않는다고 하면서, 국법은행의 부수적인 권한을 판단하는 기준으로, 은행의 어떠한 활동이 명시적인 권한과 '가까운 관련(closely related)'이 있는지 여부와 은행업을 수행하는데 '유용한(useful)' 활동인지 여부라는 기준을 제시하고, 이 기준에 의해 다음과 같이 판시했다.
"이 사건 채무면제계약은 아칸소 은행이 실행하는 대출과 연계해서만 판매되고 오직 아칸소 은행과 그 대출고객과만 관련되어 있다. 동 계약은 대출고객에게 사망 시에 채무를 소멸시킬 수 있는 편리한 방법을 제공하고 그와 동시에 은행에게는 채무자의 재산으로부터 대출 잔고를 모으기 위한 노력에 드는 시간, 비용, 위험을 피할 수 있게 해 주기 때문에, 통화감독청이 이러한 계약을 승인한 것은 합리적인 것으로 생각되고 국법은행법이 부여하는 '부수적인 권한' 범위에 속한다."

셋째, 채무면제상품에 대해서는 보험회사의 지불불능을 방지하기 위한 보험규제가 필요하지 않다고 보았다. 재판부는 "'설사 아칸소 주 보험감독관의 주장처럼 채무면제계약이 차입자의 일부 위험을 은행으로 이전한다고 할지라도', 은행에게 투자위험을 부담시키거나 차입자에 대해 금전을 지급할 것을 요구하지 않고, 차입자 사망 시에 채무가 소멸되는 것이 전부이므로,[57] 주 보험규제의 전통적이고 주된 관심사인 「지불불능방지」는 채무면제상품을 선택하는 차입자의 관심사항이 아니"라고 설시했다.

항소심 판결에 대해 아칸소주 보험청과 아칸소주 신용보험협회가 미연방대법원에 상고했으나,[58] 상고는 기각되었다.

---

56) 그 논거로는 두 가지를 제시했다. 맥카렌-퍼거슨 법은 보험회사에 대한 전통적인 주의 규제권한과 과세권을 보호하고 보험회사에 대해 연방독점금지법의 적용을 부분적으로 면제해주기 위해 제정된 법이기 때문에 국법은행의 행위를 규제하지 않는다는 것이 첫 번째 논거이다. 국법은행이 대출과 연계해서 제공한 채무면제상품은 전통적인 보험계약과는 상당히 다르다는 것이 두 번째 논거이다. 따라서 "국법은행이 채무면제상품을 제공하는 행위는 맥카렌-퍼거슨 법이 말하는 주법을 적용해야 하는 보험업에 해당되지 않기 때문에 각 주법의 규제를 받지 않고, 그 대신 국법은행법이 적용된다. 그러므로 국법은행은 주 보험청의 규제를 받지 않고 채무면제상품을 판매할 수 있다"고 판시했다.
또, 채무면제계약이 그 명칭과 무관하게 보험계약에 해당된다고 본 다른 주 법원판결(*Ware v. Paxton*, 266 S.W.2d 218 (Tex. Ct. App. 1954); *Attorney Gen. ex rel. Monk v. C. E. Osgood Co.*, 144 N.E. 371 (Mass. 1924); *State v. Beardsley*, 88 Minn. 20, 92 N.W. 472 (1902))을 배척했다(1990 WL 10058437 at 15-16).

57) 구체적으로 항소심 재판부는 채무면제계약은 은행이 투자위험을 부담하거나 채무자의 재산에 대해 지급을 할 것을 요구하지 않는다는 피항소인(First National Bank of Eastern Arkansas, A National Banking Association)의 주장을 원용하면서 채무면제계약과 전통적 보험계약의 차이가 피항소인의 채무면제계약에 의한 신용생명보험 언더라이팅이 보험업의 범위에 속하지 않는다는 것을 정당화한다고 판시했다.

58) 1990 WL 10058437.

(2) 판결의 파급력

Taylor 판결이 나온 이후, 국법은행을 비롯한 금융기관의 대출채권과 연계한 채무면제상품의 판매가 증가했다. 재판이 마무리 될 무렵인 1980년대 후반에서 1990년대 초반에 소수의 혁신적인 대출기관에서 채무면제상품을 판매하기 시작했다. 특히 국법은행업계의 대출계약과 연계해서는 채무면제상품이 신용보험을 대체되었는데, 금융기관으로서는 보험규제비용부담을 덜기 위해 채무면제상품을 이용할 유인이 있었기 때문이다. 그 결과 1990년대 후반에는 채무면제상품시장이 괄목할 만한 성장세를 보였고 대부분의 주요 대출기관은 신용카드이용계약과 관련해서 판매해오던 신용보험상품을 채무면제상품으로 교체하게 되었다.[59]

위 판결은 시장 뿐 아니라 감독기관에도 영향을 주었다.[60] 특히 국법

---

59) 대출기관의 채무면제·채무유예상품 취급은 2000년을 전후로 해서 급격히 증가했다. 특히 신용카드대금채권과 연계해서 판매되는 상품이 크게 증가했다. 1999년부터 대부분의 대형 신용카드발행회사와 개인 라벨 카드 발행자(private label card issuers)(예컨대 대형 소매할인판매점인 "Target")는 채무면제·채무유예상품으로 신용보험을 대체했다.

몇몇 대출기관에서는 "할부대출채권"과 연계해서 판매하던 신용보험도 채무면제·채무유예상품으로 대체했다. 그러나 신용카드시장에 비해 할부채권시장의 채무면제·채무유예상품 활용도는 낮다.

60) 연방신용조합 규제기관인 신협감독청(National Credit Union Administration, NCUA)의 1997년 9월 12일자 유권해석에 따르면, "채무면제계약은 보험이 아니므로(신협감독청은 채무면제계약이 보험이 아니라고 보는 근거를 Taylor 판결에서 찾고 있다), 연방신용조합은 스스로 위험을 보유하는 자가보험자로서 행위 하지 않는 한 채무면제계약을 체결할 수 있다"고 하였다. 연방신용조합이 손실 위험 전부를 커버하기 위해서 보험을 구매한다면, 연방신용조합은 부수적 권한에 의해 채무면제계약을 체결하는 것이 허용된다는 것이다(NCUA Legal Opinion Letter No. 97-0632).

그 후 신협감독청은 규칙(Credit Union Incidental Powers, 66 Fed. Reg. 40, 845(Aug. 6, 2001), 12 CFR Part 721)을 공포하였고, 2001년 9월 5일에 규칙이 발효되었다. 동 규칙 제721.3조는 연방신용조합이 그 업무를 수행하는 데에 필요하거나 필수적인 부수적인 권한으로서 사전에 허가된 행위의 범위를 열거하고 있는데, 그

은행의 채무면제·채무유예상품 취급을 허용하는 통화감독청의 규칙제정의 결정적 계기가 되었다. 또, 전미보험감독관협회(NAIC)의 신용보험위원회는 위 판결에 대한 대응으로 신용보험에 비해 규제가 완화된 채무면제계약상품을 구입한 소비자에 대한 보호 방안을 논의하기도 했다.[61]

4) 통화감독청 규칙

Taylor 판결의 판시내용과 위의 2)에서 살펴본 통화감독청의 입장은 이후 통화감독청규칙(12 C.F.R. 7.7495)으로 성문화되어 2003년에 발효되었다. 2001년 4월 18일, 통화감독청은 소비자가 채무면제·채무유예상품에 대한 정보를 제공받은 후 구입여부를 선택할 수 있도록 보장하고, 부적절하고 남용적인 판매관행을 억제하기 위해 통화감독청 규칙에 채무면제·채무유예계약에 대한 장을 추가하는 안을 만들었다. 이러한 과정을 거쳐 2003년 발효된 이 통화감독청 규칙은 Taylor 판결의 리스테이트먼트(restatement)라고 불릴 정도로 Taylor 판결에 기초하여 제정되었는데, Taylor 판결과 구별되는 점은 소비자 보호를 위한 장치로서 '고지'에 관

행위에는 대출관련 상품이 포함되어 있다(동 규칙 제721.3(g)조[대출 관련 상품들 대출 관련 상품은 연방신용조합이 대출권한에 부수하여 또는 연방신용조합을 신용관련위험으로부터 보호하기 위해, 대출거래를 하는 그 회원들에게 제공하는 서비스나 활동 또는 상품이다. 이러한 상품이나 활동에는 채무면제계약, 채무유예계약, 신용장, 리스가 포함된다). 동 규칙을 채택하면서 신협감독청은 "연방신용조합들은 그 회원들이 이러한 부수적인 상품이나 서비스를 구매할지 여부에 대해서 정보를 가지고 선택할 수 있도록 관련법(Truth in Lending Act, 15 U.S.C. 1601)과 관련규칙(Regulation Z, 12 C.F.R. Part 226)에서 규정하는 필요한 소비자 보호를 전부 제공하여야 한다"고 코멘트 했다(66 Fed Reg. 40852-40853 (Aug. 6, 2001)).

61) 또, 신용보험위원회의 의장인 미주리주 보험감독관(Lewis Melahn)은 채무면제계약의 규제에 관한 통화감독청의 입장을 제대로 이해하기 위해 통화감독청에 미팅을 제안했으나, 통화감독청은 1992년 8월 24일 서한을 통해 이를 거절했다.

한 규정이 추가되었다는 점 정도이다.

통화감독청 규칙 제37장(part. 37)에서는 채무면제계약과 채무유예계약에 대해 규정한다. 본장은 채무면제계약과 채무유예계약을 포함한 관련 용어의 정의 규정을 두고 있고, 국법은행에게 채무면제상품과 채무유예상품의 판매를 허용하면서(12 CFR § 37.1(a) (2011)), 특정한 프랙티스(practice)를 금지하는 규정을 두고 있다.[62]

또, 동 상품을 제공하는 국법은행은 대출고객에게 환불가능 상품에 대한 선택권과 수수료를 월(月)지불 또는 다른 방식의 정기(定期)지불방식으로 지불할 수 있는 선택권을 제공해야 한다.[63] 뿐만 아니라 특정한 정보를 고객에게 고지할 의무가 있다. 고지에는 긴 서식에 의한 고지와

---

[62] "채무면제계약"은 은행을 비롯한 대출기관이 대출고객에게 제공하는 신용의 공여와 연계된 대출조건 또는 약정으로 정의된다. 이 약정에서 은행은 특정한 사건이 발생한 경우 소비자의 신용대출상환의무의 전부나 일부를 취소하기로 하는데 동의한다(12 CFR § 37.2(f)). "채무유예계약"은 은행의 신용확장과 연계된 대출조건 또는 약정(arrangement)을 의미한다. 이 약정에서 은행은 특정한 사건이 발생한 경우 소비자가 신용대출상환의무의 전부나 일부를 유예하기로 합의한다(12 CFR § 37.2(g)).
금지되는 프랙티스는 ① 신용대출의 승인 또는 조건을 채무면제·채무유예계약의 구매와 결부시키는 것, ② 오도적인(misleading) 광고나 프랙티스에 참여하는 것, ③ 고객이 불이익(penalty)을 받지 않고 계약을 취소할 합리적인 기회를 부여받지 못하거나, 은행이 고객에게 불이익한 방향으로 채무면제·채무유예계약을 일방적으로 수정할 권리를 보유하는 것, ④ 주택담보대출과 연계되어 발행되는 채무면제·채무유예계약에 대해서 단일한 일시불 수수료를 부과하는 것이다.

[63] 소비자는 국법은행의 급부에 대한 반대급부로 별도의 수수료(fee)를 은행에 지급하기로 약속하는 것이 일반적이다. 수수료의 일시불 방식과 정기불 방식으로 지급할 수 있다. 일시불 방식은 요금을 대출개시(outset)시점에 한꺼번에 지급하는 방식이다. 정기불 방식에는 월별 지급이 포함된다. 국법은행은 주택담보대출 이외의 대출에 대해서는 대출과 연계된 채무면제·채무유예계약 수수료를 일시불로 지불할 선택권을 제공할 수 있다. 그러나 이 경우 국법은행은 수수료를 월(月)지급 또는 다른 정기지급방식으로 지불할 선택권도 제공해야 한다. 은행이 일시불 선택권을 제공하는 경우에는 반드시 고객의 취소권과 환불 가부 및 취소권에 시간적 제약이 있음을 고객에게 고지해주어야 한다.

짧은 서식에 의한 고지가 있다.[64]

　이러한 고지요건은 '필수적인 고지를 받았다는 소비자의 서면 인정서를 국법은행이 수령하는 것'과 '판매완료 전 소비자의 적극적인 채무면제·채무유예상품을 구매 선택'에 의해 충족된다. 통화감독청 규칙은 「고지」와 「인정」과 「적극적 선택」이 서식 안에 단순하고 직접적이며 쉽게

---

64) '긴 서식의 고지'는 은행의 첫 마케팅 이후에 이루어지지만 일반적으로는 상품 판매가 완료되기 전에 행해진다. 만약 소비자가 개인적으로 신용을 신청한 경우에 청약이 이루어진다면, 긴 서식의 고지는 그 시점에 행해져야 한다. ① 채무면제상품이나 채무유예계약상품의 구매 결정은 선택적이며 소비자의 이 상품 구매여부는 소비자의 신용신청이나 현재의 대출조건에 영향을 미치지 않는다는 점, ② 채무유예계약상품은 단지 그 연계된 대출채무상환의무를 연기할 뿐이고 취소하지는 않는다는 점, ③ 만약 채무면제계약이나 채무유예계약의 효력이 발생했다면 대출계약상 소비자에게 추가적으로 요금(charge)이 부과되어서는 안 된다는 점, ④ 소비자가 채무면제·채무유예계약상품의 취소권을 가지기 위한 조건, ⑤ 고지서식 그 자체에서 제공될 수 있거나 채무면제·채무유예계약의 특정 규정을 참고하여 제공될 수 있는, 적용가능한 적격성 요건·조건·배제에 대한 설명은, 긴 서식으로 고지되어야 하는 정보들이다.
채무면제·채무유예계약상품 판매 상황에서 고객의 결정과 가장 관련 있는 조건을 완전히 고지하는 것이 가능하지 않은 경우(전화청약과 엽서청약(take-one application) 포함)에 '축약된 고지'를 하는 것이 허용된다. 규칙에서 정하는 축약된 고지 또는 짧은 서식으로 고지되어야 할 사항에는 다음과 같은 것이 포함된다. ① 채무면제·채무유예계약의 구매는 선택적인 것이며 소비자의 채무면제·채무유예계약상품 구매여부는 신용의 신청과 현재의 대출조건에 영향을 미치지 않는다는 점, ② 환불이 불가능한 채무면제·채무유예계약을 제공하는 경우에는 환불 가능한 상품도 이용가능하다는 사실, ③ 주택담보대출 이외의 대출과 연계되어 공급되는 채무면제·채무유예계약에 대해서, 만약 소비자가 그것을 단일 지불, 일시불로 수수료를 조달(finance)하기로 결정했다면, 소비자는 정기불로 지급할 선택권(option)도 갖는다는 점 및 대출기간만료 전 소비자에 의한 취소의 효력, ④ 채무면제·채무유예계약을 지불할 의무를 부담하기 이전에 소비자에는 추가적인 정보를 받게 된다는 점, ⑤ 채무면제·채무유예계약상으로 소비자의 사고금(benefit) 청구능력에 영향을 미치는 특정 적격요건·조건·배제가 적용된다는 것이 긴 서식의 고지에서 더 완전하게 설명된다는 진술(statement)이 그것이다.

이해될 수 있게 표현될 것을 요구한다. 또 제공되는 정보의 중요성과 성질에 대한 주의를 끌 수 있게 디자인 될 것을 요구한다. 또한 고지는 의미가 있을 것이 요구된다. 규칙은 그 기준을 충족시키기 위해 사용될 수 있는 방식의 예(글씨체, 띄어쓰기 등)를 제시한다.

동 규칙은 안전성과 건전성 규정도 두고 있다. 국법은행은 채무면제계약이나 채무유예계약과 관련된 위험을 안전하고 건전한 은행 원칙에 따라서 관리해야 한다. 또 국법은행은 수익, 비용, 자산, 상품과 관련된 책임에 관한 인지, 재정적 보고, 적절한 내부통제와 위험경감조치를 포함한 효과적인 위험관리절차와 통제절차를 확립해야 한다.

Ⅲ. 채무면제·채무유예상품 시장의 특징

채무면제·채무유예계약은 기초채무 또는 여신계약이라는 주된 거래에 '부수'해서 체결된다. 대출기관을 비롯한 주거래의 채권자 측이 보장내용과 보장범위를 정하기 때문에, 소비자는 그러한 보장의 수용 여부를 선택할 수 있을 뿐 보장범위를 협상할 수는 없다. 따라서 소비자의 선택권이 제약된다. 또, 소비자들은 대출기관에게 적정한 요율의 상품을 공급하도록 압력을 행사할 수 있을 만큼의 충분한 시장지배력이 없다.

채무면제·채무유예시장에는 신용보험시장에서와 마찬가지로 역경쟁(逆競爭)이 발생할 가능성이 있다.[65] 역경쟁이란 보험상품 판매자는 보험

---

65) 모델법은 역경쟁이란 통상적으로 보험자와의 보험의 배치(placement)를 지배 및 지배가능한 사람에게 유리하게 하는 보험자 사이의 경쟁을 의미한다고 규정한다. 모델법에 의하면 '역경쟁'은 보험료를 상승시키고 보험료의 인하를 막는 경향이 있는데, 그 이유는 보험비즈니스를 배치(placement)하는 권한을 가진 사람에게 더 큰 보상이 돌아가기 때문이라고 한다. 이들에게 더 높은 보상을 해 줌으로써 비즈니스를 확보하는 경쟁 압력이 소비자가 보험가격에 대해 행사할 수 있는 하방압력을 능가하기 때문에, 가격이 상승하거나 높은 가격이 그

상품을 최종구매자에게 판매하기 위해서 경쟁하는 것이 아니라 보험대리점·중개인(producer)에게 판매하기 위해서 경쟁한다는 것을 의미한다.

채무면제·채무유예상품 중에서 자금대여자와 판매자가 일치하는 금융기관의 채무면제·채무유예상품의 경우에는 역경쟁이 발생할 가능성이 낮지만, 소매할부시장에서 판매되는 채무면제·채무유예상품의 경우에는 소매물건매도인의 중개로 할부채권자와 소비자 간에 채무면제·채무유예계약이 체결되는 경우가 빈번하기 때문에 역경쟁이 발생할 소지가 있다. 채무자의 열악한 협상력, 채무면제·채무유예약정의 구매가 주된 거래와 별 관계가 없다는 사실, 대출기관이 약정의 조건 및 수수료를 지시할 수 있다는 점, 영업에 접근하는 자금대여자의 독특한 능력으로 인해 역경쟁이 발생할 수 있다. 이러한 역경쟁이 존재하는 시장에서는 상품공급자의 과도한 수수료 책정으로부터 소비자를 보호하기 위해서 시장의 힘에만 의존할 수 없다.[66)]

제3절 국내에서의 운용현황

I. 상품 도입과 금융감독당국의 대응

국내에서는 미국에 비해 상당히 늦은 시점인 2005년부터 일부 할부금융회사와 일부 신용카드사가 채무면제·채무유예상품을 판매하기 시작했

대로 유지된다고 한다. 요컨대 역경쟁 시장에서는 시장의 강한 힘이 소비자에게 불리하게 작용한다고 한다.

66) 뉴욕주 보험청 규칙 27A 제185.0(c)조 (11 NYCCR 185)에서는 "이러한 역경쟁이 적절히 통제되지 않으면 채무자는 보험금에 비해 불합리하게 높은 보험료를 지불하게 된다"고 규정한다.

다.[67] 당시 금융감독원에서는 할부금융회사의 채무면제·채무유예상품 취급이 무허가 보험업에 해당하여 보험업법에 위반된다고 경고하고, 각 금융회사에게도 이러한 유의사항을 통보함과 동시에 유사서비스에 대해서는 2005년 10월 31일까지 개선조치를 요구한 바 있다.

이 조치만을 놓고 보면 금융감독원은 이 상품을 보험상품의 일종으로 파악했다고 본 것이다.[68] 그러나 그 후 금융감독원은 전업계 신용카드사에 한하여 자사 회원에 대한 신용판매액에 대해 동 상품을 판매하는 것을 허용했다.[69] 이에 보험업계가 반발하자, 금융위원회는 동 상품은 보험사의 신용보험상품과 유사하지만, 소비자의 선택권을 확대하고 새 금융상품의 출현을 촉진하는 등 금융산업 발전 차원에서 이 상품을 신용카드사에 허용키로 했다고 밝히면서, 2008년 12월 예정된 보험법 개정 시 동 상품을 보험상품에 포함시키고, 운영 중인 채무면제·채무유예 상품 소비자 보호 가이드라인을 정비해 2008년 12월 여신전문금융업법 감독규정에 반영하겠다는 입장을 표명했다.

---

67) 신용카드업계에서는 삼성카드사가 가장 먼저 이 상품을 도입하였다. 신용보험의 대안으로서 채무면제·유예상품을 널리 판매하기 시작한 미국 금융계와는 다르게, 국내에서는 이 상품이 신용보험에 대한 대안으로 이용되기 시작한 것이 아니라 신용카드회사의 새로운 수익원으로서 도입된 것으로 파악된다. 왜냐하면 2005년 이전까지 대부분의 카드사가 신용보험을 통해 신용위험을 처리하였다거나, 동 상품 도입 후 신용보험을 대량으로 해지하였다는 증거가 없기 때문이다.

68) 금융감독원의 조치에 대해 이와 같이 분석하는 견해로는, 한기정(편), 안재홍/양승현(집필부분), "개정 보험업법상 보험상품의 정의에 관련된 이슈 검토", 보험법의 현대적 과제(BFL 총서 7), 서울대학교 금융법센터, 소화, 2013, 19면.

69) 이 상품의 보험성에 대한 설명 및 전업계 신용카드사와 비전업계 신용카드사에 대한 취급을 다르게 하는 법적 근거 제시는 이루어진 바 없다.

II. 시장 확대와 소비자 불만 고조

시장에서는 2008년부터 삼성카드사 이외의 다른 카드사도 동 상품을 판매하기 시작했고, 2011년 4월부터는 모든 전업카드사에서 이 상품을 취급하기 시작했다.[70] 2011년 3월말 1,800만 명의 신용카드 회원이 동 상품을 이용하고 2010년 동 상품의 수수료 수입 규모는 1,060억 원으로 2009년(614억 원) 대비 73% 증가한 것으로 집계되었다.[71] 2011년 당시 상품의 수수료율은 카드사 및 상품의 종류에 따라 다양하였지만 대체로 카드 이용대금[72] 총 합계금액의 0.44%~0.56% 정도였다.[73] 2005년 1월부터 2011년 3월까지 동 상품을 취급한 모든 카드사의 수수료 수입은 2,953억 원, 비용은 1,956억 원이다. 2005년 1월부터 2011년 3월까지 동 상품계약상의 보상금을 받은 사람은 7,458명, 총 급부액수는 159.9억 원이다. 한편, 신용카드회사는 동 상품 판매로 인한 위험을 헤지(hedge)하기 위하여 손해보험회사의 계약상보상책임보험(Contractual Liability Insurance Policy, CLIP)[74]에 가입하였으며, 보험료는 채무면제·채무유예상품의 수수료의 약 50% 수준에서 결정되었다.[75] 그러나 그 후 국내 신용카드사채무면제·채무유예상품의 수수료 총합 대비 보험회사에 지불하는 CLIP 보험료 총액의 비중은 점점 줄어드는 추세이다.[76]

---

70) 삼성카드(주)·현대카드(주)·비씨카드(주)·신한카드(주)·롯데카드(주)·하나SK카드(주)·국민카드(주).
71) 금융위원회 보도자료(배포일 2011. 6. 30, 출처: 금융감독원 홈페이지 http://www.fss.or.kr/).
72) 일시불, 할부 이용금액, 현금서비스, 카드론 채무잔액 및 해당수수료와 이자, 연체료 등 회원이 결제하여야 할 총 카드대금
73) 2012년 6월 말 기준으로는 평균 수수료율 0.48%, 가입자당 월평균 수수료는 6,300원 수준이었다.
74) 이 보험은 계약 이행을 위한 책임을 일괄 담보하는 보험이다.
75) 금융감독원 2011. 6. 30. 자 보도자료, 「신용카드사 채무면제/유예 서비스 개선방안」, 4면.

사망, 중대한 질병과 상해, 61일 이상의 장기입원에 대해서는 통상 5,000만원의 보상한도액의 범위 내에서 카드이용대금 총액을 면제하고, 15일 이상의 단기입원이나 비자발적 실업에 대해서는 최장 12개월까지 카드이용대금 청구를 유예하고 이자상당액은 카드사가 부담하며, 자연재해에 대해서는 최장 3개월까지 대금청구를 유예하고 이자 상당액은 카드사가 부담하는 것을 주요 보상내용으로 한다.

2008년 이후 채무면제·채무유예상품에 대한 카드사의 본격적이 영업이 시작된 이래로 동 상품을 구매하는 카드회원수가 점진적으로 증가했다.[77] 이와 함께 금융감독원과 한국소비자원에 접수되는 민원 건수도 해마다 증가하는 추세이다.[79] 주요 민원사항은 불완전판매, 보상금 지급, 해지에 관한 불만 등이다.[80] 한국소비자원은 이 상품 핵심설명서가 '고객권리사항 및 유의사항'을 미흡하게 표시했다고 지적했다. 한국소비자원에 따르면 7개 신용카드사의 핵심설명서의 고객의 권리 및 유의사항에 관한 내용이 미흡하다고 한다. '가입신청 철회(30일 이내)'와 '불완전판매로 인한 계약 취소(3개월 이내) 가능' 표시를 한 신용카드사는 3개사에 불과하고, '회원이 일정 연령 도달 시 카드사의 직권해지 관련 사항'과 '계약 전 고객의 알릴 의무(기왕증 등) 위반 시 보상에서 제외됨'을 표

---

76) 2015년 한 해 동안의 채무면제·유예상품 수입료 총액은 6,480억 원, CLIP 보험료 총액은 978억 1000만원으로, 수입수수료 대비 CLIP 보험료의 비중은 약 15%에 불과하다.

77) [단위 : 천명, 억 원]

구분	'05년	'06년	'07년	'08년	'09년	'10년	'11년	'12년 6월말
가입 회원수	248	474	590	800	1,267	1,652	2,217	2,624
수입 수수료	65	230	281	372	614	1,058	1,526	999
CLIP 보험료	26	88	84	90	133	228	330	205

(출처: 금융감독원 보도자료(배포일 2012. 11. 20.), 8면)

시한 카드사는 각각 1개사에 불과하며, '수수료가 소멸되는지 등 수수료 환급 여부'에 대해 표시한 곳도 2개사에 불과하다고 한다.

Ⅲ. 입법적 시도

이러한 문제에 대응하여 2010년 보험업법 개정과정에서는 채무면제·채무유예상품을 보험종목, 구체적으로는 보증보험의 일종으로 보험상품에 명시적으로 포함시키려는 시도가 있었다.[80][81] 입법예고 당시까지만 해도

---

78)

[단위: 건, %]

구　분	'10년	'11년	'12.1~8월
불완전판매	12	43	48
보상불만	3	10	23
합계	15	53	71

(출처: 금융감독원 보도자료(배포일 2012. 11. 20.), 9면)

79) 한국소비자원이 최근 4년간(2012~2015년) 1372소비자상담센터에 접수된 채무면제·유예상품 관련 소비자상담(544건)을 분석한 결과 '불완전판매' 관련 불만이 79.3%로 대부분을 차지했다. 이 가운데 상품가입 동의의사 확인 미흡 상담이 50.2%(273건)로 가장 많았고, 수수료 등 주요 거래조건 설명 미흡(83건, 15.3%), 무료서비스로 알았으나 수수료 부과(75건, 13.8%) 등이 뒤를 이었다. 이어 질병 범위 등 약관상 보상대상 제한(56건, 10.3%), 병력 사전 미고지 등의 사유로 보상 거절(10건, 1.8%) 등 '보상금 지급 관련 불만'이 12.1%, '계약해지 후 수수료 부과 등 해지 관련 불만'이 2.4% 순으로 나타났다.

80) 2010년 보험업법 개정안은 보험상품의 정의에 관한 규정에 채무면제·채무유예 서비스를 보증보험의 일종으로 명시적으로 포함시키되, 보험업 허가원칙에 대한 예외로 보험업법 제4조 제5항에 "제1항에도 불구하고 대통령령으로 정하는 금융기관은 금융위원회가 정하는 방법과 절차에 따라 보증보험에 해당하는 종목을 취급할 수 있다."는 문구를 삽입하자는 내용이었다.

81) 이처럼 동 상품에 보험업법을 적용하는 보험업법개정안이 국회에 상정되었지만, 국회 정무위원회는 2010. 2. 22. 소위원회를 열어 이를 심사한 후 추가논의가 필요하다는 이유로 보험업법개정안에서 제외시켰다(한국보험신문, 2010. 2. 24. 일자 보도).

재정경제부와 금융위원회는 채무면제·채무유예상품과 날씨보험을 보험상
품으로 열거하였으나, 최종적으로 확정되어 2011년에 시행된 시행령에서
는 채무면제·채무유예상품은 삭제되고 날씨보험만이 남게 되었다.[82]

IV. 임기응변적 요율규제와
판매규제의 한계 (상품판매중단)

　2011년 금융감독원은 신용카드사의 채무면제·채무유예 서비스 개선
방안으로 수수료율의 적정성에 대해 보험개발원 등의 확인을 받는 체계
를 구축하고 보상범위를 합리적으로 조정하겠다는 방안을 내놓았다. 당
시 감독당국인 인식한 문제점은 ① 서비스 제공 비용(판매비용+관리비
용+보상액) 대비 수수료 수입이 과도하고,[83] ② 보상대상에 회원 본인
이외에 가족도 포함되고, 소득상실을 유발한다고 보기 어려운 경미한 질
병과 상해 및 물적 피해 등에 대해서도 보상이 이루어지는 한편,[84] ③
서비스에 가입한 회원이 사망한 경우 상속인이 서비스 가입사실과 내용
을 알지 못해 채무면제·채무유예의 혜택을 누리지 못한다는 점 등이었
다. 금융감독원은 문제점 ①의 원인을 요율 적정성에 대해 보험개발원의
검증을 받는 보험상품과는 달리 채무면제·채무유예상품의 수수료율의
적정성에 대해서는 검증절차가 없다는 점에서 찾고, 개선방안으로 보험
상품과 동일하게 보험개발원 또는 보험계리법인의 확인을 받도록 하는
체계를 구축하기로 하였다.[85] 문제점 ②에 대해서는 보험상품과 유사한

---

82) 보험업법 시행령 제1조의 2 제3항 14호.
83) 2005년 1월부터 2011년 3월까지의 기간 동안 카드사의 DCDS 수수료 수입 중
　 66%만이 비용으로 지출됨.
84) 예를 들면 A형 간염의 발병에 대한 보상, 휴대폰 파손에 대한 수리, 전화금융
　 사기피해에 대한 보상을 들 수 있다.
85) 신규상품에 대해서는 2011년 9월부터 적용하여 약관심사 시 수수료율을 점검

측면이 있어서 장래 보험업권과 업무영역을 둘러싸고 다툼이 발생할 소지가 있다고 판단하고, 보상대상을 신용카드회원 본인으로 한정하고 보상범위를 소득의 영구적 또는 일시적 상실 가능성이 큰 사망, 중대한 질병과 상해[86] 등으로 제한하고 회원재산에 대한 물적 피해의 보상은 금지하는 개선방안을 발표하였다.[87] 문제점 ③에 대해서는 상속인에게 동상품 가입여부를 적극적으로 안내하는 조치를 마련하기로 하였다.[88]

채무면제·채무유예상품에 대한 감독당국의 관심과 규제는 다음해인 2012년에도 계속되었다. 우선, 금융감독원의 정책에 따라 2011년 하반기부터 2012년 상반기에 걸쳐 동 상품의 수수료율을 검증한 보험개발원은 "상품가입 기간경과에 따라 수수료율을 할인할 것"을 권고하였다.[89] 다음으로, 금융감독원 내에 설치된 소비자 보호업무에 대한 최고 심의기구인 소비자보호심의위원회는 2012년 11월에 개최된 제1차 회의에서 "불완전 판매 방지 대책 강구" 및 "수수료 인하" 등 동 상품 소비자의 권익 보호를 위한 제도개선을 요구하였다. 구체적으로는 (ⅰ) 보험개발원의 수수료율 인하 권고를 고려하여 수수료를 합리적으로 조정하고, (ⅱ) 불완전판매행위 방지대책을 강구하고 카드사에 대한 점검을 강화하며, (ⅲ) 보험상품 약관상의 보험금청구권 소멸시효 및 계약취소권을 참고하여 채무면제·채무유예상품의 약관을 보완할 것을 소관부서인 상호여전감독국과 상호여전검사국에 권고하였다.[90]

하기로 하였고, 기존상품에 대해서는 2011년 10월부터 수수료율을 일괄 점검하고 이후 1년에 1회씩 수수료율의 적정성을 확인하기로 결정하였다.

86) 예를 들면, 치명적 질병(암, 뇌졸중 등), 치명적 장애(시력, 청력 영구 상실 등), 61일 이상의 장기입원 등이다.

87) 2011년 9월부터 신규상품에 대해서는 카드사 약관개정 및 금융감독원의 약관심사를 통해 보상범위를 조정하기로 하였고, 기존상품에 대해서는 기존 조건에 따라 계약을 유지할 수 있게 하였다.

88) 금융위원회·금융감독원 보도자료, 배포일 2011. 6. 30(출처: 금융감독원 홈페이지 http://www.fss.or.kr/), 2-3면.

89) 예: 2년 초과 시 5%, 3년 초과 시 10% 이상 할인.

금융감독원의 노력에도 불구하고 신용카드사의 채무면제·채무유예상품과 관련한 민원은 2010년 이후 계속 증가추세에 있었다.[91] 이에 금융감독원은 2013. 2. 20. 정례브리핑을 통해 그 동안 금융소비자에게 불합리하게 운영되어 왔던 카드사의 채무면제·채무유예상품에 대한 제도개선 및 미수령 보상금 지급 계획을 발표했다. 개선계획에는 수수료율의 합리적 조정유도, 미수령 보상금 환급, 보상업무 처리절차 개선, 불완전판매 예방을 위한 제도개선 및 점검 강화, 불합리한 약관 정비 등이 포함되었다. 또한 카드사별로 상이하게 사용해 온 상품의 명칭을 "채무면제·채무유예상품"으로 통일하고 카드대금청구서에도 "채무면제·채무유예상품 수수료"로 명확히 표기하도록 하였다. 보상청구기간을 5년으로 연장하고 불완전판매가 있는 경우 3개월의 계약취소기간을 부여하는 방향으로 약관을 변경하도록 권고했다.

같은 해 12월 금융감독원 보도자료에 따르면, 2013년 2월부터 추진한 보상금 찾아주기 정책으로 2013년 10월 말 기준 채무면제·유예상품 가입자 및 유족에게 찾아준 사망·질병관련 보상금은 7,224건, 158억 원에 달한다고 밝혔다.[92]

그러나 2016년 상반기까지의 자료를 살펴보면 여전히 상품의 수수료 대비 보상금 지급액 비율이 낮고 이 상품의 판매로 인한 신용카드사의

---

90) 금융감독원 보도자료, 배포일 2012. 11. 20(출처: 금융감독원 홈페이지 http://www.fss.or.kr/), 8-9면.

91) 금융감독원이 접수한 동 상품 관련 민원 건수는 2010년 15건, 2011년 53건, 2013년 105건을 기록하였다.

92) 〈보상금 찾아주기 실적(보상사고별)〉

[단위: 백만원, 건]

구분	사망	치명적 질병	장기 입원	치명적 장애	골절 등	계
금액	2,183	10,292	2,241	35	1,068	15,819
건수	845	4,054	856	20	1,449	7,224

(자료: 2013. 12. 2. 자 금융감독원 보도자료)

수입과 신용카드사에 계약상 보상책임보험을 판매한 손해보험사의 수입
이 상당히 크다는 것을 알 수 있다.93) 그러나 동 상품의 불완전판매에
대한 금융감독원의 규제로 인해 부담을 느낀 카드사들이 2016년 하반기

93) 〈연도별 '채무면제·유예상품(DCDS)' 수수료 및 카드사 수입 현황('11~'16. 6.)〉

[단위 : 천명, 억원]

연도	취급 카드사	가입 회원수 (취급카드사의 가입 회원 총수) (A)	수입 수수료 (A)	CLIP 보험료 (B)	보상금 지급액 (C)	카드사 수입 (A)-(B)	보험사 수입 (B)-(C)
2005	삼성카드	248	65	26	1	39	25
2006	삼성카드	474	231	88	10	143	78
2007	삼성카드	590	281	84	13	197	71
2008	비씨·삼성·현대 카드	747	373	90	19	283	71
2009	비씨·삼성·신한· 현대카드	1,141	614	133	32	481	101
2010	롯데·비씨·삼성· 신한·현대카드	1,532	866	227	64	639	163
2011	KB국민·구.하나 SK·롯데·비씨· 삼성·신한·현대 카드	2,129	1,525	324	88	1,201	236
2012	KB국민·구.하나 SK·롯데·비씨· 삼성·신한·현대 카드	2,934	2,110	411	140	1,699	271
2013	KB국민·구.하나 SK·롯데·비씨· 삼성·신한·현대 카드	12,606	2,291	387	328	1,904	59
2014	KB국민·구.하나 SK·롯데·비씨· 삼성·신한·현대 카드	13,337	2,416	372	247	2,044	125
2015	KB국민·롯데·비 씨·삼성·신한· 하나·현대카드	13,631	6,480	978.1	687.8	5,501.9	290.3
2016 1,2 분기	KB국민·롯데·비 씨·삼성·신한· 하나·현대카드	6,576	1,859	285.5	203.9	1,573.5	81.6

(자료 : 여신금융협회의 통계자료를 토대로 저자가 재정리하였음)

부터 상품판매를 중지하고 기존 상품에 대한 보상창구와 해지접수창구만을 운영하고 있다.

제4절 소결

이상으로 살펴본 바와 같이, 우리나라 신용카드업계에서 지난 10년 동안 채무면제·채무유예상품을 판매해오면서, 이를 둘러싼 불완전판매, 불충분한 보상금 지급 등 소비자의 권리가 침해되고 있다는 문제가 제기되어 왔다. 또 과도한 수수료에 대한 지적이 이루어졌다. 그런데 상품 도입 단계에서 동 상품의 법적 성격에 대한 논의가 이루어지지 않은 탓에, 상품 시판 이후에도 동 상품을 보험회사가 아닌 신용카드가 취급할 수 있는 것인지, 그에 대해 보험규제를 하여야 하는 것은 아닌지 논란이 이어졌다.

이에 대한 초기 금융감독원의 입장은 일관되지 못했고, 그 후에도 명확한 법적 근거 없이 수수료 요율을 몇 차례 하향조정하고, 불완전판매로 체결된 계약에 대해 소비자의 계약해지권을 보장해주도록 신용카드사에게 요구하는 등, 임시적인 조치로 대응했다.

이처럼 금융당국이 명확한 법적 근거를 제시하지 않고 임기응변적인 조치로 대응함으로써, 소비자는 소비자대로 권익침해에 대해 구제를 충분히 받지 못하고, 신용카드사는 신용카드사대로 위 조치에 대해 부담을 느껴 상품판매를 중단한 후, 별다른 법적인 근거와 행정적인 근거 없이 판매를 다시 시작했다. 그러나 또다시 판매를 중단하여 시장의 혼란이 가중되었을 뿐만 아니라, 금융소비자로서는 상품선택권을 부당하게 제약받는 피해를 입게 되었다.

제2장
보험성 검토 필요성

제1절 채무면제·채무유예계약에 대한 현행법 체계

Ⅰ. 개관

채무면제·채무유예계약이 보험인지를 제대로 규명하지 않은 채 금융 감독원은 신용카드사의 채무면제·채무유예상품 취급을 여신전문금융업 자의 부수업무로 보고 신용카드사에게 이 상품의 판매를 허용했다. 여신 전문금융업법과 보험업법 등 이 상품을 규율할 만한 법에서는 이 상품 에 대한 규정이 없었음은 물론이다. 이 때문에 판매 개시 이후에도 법에 근거를 둔 규제가 이루어지지 않았다.

특히, 높은 수수료율과 불완전판매에 대한 규제를 둘러싸고 논란이 생겼다. 금융시장에서 문제가 불거질 때마다 금융감독원이 간헐적으로 수수료율 인하 및 불완전판매에 대한 보상을 권고하는 조치를 했다. 그 러나 일관성 없는 조치로 인해서 오히려 판매중단사태가 발생했다. 신용 카드사들은 자의적으로 상품의 신규판매를 중단하고 기존에 판매된 상 품에 대해서만 계약을 유지하고 있다.

이로 인해 상품을 구매하지 못한 금융소비자 입장에서는 우연한 사 고에 대비할 수 있는 상품을 선택할 권리를 제약받았으며, 상품을 이미 구매한 금융소비자 입장에서는 높은 수수료율과 불완전판매로 인한 피 해를 제대로 보상받지 못하는 문제에 직면하게 되었다. 이것은 법적인 측면에서 뿐만 아니라 효율적인 금융시장이라는 관점, 그리고 금융소비 자보호라는 관점에서 바람직하지 못하다.

II. 여신전문금융업법

1. 서

금융소비자보호법 시행 이전인 현 시점에서 신용카드사의 채무면제·채무유예상품 취급 및 그에 대한 영업행위규제는 여신전문금융업법에 의해 이루어지고 있다. 국내에 동 상품이 처음으로 도입되었던 2005년 당시에는 여신전문금융업법이 동 상품에 대한 구체적인 규정을 두고 있지 않았기 때문에, 금융감독원의 동 상품 판매허용조치 및 간헐적인 요율규제와 영업행위규제의 법률적 근거가 무엇인지가 명확하지 않았다. 2016년이 되어서야 비로소 여신전문금융업법 및 동법 시행령, 동법 고시(여신전문금융업 감독규정)에 이 상품에 관한 규정을 신설되어서, 신용카드사의 채무면제·채무유예상품 취급의 법적 근거가 마련되었다.

그런데 2021년 3월 25일에 금융소비자보호법이 시행되면, 여신전문금융업법의 영업행위규제 규정의 일부가 삭제 또는 변경되므로, 신용카드사의 채무면제·채무유예상품 취급에 대해 금융소비자보호법이 적용될 것으로 보인다. 다만, 2020년 3월 24일에 제정된 금융소비자보호법 및 동법 시행령에서는 이 상품을 직접 언급하고 있지 않기 때문에, 이 상품을 동 법령에서 말하는 보험상품 또는 보장성상품에 포섭시킬 수 있을지를 면밀히 검토해 보아야 한다.

2. 제46조 제1항 제7호의 부수업무

2016년 이전에는 신용카드사의 채무면제·채무유예상품 취급이 여신전문금융업법 제46조 제1항 각호에 열거된 업무 가운데 어떤 업무에 해당되는지가 명확하지 않았다.

舊여신전문금융업법

제46조(업무)

① 여신전문금융회사가 할 수 있는 업무는 다음 각 호의 업무로 제한한다.

   1. 제3조에 따라 허가를 받거나 등록을 한 여신전문금융업(시설대여업의 등록을 한 경우에는 연불판매업무를 포함한다)

   2. 기업이 물품과 용역을 제공함으로써 취득한 매출채권(어음을 포함한다)의 양수·관리·회수(回收)업무

   3. 대출(어음할인을 포함한다. 이하 이 조에서 같다)업무

   4. 제13조제1항 제2호 및 제3호에 따른 신용카드업자의 부대업무(신용카드업의 허가를 받은 경우만 해당한다)

   5. 그 밖에 제1호부터 제4호까지의 규정과 관련된 업무로서 대통령령으로 정하는 업무

   6. 제1호부터 제4호까지의 규정에 따른 업무와 관련된 신용조사 및 그에 따르는 업무

   7. 소유하고 있는 인력·자산 또는 설비를 활용하는 업무로서 금융위원회가 정하는 업무

이처럼 이 상품의 법적 성질이 명확하게 규명되지 않은 채 국내 시장에 도입되었고, 여신전문금융업법에서도 관련 조항을 두지 않아서 법적 공백상태에 있었다. 그러한 상황에서 금융감독원은 신용카드사가 이 상품을 취급하는 것을 허용하였는데 이것은 여신전문금융업자의 부수업무로 보아 허용했던 것으로 해석하는 것이 대체적인 견해이다.[1]

---

[1] 김선정, "미국에 있어서 채무면제 및 지급유예계약(DCDS)에 대한 연방규제의 전개", 『보험법연구』 제9권 제2호, 한국보험법학회, 2015, 135-136면에서는 현재 채무면제·채무유예계약을 여신전문금융업자의 부수사업으로 보는 상황이어서 카드사의 DCDS서비스는 전혀 불법 영업이 아니라고 본다.; 정경영, "신용카드

여신전문금융업법 시행령 제16조 제1항4호의 위임을 받은 여신전문
금융업법 시행규칙이 그에 관해 규정하지 않고 침묵하고 있었기 때문에
여신전문금융업법 제46조 제1항 제5호와 동법 시행령 제16조 제1항4호의
여신전문금융업 및 대출업무와 관련된 업무에 해당된다고 단정하기에는
어려움이 있었다. 또, 신용카드사는 보험회사의 대리인으로서가 아니라
본인으로서 채무면제·채무유예상품을 제공하는 것이기 때문에 동법 제
46조 제1항 제6의2호와 동법 시행령 제16조 제2항의 보험대리점 업무 조
항에 해당한다고 볼 수도 없었다. 따라서 동법 제46조 제1항 제7호의 여
신전문금융업법에 부수하는 업무로서 소유하고 있는 인력 등을 활용하
는 업무에 해당하는 것으로 해석하는 것이 타당한 것으로 보인다.

이처럼 해석론을 통해 미온적으로 대처하다가 2016년이 되어서야 비
로소 채무면제·채무유예상품에 관한 규정을 여신전문금융업법, 여신전
문금융업법 시행령 및 여신전문금융업감독규정에 신설하였다(법 제50조
의92)및 제50조의10,3) 시행령 제19조의14 제1항 제2호4) 및 제19조의15 제

채무면제·유예계약의 법률관계에 관한 소고", 『성균관법학』 제28권 제1호, 성
균관대학교 법학연구소, 2016, 141면에서도 채무면제·채무유예계약의 법적 성
질론을 바탕으로 할 때 채무면제·채무유예계약의 규제채널은 여신전문금융업
법이라고 한다.
2) 여신전문금융업법
제50조의9 (광고) ① 여신전문금융회사와 겸영여신업자(이하 "여신전문금융회
사등"이라 한다)는 제13조제1항제1호, 제46조제1항제1호·제3호, 그 밖에 대통령
령으로 정하는 업무와 관련하여 취급하는 금융상품(이하 "여신금융상품"이라
한다)을 광고하는 경우 다음 각 호의 사항이 포함되도록 하여야 한다. 〈개정
2016. 3. 29.〉
1. 여신전문금융회사등의 명칭
2. 이자율 등 상품의 주요 내용
3. 과도한 채무 또는 신용카드 남용의 위험성을 알리는 경고문구(개인을 대상
   으로 하는 상품에 한정한다)
4. 그 밖에 대통령령으로 정하는 사항
3) 제50조의10 (광고의 자율심의) ① 여신전문금융회사등이 대통령령으로 정하는

3호,5) 감독규정 제26조의56)).

여신전문금융업감독규정

제26조의5 (광고 등) 시행령 제19조의14제1항제2호 및 제19조의15제3호에 따라 금융위원회가 정하는 업무는 신용카드회원으로부터 수수료를 받고 동 회원에게 사망, 질병, 실업, 자연재해 등 특정사고 발생시 회원의 채무(법 제2조제2호나목과 관련한 채무에 한함)를 면제하거나 유예하는 업무를 말한다.

[본조신설 2016. 9. 30.]

여신금융상품에 관하여 광고를 하려는 경우에는 광고계획신고서와 광고안을 협회에 제출하여 심의를 받아야 한다.

② 협회는 제1항에 따른 심의 결과 광고의 내용이 사실과 다르거나 제50조의9를 위반하여 광고하려는 경우에는 해당 여신전문금융회사등에 대하여 광고의 시정이나 사용중단을 요구할 수 있다. 이 경우 해당 여신전문금융회사등은 정당한 사유가 없으면 협회의 요구에 성실히 응하여야 한다.

③ 협회는 매분기별 광고 심의 결과를 해당 분기의 말일부터 1개월 이내에 금융위원회에 보고하여야 한다.

〈신설 2016. 3. 29.〉

4) 제19조의14(광고) ① 법 제50조의9제1항 각 호 외의 부분에서 "대통령령으로 정하는 업무"란 다음 각 호의 업무를 말한다.

2. 법 제46조제1항제7호에 따른 부수업무 중 금융위원회가 정하여 고시하는 업무 〈신설 2016. 9. 29.〉

5) 제19조의15(광고 자율심의 대상) 법 제50조의10제1항에서 "대통령령으로 정하는 여신금융상품"이란 개인을 대상으로 하는 여신금융상품으로서 다음 각 호의 어느 하나에 해당하는 금융상품을 말한다.

3. 법 제46조제1항제7호에 따른 부수업무 중 금융위원회가 정하여 고시하는 업무와 관련하여 취급하는 금융상품 〈신설 2016. 9. 29.〉

6) 제26조의5(광고 등) 시행령 제19조의14제1항제2호 및 제19조의15제3호에 따라 금융위원회가 정하는 업무는 신용카드회원으로부터 수수료를 받고 동 회원에게 사망, 질병, 실업, 자연재해 등 특정사고 발생시 회원의 채무(법 제2조제2호나목과 관련한 채무에 한함)를 면제하거나 유예하는 업무를 말한다. 〈신설 2016. 9. 30.〉

여신전문금융업감독규정 개정이유서를 읽어보면, 이 개정은 개정 「여신전문금융업법('16.3.29일 공포, 9.30일 시행)」에서 위임된 사항과 그 시행에 필요한 사항을 규정하는 한편, 금융소비자 보호를 위해 신용카드 회원에 대한 채무 면제·유예 상품 취급 시 신용카드업자의 설명의무 등을 규정하기 위함이라고 한다. 제26조의5는 광고 규제와 설명의무의 대상이 되는 여신금융상품에 신용카드업자가 회원으로부터 수수료를 받고 회원이 사망, 질병 등 특정사고가 발생할 경우 회원의 신용카드 대금결제 채무를 면제 또는 유예해주는 금융상품을 포함하는 규정이라고 한다.

2016년 개정으로 인해서 신용카드사의 채무면제·채무유예계약 취급이 동법 제46조 제1항 제7호의 부수업무에 해당한다는 점이 명확해졌다.

3. 영업행위규제 – 광고규제

광고규제에 관한 조문은 2012년에 여신전문금융업법에 도입되었고, 채무면제·채무유예상품을 광고규제대상으로 명시하는 시행령 및 고시의 조문은 2016년에 신설되었다. 이 개정을 통해서 신용카드사가 채무면제·채무유예계약을 체결하는 것이 여신전문금융업법이 정하는 신용카드사의 부수업무에 해당한다는 점이 명확해졌을 뿐만 아니라, 동 상품이 설명의무 및 광고규제 대상임이 명확해졌다.

법 개정 이전에도 여신전문금융업법의 해석론에 의해서도, 신용카드사가 채무면제·채무유예계약을 체결하는 것이 여신전문금융업법이 정하는 신용카드사의 부수업무에 해당하기 때문에, 2012년에 신설된 광고규제에 관한 조항 및 2016년 개정된 조항을 채무면제·채무유예상품에 적용하는 것이 가능할 것이다. 그러나 2016년 신설된 감독규정 제26조의5는 채무면제·채무유예상품을 명시하고 있다는 점에서 의미가 크다고 본다.[7] 또, 이와 마찬가지 방식으로 광고를 하기 위해 자율심의를 받아야 하는 여신금융상품에 채무면제·채무유예상품을 포함시켰다(여신전문금

융업법 제50조의10 제1항, 동법 시행령 제19조의15 제3호, 여신전문금융
업감독규정 제26조의5).

이로써 여신전문금융업법규에 의거하여 채무면제·채무유예상품의 불
완전판매로부터 소비자를 보호하기 위한 영업행위규제가 가능해졌다.
그러나 이 규제는 광고라는 특정한 형식에 국한된다는 점, 불완전판매를
사전적으로 예방하는 것은 가능하지만 이미 발생한 소비자 권익 침해에
대한 사후적 구제 측면에서는 불완전하다는 점에서 한계를 지닌다.

사후적 구제 측면에서는 불완전한 이유는 다음과 같다. 여신전문금
융법상으로는 신용카드사에 대한 과태료 부과만 가능하고(여신전문금융
업법 제72조 제1항 10의2호, 제3항 2호), 소비자에 대한 손해배상제도는
규정되어 있지 않다. 다만, 광고규제를 위반하여 소비자에게 손해가 발
생한 경우에는 표시·광고의 공정화에 관한 법률에 따라 소비자의 피해
구제를 위한 사업자의 자발적인 시정이 이루어질 수도 있어 사후구제가
능성이 일부 열려 있기는 하지만, 이 역시 강제적 구제책이 아니라 사업
자의 자발적인 의사에 의존하는 구제방안이라는 점에서 한계가 있다(여
신전문금융업법 제50조의9 제3항, 표시·광고의 공정화에 관한 법률 제7
조의2 제2항 3호).

그런데 금융소비자보호법 시행일에 여신전문금융업법의 광고규제조
항 중에서 자율심의규정만 아래와 같이 일부 개정된 채 존치하고(제50조
의10) 나머지 규정(제50조의9)은 삭제된다.

---

7) 여신전문금융업법 제50조의9는 광고에 포함되어야 하는 사항에 관한 제1항의
   적용대상인 업무를 대통령령에 위임하였고, 위임을 받은 동법 시행령 제19조
   의14 제1항 제2호에서는 금융위원회 고시에 재위임 하였는바, 여신전문금융감
   독규정 제26조의5에서 이 업무는 '신용카드회원으로부터 수수료를 받고 동 회
   원에게 사망, 질병, 실업, 자연재해 등 특정사고 발생 시 회원의 채무를 면제하
   거나 유예하는 업무'를 말한다고 규정함으로써, 채무면제·채무유예상품 판매
   를 위한 광고에는 동법 제50조의9 제1항 제1호 내지 제4호의 사항이 포함되어
   야 함을 명시적으로 규정하였다.

제50조의10(광고의 자율심의)

① 여신전문금융회사와 겸영여신업자(이하 "여신전문금융회사등"이라 한다)가 제13조제1항제1호, 제46조제1항제1호·제3호, 그 밖에 대통령령으로 정하는 업무와 관련하여 취급하는 금융상품 중 대통령령으로 정하는 금융상품에 관하여 광고를 하려는 경우에는 광고계획신고서와 광고안을 협회에 제출하여 심의를 받아야 한다. 〈개정 2020. 3. 24.〉

② 협회는 제1항에 따른 심의 결과 광고의 내용이 사실과 다르거나 「금융소비자 보호에 관한 법률」 제22조를 위반하여 광고하려는 경우에는 해당 여신전문금융회사등에 대하여 광고의 시정이나 사용중단을 요구할 수 있다. 이 경우 해당 여신전문금융회사등은 정당한 사유가 없으면 협회의 요구에 성실히 응하여야 한다. 〈개정 2020. 3. 24.〉

[시행일 : 2021. 3. 25.]

그 이유는 금융소비자보호법이 금융상품에 대한 광고 규제 조항을 두고 있고, 이는 대출성 상품과 보장성 상품을 비롯한 다양한 금융상품에 대해서 적용되기 때문이다. 그러나 금융소비자보호법 및 동법 시행령은 채무면제·채무유예상품을 언급하고 있지 않기 때문에, 동법상의 광고규제 조항이 채무면제·채무유예상품에 적용될 것인지 여부는 한 단계더 들어가서 살펴보아야 하게 되었다. 다음 장부터 논의할 동 상품의 보험성 여부 및 보장상품성 여부와 맞물린 문제로서, 그러한 논의를 마친후에야 금융소비자보호법 적용여부를 판별할 수 있을 것이다.

4. 설명의무

2016년에 개정된 광고규제 조항에서 채무면제·채무유예상품을 직접적으로 언급하고 있는 것과는 달리, 2016년에 새로 만들어진 신용카드사의 설명의무 조항에서는 이 상품을 직접적으로 언급하지 않고 있었다. 하지만 동 계약을 체결하는 것은 신용카드사의 부수업무이기 때문에 설명의무규정도 적용되는 것은 당연하다.

따라서 신용카드사가 카드소비자에게 동 상품계약을 체결할 것을 권유하는 경우에는 상품의 이자율을 비롯해서 상품의 내용을 소비자가 이해할 수 있도록 설명하여야 하고(여신전문금융업법 제50조의11 제1항), 설명한 내용을 소비자가 이해하였다는 점을 서명이나 녹취 등의 방법으로 확인하여야 한다(여신전문금융업법 제50조의11 제2항).

그런데 이 설명의무 조항(제50조의11)도 금융소비자보호법 시행과 동시에 여신전문금융업법에서 사라진다. 2021년 3월 25일 이후부터는 신용카드사가 채무면제·채무유예상품에 대해 설명할 의무를 지는지 여부 역시, 동 상품의 보험성 여부 및 보장상품성 여부에 따라서 판별될 것이다.

III. 신용정보의 이용 및 보호에 관한 법률

2018년 5월 28일까지만 하더라도 개인의 질병정보는 보험회사·체신관서·공제사업자가 보험업·우체국보험사업·공제업무를 하는 경우에만 이용이 가능하였다. 2016년 판매가 중지되기 전까지 국내에서 판매된 채무면제·채무유예상품의 가격이 보장사건에 관한 카드소비자별 위험이 크기에 따라 다르게 산정되지 않고 동일한 수수료율에 카드이용금액을 곱한 가격으로 산정된 것도 신용카드사의 질병정보 이용이 법적으로 금지되어 있었다는 것과 무관하지 않을 것이다.

그러나 2018년 5월 29일부터 시행된 개정 신용정보의 이용 및 보호에 관한 법률 (이하 '신용정보법')과 동법 시행령에 의해 신용카드사는 채무면제·채무유예상품 취급에 신용카드회원의 질병에 관한 정보를 이용할 수 있게 되었다(신용정보법 제16조 제2항, 신용정보법 시행령 제13조 2

호, 여신전문금융업법 제46조 제1항 제7호). 이로 인해 신용카드사의 채무면제·채무유예상품계약 중에서 신용카드회원의 질병과 사망을 보장사건으로 하는 부분에 대해서는 보험회사의 질병보험 및 생명보험 상품계약에서와 마찬가지로 개인별 위험에 따른 위험인수여부 및 요율산정이 가능해졌다.

신용정보법이 개정되었다고 해서 향후 신용카드사가 질병위험을 기초로 요율이 차별화된 채무면제·채무유예상품을 개발·판매할 것인지는 확신할 수 없다. 그것은 신용카드사는 업계의 시장상황과 자사의 경영방침에도 좌우될 것이기 때문이다. 만약 그러한 방향으로 채무면제·채무유예계약 내용이 변화하게 된다면, 그 법적 성격은 한층 더 보험상품과 가까워질 것이고, 위에서 논의하였던 언더라이팅의 관점에서 보험계약인지 아닌지를 검토하는 과정은 더 이상 필요하지 않게 될 것이다.

그러나 2020년 2월 4일에 개인정보보호법이 개정됨에 따라 채무면제·채무유예상품에 관한 신용정보보호법 및 동법 시행령의 조항이 삭제되었다(법 제16조 제2항, 시행령 제13조 2호). 개인정보보호법에 동 상품에 대한 규정이 새로 마련된 것도 아니기 때문에, 타법 개정으로 인해 조항이 삭제된 것이기는 하지만, 동 상품의 법적 근거를 삭제함으로써 신용카드사의 동 상품 취급을 금지하겠다는 입법적 결단이 있었는지는 불분명하다. 그보다는 오히려 법적 근거가 명확히 규명되지 않은 상품에 대한 조항을 우선 삭제한 후에 충분히 논의할 시간을 가지겠다는 의지의 표명이 아닐까 싶다. 신용카드사가 자발적으로 상품 판매 중단한 2016년부터 현재까지 상품의 법적 성격에 대한 규명이 제대로 이루어지지 않아서 금융감독원도 적확한 조치를 하지 못하고 있었기 때문에, 동 상품에 관한 신용정보법 조항을 일단 삭제한 후, 추후에 법제를 정비하기로 결정한 것이 아닐까 추측할 따름이다.

Ⅳ. 금융소비자 보호에 관한 법률

1. 입법 목적

금융소비자보호법은 금융소비자의 권익 증진과 건전한 금융상품 시장질서를 구축하는 것을 목적으로 한다(법 제1조). 금융상품판매업자 등의 영업행위 준수사항, 금융상품판매업자 등의 영업행위 준수사항, 금융교육 지원 및 금융분쟁조정 등 금융소비자 관련 제도를 이 법에 규정하여, 금융소비자 보호에 관한 정책을 일관되게 추진할 수 있는 제도적 기반을 마련하기 위해 제정되었다.

이 법이 정하는 금융상품에는 보험상품과 신용카드상품이 포함된다(법 제2조 1호 다목, 마목). 보험회사와 여신전문금융회사에 대한 영업행위규정과 관련 소비자보호규정도 마련되었다.

오는 2021년 3월 25일에 시행을 앞두고 있는 금융소비자보호법은 보험을 포함한 보장성 상품에 관한 영업행위규제조항을 두고 있다. 동법의 보장성 상품이란 보험업법에 따른 보험상품 및 이와 유사한 것으로 대통령령으로 정하는 금융상품을 의미하므로(법 제2조 제1호 다목, 제3조 제4호), 채무면제·채무유예계약이 보험상품에 해당되거나 보험과 유사한 성격의 계약이라면 동 법에 의한 영업규제가 적용될 가능성 있다. 따라서 채무면제·채무유예계약이 보험상품인지, 또는 보험업법이 적용되는 보험상품은 아니지만 금융소비자보호법이 적용되는 보장성상품인지 여부에 대한 법적 검토가 필요하다.

금융소비자보호법 시행일 이전인 현재까지는 신용카드사의 채무면제·채무유예상품 취급은 여신전문금융업법상의 부수업무 규정에 의해 허용되고, 상품판매에 대해서는 여신전문금융업법이 정하는 광고규제 등의 영업행위규제가 적용된다.

2. 주요 영업행위규제

금융상품판매업자의 영업행위 준수사항을 규정한 제12조 내지 제27조는 ① 영업행위 일반원칙과 ② 금융상품 유형별 영업행위 준수사항 및 ③ 금융상품판매업자의 업종별 영업행위 준수사항으로 분류해 볼 수 있다. 주된 영업행위규범으로는 적합성 원칙, 적정성 원칙, 설명의무, 불공정영업행위금지, 부당권유행위금지, 광고규제가 규정되어 있다.

보장성 상품을 판매하는 금융상품판매업자는 일반금융소비자[8])에게 계약체결을 권유하는 경우와, 권유에 의하지 않고 계약이 체결되는 경우라고 할지라도 일반금융소비자가 요청하는 경우에는 보장성 상품의 중요한 사항(상품의 내용, 보험료, 보험금 지급제한사유와 지급절차, 위험보장범위와 기간 등)을 일반금융소비자가 이해할 수 있도록 설명해야 하고(법 제18조 제1항), 그 설명에 필요한 설명서를 제공해야 하며, 설명한 내용을 소비자가 이해하였음을 서명, 녹취 등의 방법으로 확인받아야 하며(동조 제2항), 이러한 설명을 할 때 소비자의 합리적인 판단 또는 금융상품의 가치에 중대한 영향을 미칠 수 있는 사항을 거짓 또는 왜곡해서 설명하거나 누락해서는 안 된다(동조 제3항).

보장성 상품 중에서 대통령령으로 정하는 보장성 상품을 판매하는 금융상품판매업자가 '일반금융소비자에게 계약체결을 권유하는 경우'에는 면담이나 질문 등을 통하여 소비자의 정보(연령, 재산상황, 계약 체결의 목적) 등을 파악하고, 소비자로부터 서명, 녹취 등의 방법으로 확인받고, 확인받은 내용을 소비자에게 지체 없이 제공하여야 하고, 그 정보를 고려하여 그 소비자에게 적합하지 않은 계약 체결을 권유해서는 안 된다(법 제16조 적합성 원칙). 한편, '권유에 의하지 않고 금융상품 판매계

---

8) 동 법률의 "일반금융소비자"란 금융상품에 관한 전문성 또는 소유자산규모에 비추어 위험감수능력이 있는 전문금융소비자가 아닌 금융소비자를 의미한다 (제2조 제9호 및 제10호).

약을 체결하려는 경우'에는 위 정보를 파악·확인·고려해서 그 소비자에게 적정하지 않다고 판단되는 경우에는 그 사실을 알리고 그 소비자로부터 서명, 녹취 등의 방법으로 확인을 받아야 한다(금소법 제17조 적정성 원칙).

금융상품판매업자가 금융상품에 대한 '광고'를 하는 경우에는 금융소비자가 금융상품의 내용을 오해하지 아니하도록 명확하고 공정하게 전달해야 한다. 보장성 상품 광고 시에는 기존 계약을 해지하고 다른 계약을 체결하는 경우에는 계약체결의 거부 또는 보험료 등 금융소비자의 지급비용이 인상되거나 보장내용이 변경될 수 있다는 내용을 광고에 포함해야 한다. 광고 시 금지되는 내용 등을 규정하고 있다(제21조).

3. 금융소비자의 청약철회권과 계약해지권

보장성 상품계약의 청약을 한 일반금융소비자는 보험증권을 받은 날부터 15일과 청약을 한 날로부터 30일 중 먼저 도래하는 기간 내에 청약을 철회할 수 있고, 거래당사자 간의 약정으로 그보다 더 긴 기간으로 정할 수 있다(제51조 제1항 본문 및 제1호). 청약이 철회된 경우 금융판매업자 등은 청약의 철회를 접수한 날부터 3영업일 이내에 일반금융소비자로부터 받은 금전 및 재화 등을 반환하여야 하며, 그 반환이 늦어진 기간에 대해서는 대통령령으로 정하는 바에 따라 계산한 금액을 더하여 지급하여야 한다(동조 제3항 본문 및 제1호). 금융상품판매업자 등은 청약의 철회에 따른 손해배상 또는 위약금 등의 금전의 지급을 일반금융소비자에게 청구할 수 없고(동조 제4항), 청약이 철회된 당시 이미 보험금 지급사유가 발생한 경우에는 청약철회의 효력은 발생하지 아니한다(동조 제5항).

또, 금융소비자는 금융상품판매업자 등이 동 법률안이 규정하는 영업행위규제조항(적합성 원칙, 적절성 원칙, 설명의무, 불공정영업행위의 금

지, 부당권유행위금지)에 위반해서 계약을 체결한 경우, 5년 이내에 서면
으로 해당 계약의 해지를 요구할 수 있고(제52조 제1항), 금융상품판매업
자가 정당한 사유 없이 계약해지요구를 따르지 않으면 계약을 해지할 수
있으며(동조 제2항), 제1항 및 제2항에 따라 계약이 해지된 경우 수수료,
위약금 등 계약해지와 관련된 비용을 금융소비자에게 청구할 수 없다.

　이처럼 동 법안은 금융소비자의 '청약철회권'과 '계약해지권'을 명문
으로 규정하고, 소비자가 이 권리를 행사한 경우에 관한 상세한 규정을
두어 실효성 있는 권리가 될 수 있도록 하고 있다. 특히 계약해지권은
금융상품판매업자 등이 영업행위규제를 위반한 경우 소비자를 구제하는
제도로서 의의가 있다.

4. 타 법과의 관계

　금융소비자보호법은 보험업법 및 여신전문금융업법과 다음과 같은
관계에 있다. 금융소비자보호법은 현행 보험업법과 여신전문금융업법에
규정된 영업행위규범과 소비자보호규범을 차용해서 규정하고, 부칙규정
에서 보험업법과 여신전문금융업법의 해당 규정을 삭제하도록 정한다.

　금융판매업자가 금융소비자에 대한 설명의무를 위반하여 금융소비자
에게 손해가 발생한 경우에 '손해배상'을 하도록 하는 규정을 두고 있다는
점에서는 이러한 규정의 미비로 소비자에 대한 사후적 구제에 대한 실
효성에 떨어지는 여신전문금융업법의 한계를 극복하였다고 볼 수 있다.
또, 현행 보험업법과 여신전문금융업법에는 없는 영업행위규제조항과
소비자보호조항도 규정하고 있다는 점에서 차별화된다. 만약 이 법률안
이 국회에서 통과된다면 채무면제·채무유예상품도 동 법률안의 보장성
상품에 해당되어 동 법률안의 영업행위규제조항이 적용될 수 있겠으나,
아직은 법으로서의 효력이 없기 때문에 채무면제·채무유예상품과 그 취
급주체인 신용카드사에 대해서는 여신전문금융업법만이 적용되고 있다.

V. 검토

이상으로 살펴본 것과 같이 현행법상 신용카드사는 채무면제·채무유예상품 취급 권한을 보험업법이 아닌 여신전문금융업법에 의해 부여받고 있다. 그러나 여신전문금융업법은 여신업무를 상정하여 만들어진 규율체계이기 때문에, 충분한 논의 없이 보험적 성격의 상품을 규제대상에 포함시키는 것은 법체계에 반할 위험이 있다. 즉, 2016년 법 개정을 통해 채무면제·채무유예상품을 기존의 규제체계 안에 포함시킨 것만으로 이 상품에 대한 완전한 규제체계가 만들어진 것이라고 보기 어렵다.

일부 영업행위규제조항에 의해 소비자 보호가 가능해졌지만, 보험업법상의 영업행위규제에 비해 규제되는 영업행위의 범위가 좁기 때문에, 카드사의 상품 판매 규제에 공백이 생길 우려가 있다. 예컨대, 이 상품의 판매 시작 시점부터 중단 시점까지 가장 많이 문제되었던 불완전판매 문제에 관해 여신전문금융업법의 광고규제만으로 충분한지 의문이다. 이 규제는 다양한 영업행위 가운데 광고라는 특정한 부분에 대한 규제라는 점, 불완전판매에 의해 이미 권익이 침해된 소비자에 대한 사후적 구제로는 불완전하다는 점에서 한계가 있다.9) 따라서 여신전문금융업법에 의한 규제체계를 지속하기 위해서는 법조문을 확충하는 것이 필요하다고 본다.

---

9) 사후적 구제 측면에서 제도가 불완전한 이유는 다음과 같다. 여신전문금융법상으로는 신용카드사에 대한 과태료 부과만 가능하고(여신전문금융업법 제72조 제1항 10의2호, 제3항 2호), 소비자에 대한 손해배상제도는 규정되어 있지 않다. 다만, 광고규제를 위반하여 소비자에게 손해가 발생한 경우에는 표시·광고의 공정화에 관한 법률에 따라 소비자의 피해구제를 위한 사업자의 자발적인 시정이 이루어질 수도 있어 사후구제가능성이 일부 열려 있기는 하지만, 이 역시 강제적 구제책이 아니라 사업자의 자발적인 의사에 의존하는 구제방안이라는 점에서 한계가 있다(여신전문금융업법 제50조의9 제3항, 표시·광고의 공정화에 관한 법률 제7조의2 제2항 3호).

오는 2021년 3월에 시행을 앞두고 있는 금융소비자보호법은 채무면제·채무유예상품에 관해 직접 규정하고 있지는 않다. 그러나 채무면제·채무유예상품은 동법상의 보장성 상품에 해당할 가능성이 있다. 여신전문금융회사가 취급하는 상품이라는 측면에서 대출성 상품으로 취급될 수 있는지도 생각해 보아야겠으나, 금융소비자보호법은 금융상품의 취급주체별 분류가 아니라 상품 자체의 성격별 분류를 하고 있기 때문에, 이 상품의 성격을 대출성 상품으로 파악하기는 어려워 보인다.

이를 보험 상품으로 볼 수 있을지, 아니면 좁은 의미의 보험 상품은 아닐지라도 금융소비자보호법상의 보장성 상품에 해당하는지를 검토해 보아야 한다. 후술할 채무면제·채무유예상품의 보험성 논의는 이 상품에 대해서 보험업법과 여신금융업법 가운데 어느 법을 적용할 것인지를 결정한다는 의미 뿐 아니라 영업행위 규제와 관련하여 금융소비자보호법을 적용할 수 있을지를 결정하기 위해서도 의미가 있다.

만약, 이 상품이 보험업법상의 보험 상품이 아니라면 보험업법은 적용되지 않고, 여신전문금융업법이 적용되는데, 현행 여신전문금융업법은 이 상품에 대한 요율 규제 규정과 건전성 규제 규정을 두고 있지 않다. 여신상품 취급에 대한 영업행위규정은 두고 있지만 신용카드사의 채무면제·채무유예상품 판매를 규율하기에 충분하지 않다. 따라서 이 상품이 보험상품이 아니라면 금융소비자를 충분히 보호하지 못하는 결과가 된다. 따라서 동 상품이 보험에 해당하는지를 면밀히 살펴야 할 필요가 있는 것이다. 나아가, 금융소비자보호법이 제정됨에 따라 이 법상의 보장성 상품에 해당할 가능성에 대해서도 살펴보아야 한다. 보장성 상품 해당성 여부에 따라서 금융소비자보호법의 영업행위규정 적용 여부가 결정될 것이다.

제2절 보험성 논의 필요성

Ⅰ. 보험업법

1. 규제의 필요성

보험업법은 보험업에 대해서는 그 고유한 특성을 고려해서 다른 금융업 규제보다 엄격한 건전성규제와 영업행위규제, 상품요율규제를 한다. 규제의 엄격성 때문에 신종금융계약에 보험업법을 적용하기 위해서는 그 계약이 보험성과 규제필요성을 갖추고 있어야 한다.

보험성을 갖춘 계약이라고 해서 반드시 보험업법의 적용을 받아야 하는 것은 아니다. 보험규제의 목적은 보험자의 재무건전성을 확보하고, 지나치게 과도하거나 과소한 보험요율과 불공정하게 차별적인 보험요율을 규제하고, 공정한 경쟁과 판매가 촉진되도록 시장 내의 거래관행을 통제함으로써 보험소비자를 보호하고 보험소비자가 최대한의 편익을 얻도록 도와주는 것에 있다.[10] 즉, 보험규제를 하는 이유는 보험사의 성공적인 운영이 아니라 상대적으로 약한 계약상대방인 보험소비자를 보호하기 위함이다.

---

10) Spencer L. Kimball, "The Purpose of Insurance Regulation: A Preliminary Inquiry in the Theory of Insurance Law", *45 MINN. L. REV. 471*, 1961; C. A. Jr. Williams/R. M. Heins, *Risk Management and Insurance*, McGraw-Hill Publishing Company: New York, 1964; H. C. Krogh, "Insurer Post-Insolvency Guaranty Funds", *Journal of Risk and Insurance 39*, 1972; P. Munch/D. E. Smallwood, "Solvency Regulation in the Property-Liability Insurance Industry: Empirical Evidence", *Bell Journal of Economics 11*, 1980; S. E. Harrington/P. Danzon, "Rate Regulation, Safety Incentives, and Loss Growth in Workers' Compensation Insurance", *Journal of Business 73*, 2000.

2. 규제의 적합성

채무면제·채무유예계약은 채무자의 사망, 상해, 비자발실업 등 여신 채무의 변제를 곤란하게 하는 우연한 사건의 발생을 조건으로 일정한 급부를 제공하는 계약이므로, 우연한 사건의 발생으로 급부를 제공하는 보험계약의 내용과 유사하다.

따라서 시장에서 실제로 발생하는 채무면제·채무유예상품의 수수료에 관한 문제, 불완전판매 문제로부터 소비자를 보호하기 위한 규제법적 관점은 '동 상품에 대해 보험규제가 아닌 여신전문금융업규제를 적용하는 것이 적합한 규제인가'라는 것이 되어야 한다.

앞에서 살펴본 것처럼 채무면제·채무유예계약이 보험인지 여부에 따라 적용되는 법률이 달라지고 그에 따라 영업행위규제의 내용이 달라지기 때문에 동 계약의 보험성을 논의해보아야 한다. 그러나 이러한 영업행위규제 관점 이외에 진입규제, 건전성 규제, 요율규제의 관점에서도 따져보아야 한다. 채무면제·채무유예계약의 법적 성격이 보험으로 규명되고 동 계약이 보험업법이 정하는 보험상품에 해당되며 신용카드사가 동 상품을 판매하는 것을 보험업을 영위하는 것으로 볼 수 있다면, 보험업법이 적용될 것이다. 그런데 현재는 계약의 법적 성격에 대한 명확한 규명 없이 여신전문금융업법을 적용하고 있는데, 보험업법상의 진입규제, 건전성 규제, 요율규제와 여신전문금융업법상의 그것이 동일하지 않기 때문에, 잘못된 규제가 이루어지고 있는 것이 아닌지, 규제차익이 발생하고 있는 것은 아닌지가 문제된다.

3. 진입규제

우선, 진입규제를 살펴보면, 보험업을 하려는 자와 신용카드업을 하려는 자는 각 법에서 규정하는 물적·인적 요건을 갖추어 금융위원회의 허가를 받아야 하며(보험업법 제4조 제1항, 여신전문금융업법 제3조 제1항), 이 경우 금융위원회는 허가에 조건을 붙일 수 있다는 점은 동일하나(보험업법 제4조 제7항, 여신전문금융업법 제3조 제4항), 각 법이 정하는 물적 요건과 인적 요건이 동일하지 아니하고, 보험업의 경우 무면허로 영업을 하면 5년 이하의 징역 또는 3천만 원 이하의 벌금이라는 형사벌을 받지만(보험업법 제200조 제1호), 신용카드업의 경우 무허가로 영업을 하면 7년 이하의 징역 또는 5천만원 이하의 벌금에 처해진다는 점에서 차이가 난다(여신전문금융업법 제70조 제1항 제7호).

4. 건전성 규제

다음으로, 건전성 규제를 살펴보면, 여신전문금융업법은 보험업법에 비해 완화된 규제를 하고 있다. 보험회사는 300억 원 이상의 자본금 또는 기금을 납입함으로써 보험업을 시작할 수 있는데 비해(보험업법 제9조 제1항), 신용카드업을 하려는 여신전문금융회사는 자본금 200억 원 이상일 것이 요구된다(여신전문금융업법 제5조 제1항 제1호). 보험회사는 책임준비금을 적립하고(제120조), 특별계정을 따로 설정하여 운용하여야 하며(제108조), 자산을 운용할 때 안정성·유동성·수익성 및 공익성이 확보되도록 하여야 한다(제104조 제1항). 보험회사의 재무에 대해서는 보험업법 시행령과 시행규칙에서 세부적 규정을 두어 규율하고 있다. 여신전문금융업법에서도 금융위원회는 여신전문금융회사의 건전한 경영을 지도하고 자본의 적정성, 자산의 건전성, 유동성 중 어느 하나에 해당하는 경영지도의 기준을 정할 수 있다는 조항을 두고 있지만(제53조의3) 보험업법과 달리 책임준비금 등에 대한 구체적인 조항은 두고 있지 않다.

5. 요율규제

마지막으로, 요율규제를 살펴보면, 보험업법 개정으로 보험요율이 자율화되기는 했지만, 원칙 조항과 간접적 통제 조항을 두어 보험상품의 보험료를 통제하고 있다(이에 대해서는 뒤의 제4장 제6절 2.에서 자세히 살펴보기로 한다). 이에 비해 여신전문금융업법은 신용카드회원 모집자가 자금의 융통을 권유하는 경우 취급수수료를 설명하여야 한다는 점(여신전문금융업법 제14조의2 제2항, 제13조 제1항 제1호, 동법 시행령 제6조의8 제1항 제8호), 가맹점수수료율(법 제18조의3, 제18조의4, 제23조 제3항) 등에 대한 규정을 두고 있을 뿐, 채무면제·채무유예상품의 수수료율 산정의 기준이나 근거가 될 만한 규정은 두고 있지 않다.

6. 검토

이와 같이 보험업법과 여신전문금융업법은 보험회사의 신용카드사의 진입규제, 건전성 규제, 요율규제에 대해 달리 규정한다. 따라서, 채무면제·채무유예계약의 법적 성질에 대한 명확한 규명 없이 신용카드사의 부수업무로 인정해서 여신전문금융업법을 적용하는 현재의 법 운용상황은 바람직하지 않다. 동 계약의 법적 성질 규명을 통해 적용법규를 결정하는 것이 타당하다.

II. 보험계약법(상법 제4편)

1. 보험계약법리 및 보험계약의 특성

보험업이 주로 보험자를 규제하는 것과는 달리, 보험계약법인 상법

제4편은 보험계약의 양 당사자인 보험자와 보험계약자 모두를 수범자로 한다.[11] 우리 상법은 보험청약자와 보험계약자에게 고지의무(제651조), 위험변경·증가통지의무(제652조), 위험유지의무(제653조 전단), 손해방지·경감의무(제680조) 등의 의무을 부과하고 보험자에게는 설명의무(제638조의3조) 등의 의무를 부과한다.

　'고지의무, 위험유지의무 등 보험계약자측에 부과되는 의무'는 보험계약의 「사행계약성」[12]으로 인해 요청되는 것으로서, 보험계약이 투기·도박 등으로 악용되지 않도록 당사자의 고도의 선의성과 윤리성을 요구하는 것과 관련되는 보험계약 특유의 의무이다.[13][14] 보험계약자의 「모럴해저드」[15]와 보험시장에 존재하는 「역선택」도 보험계약법이 이러한

---

11) 보험영업을 인가받지 않은 자와 보험계약을 체결한 보험계약자에게 과태료를 부과하는 보험업법 규정은 보험계약자를 수범자로 한다. 그러나 대부분의 보험업법 규정은 보험회사만을 수범자로 상정한다.

12) 사행계약이란 "계약의 일방 또는 쌍방의 급부의무의 발생여부 또는 의무의 내용이 우연한 사실의 발생에 좌우되는 계약"을 말한다. 보험의 맥락에서 이것은 보험자가 수령한 보험료보다 더 많은 보험금을 지급하거나 또는 더 적은 보험금을 지급할 것이라는 것을 의미한다. 따라서, 피보험자는 손실이 없거나 지불한 보험료가 손실비용을 초과한다면 도박에서 지게 되고, 보험자는 역으로 손실이 발생하는 경우 도박에서 지게 된다.
사행적이라는 말은 도박자라는 뜻의 라틴어 단어인 "aleator"에서 유래했다. 한쪽 당사자의 계약이행의무가 타방계약당사자도 확신할 수 없는 사건발생에 의해 조건지워진다면 그 계약은 사행적이다. 즉, 계약의 이행이 우연한 사건의 발생에 달려있다는 것을 의미한다(RESTATEMENT (SECOND) OF CONTRACTS § 76 cmt. C. (1981)).

13) 양승규, 「보험법」 제5판, 삼지원, 2005, 115, 116, 165면; 정찬형, 「상법강의(하)」 제18판, 박영사, 2016, 560, 609면.

14) 그러나 보험계약법상의 다양한 독자적인 제도를 모두 사행계약성으로 설명하는 종래의 태도에 대해 바람직하지 않다는 비판이 있다. 보험계약법의 독자적인 규정은 사행계약성 뿐만 아니라 정보비대칭성이나 모럴해저드 등 보험계약의 구조 내지 성격에 의해 설명되어야 한다고 한다(山下友信/竹濱修/洲崎博史/山本哲生, 「保險法」 第3版 補訂版, 有斐閣アルマ, 2015, 77-78頁).

15) 모럴해저드(moral hazard)란 "손실의 심도나 빈도를 증가시킬 수 있는 피보험자의

의무규정을 두고 있는 이유이다.

계약법의 본질적인 목적은 기회주의적 행위를 억제하는 것이다.[16] 대부분의 계약에서 계약당사자들의 의무 이행은 동시적이지 않고[17] 순차적 이행을 요구한다. 계약법상의 선의성(good faith)은 계약이행의 순차적 특징에 의해 만들어진 취약성을 이용하려고 하지 않는 것을 의미한다. 선의성에 따른 이행은 계약당사자가 순차적 이행에 의해 가능해진 이행연기를 이용하지 않는 것을 의미하며, 역으로 계약의 일방당사자가 그 연기를 이용하는 경우 악의성(bad faith)과 기회주의가 발생한다.[18]

보험계약에서도 순차적 이행이 요구되기 때문에, 계약법으로 피보험자를 기회주의로부터 보호해주지 않는 이상에는, 피보험자는 보험자의 자비(mercy)에 의존하는 처지가 된다.[19] 또, 보험업의 준 공공적(quasi-public) 성격 때문에[20][21] 보험계약에 대한 법원의 해석 및 사법이론의 발전은 사회적 이익에 대한 인식의 영향도 받는다.[22] 보험계약에는 큰 사회적 이익이 존재하기 때문에 보험자의 권리와 의무는 개별당사자가 협

특성(characteristic)이나 태도" 또는 "손실이 부보되지 않았다면 손실을 피하기 위해 기울였을 주의에 비해 주의를 덜 기울일 피보험자의 경향성"을 의미한다.

16) Richard A. Posner, *Economic Analysis of Law*, 5th ed., 1998, p.103.

17) *Wisconsin Knife Works v. National Metal Crafters*, 781 F.2d 1280, 1285 (7th Cir. 1986).

18) Richard A. Posner, op. cit., p.103.

19) *Wisconsin Knife Works v. National Metal Crafters*, 781 F.2d 1280, 1285 (7th Cir. 1986).

20) The purpose and nature of ··· insurance [contracts], and the duties which the insurer assumes under such contracts, and the manner in which such contracts are negotiated, impress such contracts and the relationship of the parties, even during negotiations, with characteristics unlike those incident to contracts and negotiations for contracts in ordinary commercial transactions(*Barrera v. State Farm Mut. Auto. Ins. Co.*, 456 P.2d 674, 680 n.5, 681 (Cal. 1969)).

21) It has long been recognized that the business of insurance is quasi public in character(Thomas C. Cady/Georgia Lee Gates, "Post Claim Underwriting", *102 W. Va. L. Rev. 809*, 2000, p.816).

22) Robert E. Keeton/Alan I. Widiss, *Insurance Law: A Guide to Fundamental Principles, Legal Doctrines and Commercial Practices*, West Publishing Co., 1988, § 6.4, at 646.

상한 사적 계약에 관한 규정에 의해서만 결정될 수는 없다. 결과적으로, 보험의 맥락에서 사법적으로 고안된 이론은 보험자의 의도와 상관없이 보험자에게 계약과는 완전히 무관한 의무, 즉 보험업에 특수한 의무를 부과할 수 있다.[23]

　이러한 「사행계약성」 및 「순차성」과 같은 보험계약의 특질로 인해 보험제도에는 악용위험이 내재되어 있는데, 보험제도가 악용되는 것을 방지하기 위해 보험계약법에서는 다양한 장치를 마련해두고 있다. 보험계약 전반에서 요구되는 '선의성'[24]과 손해보험에 적용되는 '이득금지원칙'[25]이 대표적인 제도적 장치이다.[26] 이처럼 정상적인 거래가 상시 불법한 행위와 인접하여 있다는 점은 다른 거래에서는 보이지 않는 보험거래의 특징이며 이 점이 보험거래의 '계약법적 조정'에 큰 영향을 미친다.[27]

---

23) *Barrera v. State Farm Mul. Auto. Ins. Co.*, 456 P.2d 674, 680 (Cal. 1969), n.6, at 681-682.
24) 우리 상법상 보험의 선의성이 반영된 규정으로는 보험계약자의 고지의무(제651조), 위험변경 및 증가의 통지의무(제652조), 보험사고 발생 시 보험계약자의 통지의무(제657조), 보험자의 면책(제659조), 초과보험 시 보험금 감액(제669조 제1항), 중복초과보험 시 비례적 보상(제672조), 보험계약자와 피보험자의 손해방지의무(제680조), 보험자 대위제도(제681조, 제682조), 타인의 사망보험에서의 피보험자의 동의요건(제731조), 15세 미만자 등에 대한 보험계약의 금지(제732조) 등이 있다.
25) 이득금지원칙과 피보험이익 요건이 없는 정액보험의 일종인 생명보험계약에 대해서는 보험계약이 사행성으로 인해 도박으로 이용되는 것을 차단하기 위해, 타인의 사망을 보험사고로 하는 보험계약에서는 계약체결시 서면으로 된 타인의 사전동의를 받도록 하고(제731조), 15세 미만자·심신상실자·심신박약자의 사망을 보험사고로 하는 보험계약은 원칙적으로 무효로 하는 규정(제732조)을 두고 있다.
26) 우리나라의 보험계약법(상법 제4편 보험편) 뿐만 아니라, 외국 주요국가의 법제에서도 보험이 사행계약성으로 인하여 도박목적에 악용되는 것을 방지하기 위한 법적 장치를 두고 있다. 예컨대 독일과 일본에서는 우리와 마찬가지로 손해보험에 관해서는 이득금지원칙을 두고 있고, 영미법제에서는 선의성 내지 최대선의성의 법리(utmost good faith)가 주요하게 논의되어 왔다.
27) 山下友信/竹濱修/洲崎博史/山本哲生, 「保險法」 第3版 補訂版, 有斐閣アルマ, 2015, 30-31頁.

2. 채무면제·채무유예계약에 대한 보험계약법 적용의 문제

채무면제·채무유예계약에 보험계약자의 의무에 관한 규정, 이득금지 원칙, 계약전반에 요구되는 선의성 원칙을 적용하기 위해서는, 보험계약과 유사한 수준의 사행성과 순차성, 그리고 모럴해저드와 역선택의 문제가 보험에서의 그것과 유사한 수준으로 존재함이 입증되어야 할 것이다.

1) 계약의 사행성과 순차성

채무면제·채무유예계약은 채무자의 사망, 상해, 질병, 비자발실업이라는 우연한 사건의 발생을 조건으로 급부를 제공하는 계약이기 때문에 사행성이 인정된다. 그러나 소비자의 수수료 지급시점과 신용카드사의 급부의무 발생시점 간의 기간이 보험에 비해 길지 않고, 카드사에게서 소비자에게의 현실적 금전 이동이 우연한 사건 발생에 선행하기 때문에 카드사가 자력부족 등을 이유로 지급약속을 지키지 못할 우려가 없다는 점에서 보험의 순차성과 구별된다.

2) 소비자의 모럴해저드

채무면제상품을 구입한 소비자가 받을 수 있는 금전적 이익의 최대 한도는 채무면제상품약관에서 정한 보상한도액인데, 국내 신용카드사의 채무면제·채무유예상품 약관에서는 보상한도를 3,000만원 내외로 정하고 있다. 또, 이 금액은 신용카드이용한도액을 넘을 수 없다. 약정된 사고 발생시 소비자가 실제로 받게 되는 사고발생 직전의 잔존 카드이용대금채무액이고, 소비자는 이미 제공받은 여신액 이상의 보상금을 수령할 수 없다.[28] 이러한 금액이 생명보험, 상해·질병보험, 실업보험의 보험금의 크기와 비교할 때 일률적으로 낮다고 볼 수는 없지만, 생명보험금 및 중증질병보험금의 평균적 액수에 비해서는 낮다고 볼 수 있다. 또, 개인신용등급과 연계되어 있다는 점에 주목할 필요가 있다.

소비자가 채무면제·채무유예상품을 구입한 대가로 신용카드사에 납부해야 할 수수료는 카드이용대금에 비례하고 그 결과 개인신용도와 양의 관계에 있다는 사실은 소비자의 모럴해저드를 낮춰주는 또 하나의 요인이다. 개인신용등급이 높을수록 생명보험사가 판매하는 상해보험상품과 건강보험상품의 사고율이 낮아진다는 통계[29]가 이를 뒷받침하는 근거가 될 수 있다. 뿐만 아니라 여신(적극적 금전의 이동)이 보장사고 발생 및 급부발생시기에 선행한다는 사실도 채무면제상품소비자의 모럴해저드를 보험계약자의 그것에 비해 낮추어 주는 요인으로 작용할 것이다.

특히 채무유예계약의 경우에는 소비자가 상환해야 할 대출원금에는 변동이 없고 채무이행지체로 인한 법적 불이익과 이자가 발생하는 경제적 불이익을 면하는 효용만을 누릴 뿐이기 때문에, 이 경우 소비자의 모럴해저드는 더욱 낮을 것이다. 실제로 지금까지 국내시장에서 동 상품 소비자의 모럴해저드가 공식적으로 보고된 적이 없다. 오히려 카드사의 불완전판매와 보상금지급거절이 계속해서 보고되고 있다. 또, 카드사의 철저한 사후적 언더라이팅 실무 역시 소비자의 모럴해저드의 가능성을 낮춘다. 따라서 소비자의 모럴해저드를 방지하기 위한 관점에서 채무면제·채무유예상품에 대해 보험계약법을 적용할 필요성은 인정되지 않는다.

3) 역선택

역선택이란 손실을 입을 위험이 평균보다 높은 자들이 손실위험에

---

28) 신용보험상품 가운데는 최소 월 대출상환금을 초과하는 금액을 지급하는 상품도 있다.

29) 정재욱/여윤희, "생명보험 언더라이팅 시 개인신용정보의 활용 효과 분석", 『금융연구』 제25권 제1호(2011. 3.), 25-54면.

대한 보장을 구매하려는 경향이 더 높다는 것을 의미한다. Rothschild와 Stiglitz의 정보비대칭 하에서 보험시장 모델 분석[30]에 따르면 상대적으로 손실을 겪을 가능성이 큰 사람들(bad risk를 가진 사람들)은 더 많은 보험을 구입할 인센티브를 가진다. 이 모델은 잠재적 보험구입자가 자신의 리스크 유형에 대한 일차원적인 개인정보를 가지는 것으로 추정하는데, 그들은 각기 다른 보험료와 보장액수의 보험계약메뉴 중에서 자신의 유형에 가장 적합한 것을 선택한다. 이 모델에 따르면 이러한 "사전적 역선택"으로 인해 '보험보장'과 '사후적 손실 실현'은 양의 관계가 있다고 한다. "모럴해저드(예방인센티브를 무디게 하는 보험의 경향)"는 이러한 역선택의 효과이며, 모럴해저드에 의해 피보험자의 손실경향이 보험미가입자의 손실경향보다 강화된다.[31]

　　채무면제·채무유예상품시장에도 보험상품시장에서와 같은 역선택이 존재하는가? 미국의 조사 자료에 따르면 채무면제·채무유예상품시장에 역선택이 존재한다는 증거가 충분치 않다고 한다. 국내 채무면제·채무유예상품시장에 역선택이 존재한다는 연구결과나 통계자료는 보이지 않는다. 따라서 보험시장에 존재하는 역선택 문제를 해결하기 위한 보험계약법리를 채무면제·채무유예상품시장에 적용하기 위해서는 동 상품시장에 역선택이 존재하는지에 대한 조사와 연구가 선행되어야 할 것이다.

---

30) The classic equilibrium models.
31) Michael Rothschild/Joseph E. Stiglitz, "Equilibrium in Competitive Insurance Markets: An Essay on the Economics of Imperfect Information", *Q.J.E. 90*, 1976, pp.629-649.

제3절 소결

이상으로 살펴본 바와 같이 채무면제·채무유예계약은 보험계약과 달라서 보험계약법규와 법원칙의 존립근거가 되는 순차성과 같은 계약적 특성 및 소비자의 모럴해저드, 시장에서의 역선택의 문제 등이 존재하지 아니한다. 따라서 채무면제·채무유예계약의 보험성에 관한 논의는 보험계약법보다는 보험규제법적 관점에 중점을 두어 진행하는 것이 법적 실익이라는 측면에서 보다 바람직하다고 생각된다.

제3장
미국의 논의

제1절 서

미국의 법체계상 보험에 대한 규제권한은 각 州정부에게 있다.[1] 이에 비해 채무면제·채무유예상품 및 이를 취급하는 주체에 대한 규제권한이 聯邦정부와 州정부 중 어디에 있는지는 명확하지 않다. 이 문제를 해결하기 위해서는 우선 채무면제·채무유예계약이 보험인지가 명확히 규명되어야 한다. 만약 동 계약이 보험이라면 이에 대한 규제권한은 州정부가 독점할 것이다. 한편, 미국에서는 금융상품을 취급하는 주체별로 감독기관이 나뉘어 있다. 예컨대 국법은행에 대한 연방기구인 통화감독청, 저축금융기관에 대해서는 연방저축금융기관 감독청, 신용조합에 대해서는 전미신용조합협회집행국, 州은행에 대해서는 州은행 감독청·州저축금융기관에 대해서는 州저축금융기관 감독청, 州신용조합에 대해서는 州신용조합협회가 각각 감독 및 규제권한을 가진다.

이러한 미국 법체계의 특수성으로 인해 미국법상 채무면제·채무유예계약이 보험계약인지가 문제된 판결례 가운데 금융기관이 체결한 채무면제·채무유예계약의 경우에는 계약의 보험성 판단과 함께 연방정부와 주정부간의 규제권한배분에 대한 판단이 이루어진 경우가 많다. 또, 비록 이러한 규제권한에 대한 판단이 전면에 나타나지 않은 사례라고 하더

---

1) 미국에서는 역사적으로 각 주별로 상이한 보험법을 가지고 있고 각 주의 보험청이 보험업 규제권을 가지고 있었다. 이러한 보험에 관한 주의 규제권은 금융현대화 작업을 거치면서도 그대로 유지되었다. 맥카렌-퍼거슨 법이 주의 보험관할권을 보존하는 규정을 두고 있기 때문이다(15 U.S.C. §§ 1011-15). 그리고 그램-리치-브라일리 법(Gramm-Leach-Bliley Act, GLBA) 역시 이 규제체제를 그대로 유지하면서, 연방법이 주 보험법에 우선(preempt)하지 않는다면, 주 보험법이 적용된다고 명시하였다(GLBA 제104조). 보험업에 관한 연방법으로는 「국법은행법」, 국법은행은 원칙적으로는 본인의 지위에서 보험업무를 수행할 수 없다는 내용의 「GLBA」, 보험업에 대해서는 원칙적으로 주법이 적용된다는 내용의 「맥카렌-퍼거슨 법」 등이 있다.

라도 연방과 주 간의 권한 배분 문제가 계약의 보험성 판단에 직·간접적으로 영향을 미쳤을 것이라는 점을 염두에 두고 판결을 이해해야 한다.

또한, 채무면제·채무유예계약의 보험성에 대한 주법 및 주 정부의 입장도 통일되어 있지 않은데, 주요 주의 주법과 주 정부 유권해석을 살펴보고 국내법적 논의에 참조하기로 한다.

제2절 주요 판결

Ⅰ. 서

1980년대 중반 이후 금융기관의 채무면제·채무유예상품 보급의 계기가 된 Taylor 판결에서는 국법은행의 채무면제상품의 판매는 은행의 부수업무로서 허용되므로 주 보험청은 이에 대한 규제권한을 행사할 수 없다고 판시했지만, 이 판시로 인해 대출기관 또는 대출기관 이외의 주체가 대출계약과 연계해서 차입자와 체결한 채무면제계약의 보험성을 인정한 판결들[2]이 무효화 된 것은 아니다.[3]

---

2) 차입자가 사망하거나 장해를 입은 경우 「대출계약」상의 잔존채무를 면제해주기로 하는 계약을 보험으로 판단한 일련의 판시가 있다.

'대출기관'의 대출채권과 연계해서 체결한 채무면제계약에 대해 보험이라고 판시한 *Missouri, K. & T. Trust Co. v. Krumseig*, 77 F. 32, 23 C.C.A. 1 (C.C.A. 8th Cir. 1896), aff'd,172 U.S. 351, 19 S. Ct. 179, 43 L. Ed. 474 (1899)에서는 대출기관은 차입자가 주택담보부대출채무를 모두 상환하기 전에 "사망"한 경우에 잔존대출금상환채무를 소멸시켜주기로 하고 차입자는 수수료 지급과 신체검사 수진에 동의한 계약이 "생명보험계약"에 해당된다고 판시되었고, *State v. Beardsley*, 88 Minn. 20, 26, 92 N.W. 472, 475 (1902)에서는 주택담보부대출계약과 연계해서 체결된 차입자의 "장애"를 조건으로 하는 채무면제계약이 통상적인 "생명보험계약"과 실질적인 차이가 없다고 판시되었다.

Taylor 판결에서 채무면제계약이 보험에 해당하는지가 다투어진 실질적인 이유는 만약 채무면제계약을 보험으로 본다면 연방정부 관할인 국법은행에 대해 주정부의 규제가 가능해진다는 문제가 생기기 때문이다. 따라서 동 판결에서 채무면제계약이 주보험법과 주정부의 규제 대상이 되는 보험이 아니라는 판시가 이루어졌다고 해서 반드시 채무면제계약의 법적 성격상 보험계약이 아니라고 규정지은 판시라고 보기는 어렵다.

실제로 Taylor 판결 선고 4년 후 동일한 아칸소주에서 선고된 Douglass v. Dynamic Enters. Inc. 판결[4]에서 아칸소주 대법원은 Taylor 판결의 의미를 연방법과 국법은행에 대한 것으로 제한하고,[5] 연방의 허가를 받은 금융기관 외의 주체(소매할부매매업자, 주법은행)가 제공하는 채무면제상품은 보험이라고 판시하였으며,[6] Justice v. Branch Banking and Trust Co. 판결[7]은 주법은행이 판매한 채무면제상품을 보험으로 판단했다. 재판부

다음으로, '개인'인 대출자가 대출채권과 연계해서 체결한 채무면제계약에 대해 보험이라고 판시한 *Ware v. Paxton*, 266 S.W.2d 218, 223 (Tex. Civ. App. Eastland 1954)에서는 차입자의 사망, 질병, 사고, 실업, 기타 사건의 발생을 조건을 채권을 포기하기로 하는 계약은 계약상 '차입자가 수령하는 급부(benefit)'가 무엇인지와 상관없이 "보험계약"이라고 판시되었고, *Ware v. Heath*, 237 S.W.2d 362, 363-64 (Tex. Civ. App. Fort Worth 1951)에서는 차입자의 질병, 상해, 장해를 입었을 것을 조건으로 하는 계약에 채무면제계약이 "생명보험계약"이라고 판시되었다.

3) 미국의 대표적인 문헌에서도 차입자가 사망하거나 장애를 입은 경우 대출채무 잔액을 면제해주기로 하는 약정과 할부매매대금을 모두 지불하기 전에 할부매수인이 사망한 경우에 채무를 면제해주는 할부매매계약을 체결하는 것은 보험에 해당된다고 설명하고 있다(1 LEE R. RUSS & THOMAS F. SEGALLA, *COUCH ON INSURANCE* § *1:23* (3d 2008)).

4) 315 Ark. 575 (1994).

5) 재판부는 "Taylor 판결은 연방활동과 연방법 문제에 관한 것으로서 그 범위가 제한적"이라고 설명하면서, Taylor 판결과 이 사건을 구별하였다. 또한 "연방의 결정은 주법 해석에 관한 사안에는 권위를 가지지 못한다"고 설시했다.

6) 이 사안에서는 중고차 딜러가 제공한 채무면제상품이 보험이라고 판시되었다.

7) Not Reported in F.Supp.2d (2009), 2009WL853993.

는 이 계약이 주법상의 보험계약의 정의를 충족하며, 그것을 배제하는 연방법이나 주법규정은 없다고 판시했다.

판결이유를 소개하면 다음과 같다. ① Taylor 판결과 ② 통화감독청규칙(12 C.F.R. § 37.1)은 채무면제계약이 주법상의 보험인지의 문제를 해결하는데 아무런 역할을 하지 못한다고 설시했다. 먼저, Taylor 판결의 의미를 제한적으로 해석했다. 피고는 채무면제계약이 보험이 아니라는 주장에 대한 첫 번째 논거로 Taylor 판결을 제시했으나 재판부는 피고의 주장을 배척하면서 Taylor 판결에 대해 다음과 같이 설명했다. "Taylor 판결은「국법은행법」의 목적에서 채무면제계약이「맥카렌-퍼거슨법」상의 보험업을 구성하지 않기 때문에 아칸소주 보험감독관이 국법은행의 채무면제계약 체결에 대해서 직접강제 또는 허가요건을 부과함으로써 이를 금지할 수 없다는 판시이다. 따라서 Taylor 판결은 피고와 같은「주법은행」이 판매하는 채무면제계약상품이「주법」을 목적으로 보험계약인지 여부에 대해서는 거의 아무것도 말해주지 못한다. 따라서 본 사안은 Taylor 사례에서와는 달리 주법이 적용된다."재판부는 피고와 Taylor 사안의 특성은 거리가 멀다고 지적했다. Taylor 판결에서는 "국법은행법(12 U.S.C. §§ 21 et seq.)의 목적"에서 채무면제계약이 맥카렌 퍼거슨 법(15 U.S.C. § 1011 et seq.)상의 보험업을 구성하지 않는다고 판결한 것인데, 법원은 아칸소 보험청장이 직접강제 또는 면허요건을 통해서 국법은행이 채무면제계약을 체결하는 것을 금지할 수 없다고 판시했다고 한다. 그런데 이 판결은「주법은행」이 체결하는 채무면제계약이 주법의 목적상의 보험계약인지 여부와 관련해서는 별로 의미가 없고, 통화감독청 규칙도 Taylor 판결의 리스테이트먼트에 불과하기 때문에 이 사건 BB&T가 웨스트버지니아 주법에 의거해서 판매하는 지불보호계약(채무면제계약)이 보험인가 하는 문제를 해결하지 못한다고 한다. 뿐만 아니라, 오히려 Taylor 판결의 판시내용을 보면 BB&T에게 불리한 측면이 있다고 설시했다. Taylor 판결에서는 몇몇 주의 항소심 법원은 채무면제계약이 주법상의 보험에 해당된다고 판시했으나[8], 보험을 정의하는 주법은 맥카렌 퍼거슨법상에서 사용된 용어인 보험업에 해당되는 활동인지에 관한 문제에 영향을 미치지는 않는다고 판시되었는데, 다른 주의 법원들이 채무면제계약의 보험성을 인정하였다는 사실은 BB&T에게 불리하게 작용한다고 한다.

다음으로, 통화감독청규칙이 주법은행에 적용되지 않는다는 것을 명확히 했다. 피고는 채무면제계약이 보험이 아니라는 주장에 대한 두 번째 논거로 통화감독청의 규칙을 제시했다. 이에 대해 법원은 "통화감독청 규칙은 Taylor 판결을 그대로 본뜬 것"에 불과하고, 규칙 제정 당시 통화감독청이 밝힌 바와 같이 이 규칙은 "채무면제계약과 채무유예계약을 체결하는 「국법」은행에 대한 단일한 전국적 기준"으로 작용한다고 설시했다.

대부진실법(Truth in Lending Act(TILA), 15 U.S.C. § 1601 et seq.) 시행령(Regulation Z)에 대해서도 언급했다. 재판부는 "영향력이 없기는 마찬가지이지만, 연방규칙인 「대부진실법 시행령 (Regulation Z)」도 채무면제계약이 주법상의 보험에 해당할 수 있음을 인정하고 있다"고 설시했다. "「Regulation Z」 제226.4(b)(10))에서는 채무면제계약이 적용 법규의 측면에서 보험인지 여부와 무관하게 채무면제계약과 연계되어 부과되는 수수료를 규제한다. 연방준비제도 이사회(주지사 위원회)는 제226.4조에 대한 개정을 제안하면서 '몇몇 주에서 채무면제계약은 보험으로 규제되거나 보험으로 간주된다'고 밝힌 바 있고(60 Fed.Reg. 62764, 62764 (Dec. 7, 1995)), 컬럼비아 특별구 지방법원도 동 규칙 제226.4(d)(3)조가 문제된 사안에서 채무면제계약을 보험으로 파악하는 주들도 있고 그렇지 않은

---

8) *Ware v. Heath*, 237 S.W.2d 362 (Tex.Civ.App.1951); *Attorney Gen. ex rel. Monk v. C.E. Osgood Co.*, 249 Mass. 473, 144 N.E. 371 (1924); *State v. Beardsley*, 88 Minn. 20, 92 N.W. 472 (1902); *United Sec. Life & Trust Co. v. Bond*, 16 App. D.C. 579 (1902)

주들도 있다고 설시한 바 있으므로[9], 따라서 특정한 맥락에서 연방정부가 연방주의원칙에 따라서 채무면제계약을 보험으로 규제하지 않기로 결정하였다고 하더라도, 각 주는 자유롭게 채무면제계약을 보험으로 규제할 수 있다"고 설시했다.

따라서 채무면제·채무유예계약을 보험계약으로 보아 보험규제를 적용해야 하는지 여부는 미국 법원에서 아직까지 완전히 해결되지 않은 문제이다. 미국법원은 최근 다양한 종류의 보충적 상품(채무면제·채무유예계약 포함)의 보험성을 판단하였는데 보험성 인정여부에 대해 통일된 결론을 내리지 못하고 있다고 한다.[10] 이하에서는 채무면제·채무유예계약이 보험계약인지를 다룬 주요 미국 판결을 살펴봄으로써 국내법 논의에 시사점을 얻고자 한다.

Ⅱ. 채무면제계약의 보험성에 관한 판결

1. 손해보상성

1) 급부의 특수성과 손해보상성

보험은 일방당사자가 타방당사자에게 "손해보상(indemnify)"을 하거나 "일정한 금원을 지불"해주기로 하는 계약으로 정의되곤 한다. 그러나 주법은행이 판매한 채무면제상품을 보험이라고 판시한 Justice v. Branch Banking and Trust Co. 판결[11]에서 미국 법원이 판시한 것처럼, 보험은 모

---

9) *Am. Bankers Ins. Group, Inc. v. Bd. of Governors of the Fed. Reserve Sys.*, 3. F.Supp.2d 37, 39 (D.D.C.1998)

10) David E. Gemperle/Kenneth J. Rojc, "Auto Finance: Litigation and legislative developments impacting supplemental products", *66 Bus. Law. 495*, pp.496-497

든 목적과 상황에 적합한 정의가 있는 것이 아니라 다양하게 정의될 수
있다. 채무면제계약상 주채무자의 급부의무는 일정한 금원의 지급하는
것이 아니라 채무를 면제하는 것인바, 이와 관련하여 채무면제계약이 보
험의 손해보상성과 보험금 지급이라는 요건을 충족하는지에 대해서 미
국법원은 이를 긍정하기도 부정하기도 한다.

즉, 미국 판결 중에는 채무의 면제라는 급부가 금전의 이동을 수반하
지는 않지만 보험계약의 보험금 지급에 상응한다거나, 보상되는 손실·
손해·비용이 반드시 계약자에게 지불되어야만 보험으로 볼 수 있는 것
은 아니라고 본 사례가 있는 반면,[12] "권리행사를 수동적으로 거절"하는
"포기"라는 단어를 「손해를 보상」한다는 의미로 해석하는 것은 언어의
일반적인 의미를 잘못 해석하는 것이며 누구도 스스로에 대해 손해를
보상할 수는 없고 단지 자신의 손해를 수용할 수 있을 뿐이기 때문에,
채권자가 권리를 자발적으로 포기하는 것을 손해를 보상하는 것으로 볼
수는 없다고 본 사례도 있다.[13]

(1) Attorney General v. C. E. Osgood Co. 판결[14]

이 사건 계약은 가구회사와 소비자가 가구할부리스계약을 체결하면서
매수인인 소비자가 할부금을 모두 상환하기 전에 사망하면 가구회사가
소비자의 잔존채무를 면제해주기로 약정한 계약이다. 메사추세츠주 대법
원은 이 사건 할부매매계약상의 채무면제계약에 기해 채권자가 채무를
면제하는 것이 「손해보상성」이라는 보험의 요건을 충족한다고 판시했다.
재판부는 "할부매매업자가 채권을 취소함에 있어서는 적극적인 금전의

11) Not Reported in F.Supp.2d (2009), 2009WL853993.
12) *Attorney General v. C. E. Osgood Co.*, 249 Mass. 473, 477, 144 N.E. 371, 35 A.L.R.
1037 (1924).
13) *Hertz Corporation v. Corcoran*, 137 Misc. 2d 403, 520 N.Y.S.2d 700 (1987).
14) 249 Mass. 473, 477, 144 N.E. 371, 35 A.L.R. 1037 (1924).

이전은 존재하지 않지만 「금전을 지급하는 것과 마찬가지」"라고 하면서 「채무면제」는 소비자에게 「금전을 지급하는 것」과 동일하다고 보았다.

또, 이 사건 채무면제계약이 「보험금 지급」이라는 보험계약의 요건을 구비하고 있는지에 대해, 재판부는 보험금 지급은 '금전을 지급하는 것'을 의미한다는 전제에서, 이 사건 약정상의 '채무면제'라는 급부의무가 '적극적 금전 지급'이 아니기는 하지만, 계약에서 정한 사건이 발생하면 채권이 취소되는 효과와 함께 '리스목적물의 소유권이 리스업자로부터 리스임차인에게로 이전'되기 때문에 이로 인해 채무면제는 금전의 지급과 동일하다고 보았다.

후속판결인 Douglass 판결은 Attorney General 판결에 대해 "채무가 면제된 경우에 '동산에 대한 소유권을 매수인에게 이전하는 것에 의해서' 채무의 면제가 금전의 지급과 동일하다고 본 판결"이라고 설명한다.15)

(2) Hertz Corporation v. Corcoran 판결16)

뉴욕주 대법원은 차량 임대인이 차량 임차인으로부터 수수료를 받고 자신의 권리(채권)를 포기하기로 하고 약정은 "임대인 자신의 손실로 수용"하는 의미이지 임차인의 "손해를 보상"하는 의미로 해석될 수 없기 때문에 보험계약이 아니라고 판시했다. 이 사건에서 문제된 계약은 자동차 렌탈 중개업소가 소비자에게 판매한 충돌손해포기약정상품(collision damage waiver, CDW)17)으로, 렌트된 차량이 충돌한 경우 충돌로 야기된 차량손해에 대해 임대인(렌트카 회사)18)이 임차인(소비자)에게 손해배상청구(차량 충돌이 임차인의 과실에 기한 경우) 또는 손해보상청구(차량

---

15) *Douglass v. Dynamic Enters., Inc.*, 315 Ark. 575 (1994).

16) *Hertz Corporation v. Corcoran*, 137 Misc. 2d 403, 520 N.Y.S.2d 700 (1987).

17) CDW라는 용어는 "loss damage waiver" 또는 "physical damage waiver"이라고도 알려져 있다(Taylor, *Insuring Against Trip Cancellation*, L.A. Times, Apr. 24, 1988, § 7, at 8, col.1).

18) 판결 원문에는 '자동차 렌탈 중개업소'라고 표기되어 있다.

충돌이 임차인의 과실에 기하지 않은 경우)할 권리를 포기하기로 하고, 그 대가로 임차인이 수수료를 지급하기로 하는 계약이다.

　재판부는 보험법이 "손해보상(indemnification)"이라는 개념에 기초하고 있고, 이에 의해 피보험자는 피보험자가 직면한 위험사고(peril)의 결과로서 입게 되는 실제의 재산손실을 보상받는다고 하면서,[19] "포기(waiver)"란 "알려진 권리(이 사안에서는 충돌손해의 보상을 임차인이 할 것이라고 기대하는 임대인의 권리)를 자발적으로 포기하는 것"을 의미하고,[20] "권리행사를 수동적으로 거절"하는 "포기"라는 단어를 "손해를 보상"한다는 의미로 해석하는 것은 언어의 일반적인 의미를 잘못 해석하는 것[21]이며 통상적으로 받아들여지는 단어의 의미를 무시하는 것[22]이라고 설시했다.[23] 또, "누구도 그 스스로에 대해 손해보상(indemnify)할 수는 없고, 단지 자신의 손해를 수용할 수 있을 뿐"이라고 설시했다. 따라서 원고가 차량에 발생한 손해를 자신의 손실로 수용하는 내용의 이 사건 계약은 손해보상(indemnification)이 아니기 때문에 보험계약이라고

---

19) 같은 취지의 판시로는, *McAnarney v. Newark Fire Ins. Co.*, 247 N.Y. 176 (1928); *Naiman v. Niagara Fire Insurance Co.*, 285 A.D. 706, 708, 140 N.Y.S.2d 494 등이 있다.

20) 같은 취지의 판시로는, *Jefpaul Garage Corp. v. Presbyterian Hospital*, 61 N.Y.2d 442, 446, 474 N.Y.S.2d 458, 462 N.E.2d 1176.

21) 같은 취지의 판시로는 *Atlantic National Insurance Co. v. Armstrong*, 65 Cal.2d 100, 112, 52 Cal.Rptr. 569, 416 P.2d 801.

22) 판례가 인용한 문헌은 *McKinney's Cons.Laws of N.Y., Statutes*, Book 1, § 94.

23) 보험계약을 해석할 때에는 계약에서 사용된 용어(terms)의 평이하고(plain) 통상적인(ordinary) 의미에 따라서, 계약에 나타난 당사자들의 의도를 확인하고 효력을 부여하여야 한다(*Villicana*, 181 Ill.2d at 441, 230 Ill.Dec. 30, 692 N.E.2d 1196; *AAA Disposal Systems, Inc. v. Aetna Casualty and Surety Company*, 355 Ill. App.3d 275(2005)); 보험계약서의 단어(words)는 평이하고 통상적이며 대중적인 의미로 이해되어야 한다(*Auerbach v. Maryland Cas. Co.*, 236 N.Y. 247, 252, 140 N.E. 577, 578, 28 A.L.R. 1294; *Kenyon v. Knights Templar & Masonic Mut. Aid Ass'n*, 122 N.Y. 247, 254,25 N.E. 299, 300; *Lachs v. Fidelity & Cas. Co. of New York*, 306 N.Y. 357, 364, 118 N.E.2d 555, 558).

할 수 없다."고 판시했다.

(3) 검토

Osgood 판결과 Corcoran 판결 모두 보험은 손해보상이라는 개념에 기초한다고 보는 점는 동일하다. 그러나 Corcoran 판결은 "권리를 자발적으로 '포기'하는 것을 손해를 보상한다는 의미로 해석할 수는 없다"고 판시하였다는 점에서, "'채권을 취소'하는 것이 금전을 지급하는 것과 동일"하다고 본 Osgood 판결과는 관점을 달리 한다. Corcoran 판결은 "포기"의 개념에 대한 분석을 중심으로 손해보상 요건 충족여부를 판단하였다는 점에서 Osgood 판결과 차이가 있다.

2) 계약의 부수성과 손해보상성

이와 같이, 채무면제계약의 보험성이 문제된 다수의 사안에서 미국 법원은 채무 면제라는 급부의 특성과 관련지어 손해보상성을 판단했다. 그러나 Deans & Homer, Inc. v. Commonwealth of Kentucky, Pub. Prot. Cabinet, Kentucky Dep't of Ins. 판결[24]에서는 주계약과의 관계에 초점을 맞추어 손해보상성을 판단했다. 재판부는 선례를 언급하면서 "일반적으로 보험은 손해보상계약이고,[25] 손해보상계약은 계약당사자간에 기타의 의무와는 독립적이고 고유한(original and independent of any other obligation) 직접적·일차적 책임을 만들어낸다"[26]고 설명한 후, 본 사안의 창고임대차계약의 부수계약조항은 "창고임대차계약에 부속되어 있고 의존하고 있을 뿐 독립적이거나 고유한 성질을 지니고 있지 않기 때문에 손해보

---

24) 451 S.W.3d 659 (2014).

25) *Buck Run Baptist Church, Inc. v. Cumberland Sur. Ins. Co.*, Inc., 983 S.W.2d 501, 504 (Ky.1998).

26) *Intercargo Ins. Co. v. B.W. Farrell, Inc.*, 89 S.W.3d 422, 426 (Ky.App.2002).

상계약성이 충족되지 않는다."고 판단했다.[27)]

2. 급부의 특수성

채무면제계약상의 채무자는 일반적인 보험계약의 보험자와 달리 약정된 사고 발생시 보험금을 지급할 의무 대신 채무면제의무를 부담한다. 이러한 급부의 특수성으로 인해 보험성이 부정되는 것은 아닌지가 문제된다. 이 문제는 앞서 살펴본 것처럼 손해보상성의 판단과 연계해서 다루어지기도 하지만, 손해보상성과 별개로 다루어지기도 한다.

개인 대출자가 차입자간의 대출계약과 연계되어 체결된 채무면제계약의 보험성이 문제된 Ware v. Paxton 판결[28)]에서 텍사스주 항소심 법원은 채무면제계약상 차입자가 수령하는 급부(benefit)가 무엇이든 간에 채무면제계약은 보험계약이라고 판시하면서, 판결이유에서 이 사건 계약상의 차입자에 대한 급부(채권의 포기)는 "현금을 현실적으로 지불하는 것과 실질적으로 다르지 않다"고 하였다.

3. 계약당사자 및 계약구조

자동차할부매수인이 할부채권자가 아닌 제3자와 체결한 GAP[29)]의 보

---

27) 법원은 부수계약조항에 의해 창고임대인이 자신의 행위에 기인하지 않는 물건 손실위험을 인수하지는 않기 때문에, 부수계약조항의 효력은 단지 계약서성의 면책문구가 삭제되었다는 것과 창고임대인의 과실에 의해 소비자(창고임차인)의 물건에 손해가 발생한 경우에 창고임차인은 창고임대인에게 급부를 청구할 권리가 있다는 것을 재확인하는 것에 불과하다고 보았다. 결론적으로 부수계약조항은 「손해보상성」이라는 요건을 결여하였기 때문에 임대차계약의 면책조항의 일부를 포기하는 조항에 불과하다고 보았다.

28) 266 S.W.2d 218, 223 (Tex. Civ. App. Eastland 1954).

29) GAP(Guaranteed Asset Protection Plan)은 자동차 할부매매계약상의 자동차의 전손 또는 도난 등을 보장사건으로 하여 「차액(gap)만큼의 손실」 즉, '자산에 대

험성이 문제된 State of West Virginia ex rel. Safe-Guard Products v. Thompson 판결[30]은 "계약구조"를 기준으로 보험규제가 적용되는 보험과 보험규제가 적용되지 않는 채무면제계약을 구별했다. 이 사건 GAP 상품은 할부채권자가 아닌 제3자(Safe-Guard社)가 자동차할부매수인에게 판매한 것으로 사고로 인해 할부판매된 차량이 전손된 때 할부채무가 남아있다면 Safe-Guard社가 할부매도인에게 손해를 보상하기로 하는 내용의 계약이다.

웨스트버지니아주 대법원은 할부채권자가 직접 할부채무자와 채무면제계약을 체결했다면 보험계약이 아니라고 하였다. 그러나 이 사건 계약과 같이 특정한 사건(할부매매차량의 전손)의 발생으로 인해 할부채권자가 할부채무대금의 상환을 받지 못하는 경우에 제3자가 채권자에게 손해를 보상하기로 하는 계약을 제3자와 채무자(할부매수인) 간에 체결했다면 이러한 계약은 보험규제가 적용되지 않는 채무면제계약이 아니라

___

한 금융계약의 채무자가 부담하는 금액'과 '자산의 실제가치(자산에 대한 보험에 가입한 경우에는 보험자로부터 받는 보험금액)'간의 차액을 보상하는 계약이다. 다른 채무면제·채무유예계약과 마찬가지로 대출계약이나 할부매매계약 등 여신계약의 채권자와 채무자 간에 여신계약(주계약)의 부수계약으로 체결하는 것이 보통이다. 그러나 GAP 상품은 유형물의 물리적 손실의 발생을 요구하는데 비해, GAP 상품을 제외한 채무면제상품은 이를 요구하지 않는다는 점에서, 「GAP상품」과 「GAP상품 이외의 채무면제상품」은 구별된다

GAP 상품과 달리 「GAP Insurance」는 채무자의 차량이 손상되거나 파손되어 '대출금잔액'이 '보험자가 지급한 배상액의 실제현금가치'를 초과하는 경우에 "대출금잔액"을 지급하는 보험종목이다. GAP 보험에는 '차량 GAP 보험'과 '비차량 GAP 보험'이 있다. GAP은 비교적 긴 기간의 자동차 대출이나 리스와 연계해서 판매되는 경우가 대부분이고, 이 경우 자동차의 가치(자동차가 파손된 경우 보통의 자동차보험계약에 의해 지급되는 금액)는 대출이나 리스의 남은 원금보다 빠르게 감소한다. 몇몇 주에서는 특정한 대출자가 제공한 계약적 「GAP waiver agreement」나 「GAP debt cancellation agreement」를 "보험"으로 취급한다 (Anthony Rollo, "A Primer on consumer credit insurance", *54 Consumer Fin. L. Q. 52*, p.54).

30) *State of West Virginia ex rel. Safe-Guard Products Intern., LLC v. Thompson*, 235 W.Va. 197 (2015).

보험규제가 적용되는 보험계약이라고 판시했다. 따라서 이 사건 계약은 보험계약이며 웨스트버지니아주 보험법이 적용된다고 판시했다.[31]

이 판결은 GAP이 보험계약인지 여부는 일률적으로 판단할 수 있는 것이 아니라 계약당사자가 누구인지, 계약상 급부가 누구에게 제공되는지에 따라 달라진다고 보았다. 국내에서 신용카드사가 신용카드회원에게 판매하는 채무면제·채무유예상품은 대출채권자가 직접 대출채무자에게 제공하는 상품이라는 점에서 제3자와 채무자 간에 체결된 이 사건 GAP 계약과 다르다. 이 판결의 논리를 국내의 논의에 적용할 수 있을지에 대해서는 뒤에서 설명한다.

4. 보장사고 발생 대상

자동차임대계약과 연계해서 체결된 채무면제계약에 대해서 보험성을 인정한 뉴욕주법원 판결과 보험성을 부정한 뉴욕주법원 판결을 비교해 보고, 두 채무면제계약의 어떠한 차이점으로 인해 상이한 결론이 도출되었는지를 살펴보자.

자동차 리스임차인이 리스기간 중에 사망하거나 장애가 된 경우 "선택권"을 행사하면 리스업자는 그 시점 이후의 월 임차료 전부의 수령을 포기하기로 하고, 그 대가로 리스임차인은 리스업자에게 월 임차료에 더해서 일정한 수수료[32]를 지불하기로 하는 채무면제계약(lease completion waiver option, LCW option)에 대해서, 뉴욕주 대법원은 이러한 계약은 뉴욕주법상의 보험의 정의에 부합한다고 판시했다.[33][34] 그러나 렌트차량

---

31) 이와 유사한 취지의 판결로는 *Embry v. Innovative Aftermarket Systems L.P.*, 198P.3d 388 (Okla.Civ.App.2008)이 있다. 이 판결에서는 자동차 할부매매계약을 체결하면서 할부매도인(자동차 딜러)이 제3자인 금융회사(Innovative Aftermarket Systems)를 "대리"해서 할부매수인에게 판매한 GAP 상품이 보험이라고 판시되었다.

32) 수수료 액수는 월별 할부 임차료 금액의 2.5%~3%이다.

33) *Luc Leasing Corp. v. Muhl*, 659 N.Y.S.2d 422 (N.Y.Sup.Ct.1997).

이 충돌한 경우 충돌로 야기된 차량손해에 대해 임대인(렌트카 회사)이 임차인(소비자)에게 손해배상청구(차량 충돌이 임차인의 과실에 기한 경우) 또는 손해보상청구(차량 충돌이 임차인의 과실에 기하지 않은 경우)

---

34) 원고인 리스업자는 이 사건 상품이 보험에 해당하지 않음을 주장하면서, 주장을 뒷받침하는 근거로 "포기 선택권(waiver option)은 보험이 아니"라고 판시한 뉴욕 주 법원의 두 판결(*Kramer* 판결과 *Corcoran* 판결)을 원용했다.

한편, 피고는 이 사건 상품이 리스약정의 대상인 차량과 무관한 우연한 사건의 발생을 조건으로 한다는 점, 뉴욕주 보험법 개정작업에서 보험의 예외조항인 제1101(b)(3)조에 LCW를 포함하지 않은 점에 비추어 입법자는 LCW가 보험이라는 것이 입법자의 의도라고 주장하였다.

원고의 주장에 대해 재판부는 원고가 인용한 *Kramer* 사안과 *Corcoran* 사안에서 문제된 계약과 이 사건에서 문제된 계약의 차이점을 분석하였다. "*Kramer* 사안과 *Corcoran* 사안에서 문제된 계약은 뉴욕에서 자동차 렌탈 중개업소가 수수료를 받고 고객에게 제공하는 충돌 손해 포기상품(collision damage waivers, CDW)으로, 그 계약에 의하면 대여차량에 대한 충돌 손해 위험 전부가 차량대여자로부터 차량대여중개업소로 이전된다. 위 사안을 심리한 두 재판부에서는 CDW 약정은 "차량 렌탈에 부수"하는 것일 뿐이고 "약정 시점에서의 위험을 이전"하는 것에 지나지 않기 때문에 보험법 제1101(a)(1)조상의 보험을 구성하지 않는다고 판시하였다. 그러나 본 사안에서 문제된 LCW는 단순히 위험의 할당(allocation)에 관한 약정이 아니고 위험의 기초도 동일하지 않다."

그리고 "*Kramer* 사안과 *Corcoran* 사안에의 「위험」은 '렌탈 계약의 대상, 즉 차량에 대한 손해'인데 비해, 본 사안에서는 「위험」은 '리스차량과는 무관한 리스임차인을 둘러싼 환경의 변화'에 집중되어 있다. 예컨대 본 사안의 LCW 계약에서는 ① 리스임차인의 장해상태가 지속되는 한도에서만 리스업자의 월 지급액 수령이 포기되고, ② 리스임차인이 포기를 청구하면 리스업자는 자신의 비용으로 리스임차인에게 의사의 진단을 받도록 요청할 수 있으며 리스임차인은 그에 따르기로 합의가 되어 있다. 리스업자는 포기청구를 촉발한 장해에 대해 스스로 검사를 할 수 있으며, ③ 만약 리스임차인의 사망이나 장해가 기왕증으로 인해 야기된 것이라면 포기는 제공되지 않는다고 합의되어 있다. 이러한 계약상의 조건은 명백히 위의 양 판결의 사안의 계약과는 명백히 구별된다."고 설시하였다.

이상의 이유로 본 사안의 LCW option은 뉴욕주 보험법 제1101(b)(3)조가 정하는 보험성이 부정되는 GAP상품에 해당하지 않는다고 설시하면서, 보험성을 인정하였다.

할 권리를 포기하기로 약정하고 그 대가로 임차인이 수수료를 지급하기로 한 충돌손해포기계약(collision damage waiver, CDW)은 보험이 아니라고 판시했다.[35]

뉴욕주 대법원에 따르면, LCW option의 경우에는 리스임차인 또는 리스임차인의 재산 또는 가까운 친척에게 지급될 LCW benefit이 "리스약정의 대상인 차량과는 무관한 우연한 사건"의 발생에 달려있기 때문에 보험인 반면, CDW의 위험은 "임대차 계약의 대상인 차량에 대한 손해"이기 때문에 CDW 계약은 보험이 아니라고 설시했다.

요컨대 채무면제계약상 약정된 보장사건이 주계약의 대상과 무관한 것이라면 그러한 채무면제계약은 보험계약이라고 할 수 있고, 주계약의 대상 그 자체에 대한 것이라면 그러한 채무면제계약은 보험계약이 아니라는 것이 뉴욕주 대법원의 입장이다. 국내에서 판매되는 채무면제상품 계약에서 정하는 보장사건은 여신계약채무자의 사망, 상해, 질병, 비자발실업의 발생이다. 이는 주계약인 여신계약의 대상 그 자체가 아니다. 따라서 위의 뉴욕주 대법원의 논리에 의하면 동 계약의 보험성이 인정될 여지가 크다.

III. 채무유예계약의 보험성에 관한 판결

채무유예계약의 보험성에 대해서는 채무면제계약과 구별하는 판결과 구별하지 않는 판결이 병존한다.

---

35) *Hertz Corporation v. Corcoran*, 137 Misc. 2d 403, 520 N.Y.S.2d 700 (1987).

1. 채무면제계약과 구별한 판결

국법은행이 신용카드계약과 연계해서 판매한 채무유예상품의 보험성이 문제된 Steele v. First Deposit National Bank[36] 사안에서 앨라배마주 항소심 법원은 "이 사건 국법은행의 채무유예상품 판매는 '채무면제계약을 체결할 권리를 포함하는 국법은행의 부수적 권한'의 범위에 속하는 것이기 때문에, 이 사건 채무유예상품은 보험상품이 아니라고 판시했다. 또, 이처럼 국법은행의 채무유예상품 판매가 국법은행의 부수적 권한에 속하는 것으로 보는 것은 Taylor 판결 및 통화감독청(OCC)의 입장에도 부합한다고 설시했다.

첫째, 법원은 이 사건 채무유예계약에 대해 Union Labor Life Insurance Co. v. Pireno[37] 판결에서 연방법원이 제시한 보험업의 3가지 기준을 적용하여, 이 사건 국법은행이 채무유예상품을 취급하는 것은 ① 채무유예계약이 채무자의 위험을 이전·분산하지 않고 지급의무를 연기하기만 할 뿐이고, ② 채무유예계약을 체결하는 것이 대출의 조건이 아니라 선택적인 계약조항이기 때문에, 대여자인 은행과 채무자 관계에서 필수적인 부분(integral part)이 아니며, ③ 보험업계에 속하는 회사에 독점되어 있지 않은 상품이기 때문에, 보험업이 아니라고 판시했다.

둘째, 채무유예계약과 보험의 거리는 채무면제계약과 보험 간의 거리보다 멀다고 판시했다. 법원은 채무를 연기해 주는 상품은 특정한 사건이 발생하면 카드채무원금 및 이자 상환을 임시로 연기해 줄 뿐이기 때문에, 통화감독청과 제8 순회법원이 보험이 아니라고 결정했던 채무면제계약에 비해서도 보험과의 거리가 더 멀다고 하였다.

---

36) 732 So 2d 301, 1999 WL 50501(Ala. Civ. App. 1999).
37) 458 U.S. 119, 129 (1982).

2. 채무면제계약과 구별하지 않은 판결

West Virginia ex rel. McGraw v. JPMorgan Chase & Co.[38]에서는 국법은행, 주법은행, 연방저축금융기관이 소비자 신용카드계약의 부가서비스로 판매한 채무면제상품과 채무유예상품의 보험성이 문제되었다. 재판부의 설명에 따르면 이 사건 상품계약상 ① 신용카드를 발급받은 소비자 중 다수는 동 상품에 가입하지 않았고, 만약 가입했다면 신용계좌를 잃지 않고도 동 상품을 해지할 수 있기 때문에, 상품의 구매가 여신 창출 또는 지속을 위한 필수요건이 아니고, ② 신용조건을 매우 제한적으로만 수정하며, ③ 상품수수료가 특정한 서비스 비용을 커버하기 위해 지급된다고 한다.

웨스트버지니아주 법원은 이 사건 채무면제계약과 채무유예계약 모두 '채무불이행에 대한 추가적인 보호를 제공'한다는 점에서 "보험과 유사"하다고 판시했다.

3. 검토

미국 법원은 Steele v. First Deposit National Bank 사안에서는 사안에서 국법은행이 채무면제상품 판매와 채무유예상품 판매가 모두 국법은행의 부수적 권한에 속하는 것으로 보험업에 해당되지 않아 주 보험법에 의한 보험규제를 받지 않는다고 보면서도, 그 보험적 성격의 판단에 있어서는 채무면제계약과 채무유예계약을 구별하였지만, West Virginia ex rel. McGraw v. JPMorgan Chase & Co. 사안에서는 채무유예계약의 보험성을 판단함에 있어서, 채무면제계약과 구별하지 않았다.

우리법상 채무유예계약의 보험성을 판단함에 있어서도 그 급부가 채

---

38) 842 F.Supp.2d 984 (2012).

무의 유예인지 채무의 면제인지에 따라 보험성을 달리 판단할 것인지, 아니면 계약상의 급부가 면제인지 유예인지보다는 계약의 다른 요소들에 중점을 두어 채무면제계약과 채무유예계약을 구별하지 않고 보험성을 판단할 것인지 생각해봐야 한다.

제3절 各 州의 입장

Ⅰ. 서

미국 보험업에 대한 감독권은 연방정부가 아니라 각 주의 정부에게 있다.[39] 각 주에서는 독자적인 보험법을 가지고 있기 때문에 보험에 대한 전국적으로 통일된 규제는 이루어지지 않고 있다. 다만 보험감독관협의회(NAIC)가 각 주별로 다른 보험규제를 통일시키기 위한 노력으로 모델법을 제시하고 있으며, 각 주에서는 자율적으로 모델법의 조항의 일부 또는 전부를 주법에 도입하고 있다.

이와 같은 미국의 특수한 보험법체계로 인해 채무면제·채무유예계약의 보험성과 보험규제적용 여부 역시 통일되어 있지 않고 주별로 다른 실정이다. 성문법에 규정을 두어 모든 채무면제·채무유예상품의 보험성을 인정하는 주, 부정하는 주, 그 중 일부 상품만의 보험성을 인정하는 주로 나뉜다. 또, 성문법이 아닌 주 보험청의 유권해석에 의해 보험성을 판단하는 주도 있다.

---

39) 보험상품과 보험상품판매에 대해서는 일차적으로 주법과 맥카렌-퍼거슨 법(15 U.S.C.) 제1101조 내지 제1015조가 적용된다.

II. 뉴욕주와 텍사스주를 중심으로

채무면제·채무유예상품의 보험성과 관련해서 가장 주목할 만한 곳은 뉴욕주와 텍사스주이다. 뉴욕주는 일정한 요건을 갖춘 GAP 상품의 보험성은 부정하지만, GAP 상품 이외의 채무면제·채무유예계약의 보험성은 인정하고 이에 대해 보험규제를 적용한다. 텍사스주의 경우 주법원 판결과 주 정부 유권해석으로 오랫동안 채무면제·채무유예계약의 보험성을 인정하고 보험규제를 적용해왔지만, 2010년 주법 개정으로 동 계약의 보험성을 부정하는 조항을 신설했다. 그러나 개정법이 시행된 이후에도 텍사스주 법원은 채무면제·채무유예계약의 다수의 개별 사안에서 보험성을 인정하는 판시를 내놓고 있다.

1. 뉴욕주

1) 채무면제·채무유예계약의 보험성 인정 여부

(1) 성문법 규정과 보험청의 입장

뉴욕주 보험법은 「일정한 조건을 충족하는 GAP 상품」은 보험이 아니라고 명시하고 있다(제1101(b)(3)조). 그러나 「그 외의 일반적인 채무면제·채무유예계약」이 보험인지에 대해서는 침묵하고 있다.

1964년 뉴욕주 보험청은 채무면제계약이 보험계약이라고 결정했고,[40] 이후 채무「유예」계약에 대해서도 동일한 해석논리를 적용해서 보험계약

---

40) Op. Atty. Gen. 30. 이 유권해석 사안은 국법은행이 체결한 채무면제계약이 보험계약인지에 대한 것이다. 이 사안에서 뉴욕주 검찰총장은 "채무면제계약은 보험계약이고 은행은 보험자로서의 지위를 가진다. 뉴욕주에서 채무면제계약을 체결하는 국법은행은 뉴욕 주 보험법의 허가조항과 기타 관련 조항을 준수해야 한다."고 하면서 「국법은행이 체결한 채무면제계약」을 보험계약으로 보았다.

으로 판단했다.[41] 뉴욕주 보험청은 일관되게 채무면제·채무유예계약을 보험으로 보아 주 보험법을 적용해왔고, 2002년 4월 이러한 입장을 재확인하는 비공식적인 의견발표를 했다.[42]

뉴욕주 보험법 제1101(a)조에서는 "보험계약"과 "우연한 사건"을 정의하고, 제1101(b)조 제(1)항에서는 보험업을 하는 것으로 인정되는 행위를 열거하면서 동조 제(2)항, 제(3)항, 제(3-a)항, 제(7)항에서 규정하는 행위를 보험업에서 제외하고 있다. 제1101(b)조 제(1)항에서는 보험업을 하는 것으로 인정되는 행위로, 보험자로서 보험계약의 체결을 제안하거나 체결하는 행위(동조 동항 A호), 보험계약에 대한 보험료·회비 등의 대가를 수령하는 행위(동조 동항 C호), 워런티 계약 체결을 제안하거나 체결하는 행위(동조 동항 B호), 재보험업을 포함한 영업을 하는 행위(동조 동항 D호)와 "이상의 영업과 실질적으로 동등한 영업을 본 장의 규정을 회피하기 위해 고안된 방식으로 수행하거나 제안하는 행위(동조 동항 E호)"를 열거하고 있다. 있다. 뉴욕주 보험청은 오랫동안 채무면제계약을 보험으로 보는 법적 근거를 뉴욕주 보험법 제1101(b)조 제(1)항 (E)호에서 찾았다.

엄격한 의미에서 보험에 해당하지 않더라도 전술한 보험종목의 하나와 실질적으로 유사하다고 보험청장이 결정하면 보험이라고 본다(동법

---

41) 뉴욕주 보험청은 채무유예계약은 채무가 취소되지 않고 연기되기만 한다는 점에서만 채무면제계약과 실질적인 차이가 있다고 보았다. 2002년 4월 2일자 회신자료에서도 뉴욕주 보험청은 채무면제·채무유예계약이 뉴욕주 보험법 제1101(a)(1)조의 보험계약을 구성한다고 밝힌 바 있다. 뉴욕주 보험법 제1101(a)(1)조에서는 "보험계약은 일방당사자인 보험자가 피보험자 또는 보험수익자가 보험사고의 발생 시에 그러한 사고의 발생에 의해 부정적 영향을 받게 되는 실질적(material) 이익을 가지거나 가질 것으로 기대되는 우연한 사건의 발생을 조건으로 해서 타방당사자인 피보험자 또는 보험수익자에게 금전적 가치가 있는 급부를 제공할 의무를 부담하는 계약 또는 기타 거래를 의미한다"고 규정한다.

42) N.Y. Dep't of Ins., Op. No. 02-04-04, Bank Issuance of Debt Suspension and Debt Cancellation Contracts in Connection with Its Customers' Credit Card Account at the Bank (2002)(http:// www.insstate.ny.us/ogco2002/rg204023.htm).

제1113(a)조 제30항).[43] 그런데 뉴욕주 보험청장의 의견(General opinion)에 따르면 채무면제·채무유예상품은 "비차량 GAP보험"과 실질적으로 동일한 보험으로 여겨진다.

(2) 주 정부

충돌손해포기약정상품(CDW)가 뉴욕주법상의 보험계약에 해당해서 보험규제를 적용할 것인지의 문제에 대해, 1977년 뉴욕주 검찰총장은 CDW에 대해서는 뉴욕주 보험법이 적용되지 않는다는 공식의견을 발표했지만,[44] 9년 뒤 의견을 변경했다.[45] 변경된 의견서에서는 CDW의 판매에 대해서 보험규제가 적용되는데 CDW계약상의 "포기(waiver)"에 대해 보험규제가 적용되는 이유는 ① 「CDW」와 「보험회사가 판매하는 collision damage insurance」는 보장범위 유형, 규제의 필요성 등의 측면에서 유사한 점들이 발견되고,[46] ② CDW의 가격(cost)이 최근 들어 급격히 증가함에 따라 과도한 수수료로부터 공중을 보호하기 위한 규제의 필요성이

---

43) 뉴욕주 보험법 제1113(a)조 제30항에서는 "'실질적으로 보험과 유사한 종목'이란 보험청장의 의견으로 전조에 규정된 보험종목과 실질적으로 유사하다고 결정된 것을 의미하고, 그 결과 본장의 목적을 위해 그 보험종목에 포함되는 것으로 여겨질 것이다."라고 규정한다.

44) 77 Op. N.Y. Att'y Gen. 63 (1977). 이 의견서에 따르면 CDW가 보험계약이 아닌 이유는 ① 계약에 의한 권리 포기일 뿐이고 그러한 포기는 보험이 아니기 때문이고 ② CDW상의 권리포기는 우연한 사건(즉, 렌트 차량의 파손)의 발생을 조건으로 하는 것이 아니라, 계약상의 옵션이 행사된 이후에 개시되고 사고발생여부와 무관하게 지속되기 때문이라고 하였다.

45) Robert Abrams, New York's Attorney General in 1986, wrote the opinion. 86 Op. N.Y. Att'y Gen. No. 86-f9 (Dec. 31, 1986).

46) "CDW는 collision damage insurance와 비슷하게도 렌트 차량이 파손된 경우 임대인이 임차인에게 권리를 포기할 의무가 생긴다. 양 계약 모두 우연한 사고의 발생을 조건으로 임대인과 보험회사가 임차인과 피보험자에게 각기 급부(benefit)를 수여할 의무를 지고, 임대인과 보험회사는 요금(보험료)을 받고 위험을 인수한다. 따라서 CDW는 뉴욕주 보험법의 보험계약의 정의에 부합하는 계약이다"(86 Op. N.Y. Att'y Gen. No. 86-f9 (Dec. 31, 1986).

증가했고, ③ 이러한 가격 상승으로 인해 CDW는 렌탈 계약에 부수하는 것 이상의 것(more than just ancillary to the rental contract)이 되었고, ④ 파손된 차량수리비로 구성되는 렌트업자의 위험에 대해 지불하기 위해 'CDW 요금이 풀링'되는데 이것은 보험산업의 필수적 요소인 '풀링된 리스크'이기 때문이라고 하였다.[47]

(3) 검토

요컨대 뉴욕주는 일반적인 채무면제·채무유예계약을 보험으로 파악하여 보험규제의 영역으로 포섭시키면서도, 뉴욕주법 제1101(b)(3)조의 요건을 충족시키는 GAP은 보험으로 파악하지 않는다.

2) 보험규제 적용 여부

그러나 국법은행, 주법은행, 저축금융기관과 신용조합이 채무면제·채무유예상품을 판매하는 행위에 대해서 州보험규제를 적용하지는 않는다는 입장이다.

먼저, '국법은행'에 대해서, 채무면제계약과 채무유예계약은 「그램-리치-브라일리법(Gramm-Leach-Bliley Act, 이하 'GLBA')」[48] 제302조상의 허가

---

47) Robert Abrams, New York's Attorney General in 1986, wrote the opinion. 86 Op. N.Y. Att'y Gen. No. 86-f9 (Dec. 31, 1986).

48) 舊국법은행법에 의하면 국법은행의 보험업은 제한되어 있었다. 동법 제92조에서는 인구 5,000명 이상이 거주하는 지역 소재 국법은행에게만 본인이 아닌 보험대리점으로서만 보험상품을 판매할 수 있도록 허용하고 있었다. 하지만 1990년대에 들어서서 일부 대법원 판결에서 국법은행의 보험업 영위가 허용되었다 (대표적인 판결로는 *NationalBank of North Carolina v. Variable Annuity Life Insurance Co.*, 115 S.Ct. 810 (1995)을 들 수 있다).

1999년 그램-리치-브라일리법이 제정됨에 따라 위와 같은 국법은행의 보험업 취급 허용여부에 대한 논쟁은 사라졌다. 동법 제302(b)조에서는 국법은행이 취급할 수 있는 보험상품을 규정하고 있다. 이에 따라 국법은행은 금융지주회사 산

받은 상품에 해당되므로 국법은행이 이들 계약을 체결하는 것은 허용된다고 해석했다. 1999년에 제정된 GLBA 제302조는 국법은행의 보험인수 능력의 한계를 설정하고 있다. 동법 제302조의 목적에서의 보험은 그 상품에 판매되는 주의 보험법에 의해 1999년 1월 1일부터 보험으로 규제되는 상품으로 한정되는데(GLBA 제302(c)(1)조), 국법은행과 국법은행의 자회사는 주의 허가를 받은 상품이 아니라면 본인의 지위에서 보험을 제공할 수 없다(동법 제302(a)조). 여기에서 말하는 허가를 받은 상품이란 '1999년 1월 1일 이후 통화감독청이 서면으로 국법은행은 그러한 상품을 본인으로서 제공할 수 있다고 결정'하였거나, 국법은행이 사실상 적법하게 그러한 상품을 본인으로서 제공하였거나, 관할권 있는 법원이 종국판결로 국법은행이 본인으로서 그 상품을 제공할 수 있다는 통화감독청의 결정을 번복하지 않았거나, 그 상품이 상호보험이 아니고, 1986년 Internal Revenue Code 제72조상의 tax treatment의 적용을 받는 연금계약이 아닌 상품을 의미한다(동법 제302(b)조). 그런데 2002년 통화감독청 규칙 제37.1조에서는 연방법(12 U.S.C. 24)에 따라 국법은행은 당해 은행이 제공하는 신용과 연계하여 채무면제계약과 채무유예계약을 체결하고 그에 대한 수수료를 부과할 수 있고(12 CFR Part 37. 12 CFR 37.1(a)), 동 규칙 동 파트 및 연방법과 연방규칙이 적용되는 국법은행의 채무면제계약과 채무유예계약에는 주법이 적용되지 않는다(12 CFR Part 37. 12 CFR 37.1(b))고 규정하기 때문에, 채무면제계약과 채무유예계약은 GLBA 제302조상의 허가받은 상품이 되며, 국법은행은 이 계약들을 체결하는 것이 허용된다는 것이 뉴욕주 보험청의 논리이다.

둘째, '저축금융기관'과 '신용조합'에 대해서는, 뉴욕주에서 저축금융기관과 신용조합이 채무면제·채무유예계약상품을 판매하는 것은 보험업을 하는 것에 해당하지만, 이에 대해 뉴욕주 보험법은 적용되지 않는다

하의 보험사를 통해 지리적 제약 없이 보험대리점으로서 보험상품을 판매할 수 있게 되었다. 이에 따라 국법은행의 보험업참여는 급속히 확대되었다.

는 유권해석을 내렸다.[49] 그중에서, 연방신용조합에 대해서는,[50] ① 연방신용조합을 규제하는 기관인 연방신용조합집행국(National Credit Union Administration, NCUA)이 연방신용조합에게 채무면제계약과 채무유예계약을 체결하는 것을 허가했고,[51] ② 연방신용조합의 부수적 권한으로서 허용되는 행위에 대출관련상품을 포함시키는 내용의 현행 규칙(12 CFR Part 721)이 마련되어 있으며, ③ 대부진실법과 동 시행령에서 소비자 보호장치를 두고 있다는 점을 고려해서, 뉴욕주 보험청은 연방신용조합이 그 고객에게 제공하는 신용의 공여와 연계하여 체결하는 채무면제계약과 채무유예계약에 대해 규제하지 않기로 결정하였다. 다음으로, 뉴욕주 신용조합에 대해서,[52] ① 뉴욕주 은행감독청이 뉴욕주 신용조합의 채무면제·채무유예계약 체결을 허가하였고,[53] ② 현행 법규가 구비되어 있고, ③ 소비자보호장치가 존재한다는 점을 고려해서, 뉴욕주 보험청은 뉴욕

---

49) 2004년의 회신 자료에 따르면, "뉴욕주 저축금융기관, 뉴욕주 이외의 주의 예금수신기관, 연방 신용조합, 뉴욕주 신용조합이 소비자에 대한 여신(extensions of credit)과 연계해서 채무면제계약이나 채무유예계약을 체결하는 것은 '뉴욕주에서 보험업을 하는 것'에 해당하지만, 뉴욕주 보험청은 이에 대해 규제하지 않기로 결정했다"고 한다(New York General Counsel Opinion No. 6-17-2004, June 17, 2004).

50) 연방신용조합은 GLBA에서 말하는 예금수신기관이 아니기 때문에 GLBA의 적용을 받지 않는다.

51) 신협감독청은 1997년 9월 12일자 유권해석에서 채무면제계약이 보험계약이 아니기 때문에(연방신용조합집행국은 채무면제계약이 보험이 아니라고 보는 근거를 Taylor 판결에서 찾았다), 연방신용조합은 스스로 위험을 보유하는 자가 보험자로서 행위하지 않는 한 채무면제계약을 체결할 수 있다고 하였다(NCUA Legal Opinion Letter No. 97-0632).

52) 연방신용조합과 마찬가지로 뉴욕주 신용조합에도 GLBA는 적용되지 않는다.

53) 뉴욕주 은행감독청은 2002년 유권해석을 통하여 뉴욕주 신용조합도 연방신용조합에게 허용되는 다양한 부수적인 활동을 할 수 있지만, 그러한 권한의 행사에는 신협감독청 규칙(12 CFR Part 721) 제721조상의 제한이 적용된다고 결정했다(May 13, 2002 Letter from Sara A. Kelsey, Deputy Superintendent and Counsel). 뿐만 아니라, 2004년 4월 2일에 발간된 뉴욕주 은행감독청의 가이던스 레터(guidance letter)에 담긴 은행조직에 적용되는 여러 가지 제한들도 추가로 적용된다.

주 신용조합이 고객에 대한 여신과 연계해서 판매하는 채무면제·채무유예상품에 대해 규제하지 않기로 결정하였다.[54] 또, 뉴욕주에서 영업을 하는 뉴욕주 이외의 주의 저축금융기관이 채무면제·채무유예상품을 제공할 권한을 가질 수 있는지는 그 기관에 대한 일차적 규제기관이 결정할 문제이며, 만약 일차적 규제기관이 그러한 권한을 인정하였고 위에서 논의한 것과 유사한 수준의 적절한 규제와 소비자 보호가 이루어지고 있다면, 뉴욕주 보험청은 이에 대해 규제하지 않는다고 결정했다.[55]

셋째, '주법은행'와 관련해서는, 뉴욕주 은행감독청이 2004년 4월 2일 공간한 것으로 뉴욕주 감독당국의 허가를 받은 은행 기관(Banking Organization)[56]이 제공하는 채무면제·채무유예상품에 대한 뉴욕주의 입장을 명시하는 가이던스 레터(guidance letter)에서 은행기관들이 은행법에 따라 여신과 연계하여 채무면제·채무유예상품을 인수하고 판매할 수 있다고 밝히고, 소비자를 위한 적합하고 적절한 보호장치를 함께 제공하도록 하고 있다.[57] 뉴욕주 보험청은 이 가이던스 레터를 참조하여 뉴욕주법은행 등의 기관들이 제공하는 채무면제상품과 채무유예상품에 대해 규제하지 않기로 결정하였다.[58]

---

54) New York General Counsel Opinion No. 6-17-2004, June 17, 2004, p.6.
55) New York General Counsel Opinion No. 6-17-2004, June 17, 2004, p.7.
56) 은행 기관(Banking Organization)에는 뉴욕주의 허가를 받은 은행, 신탁회사, 저축금융기관, 예금 및 대출협회(savings and loan associations), 신용조합이 포함된다.
57) 텍사스주의 가이던스 레터에는 채무면제·채무유예상품의 구매의 성질(nature), 비용, 리스크에 대해 소비자를 이해시키는데 필요한 표준(기준)이 담겨있다. 이 가이드라인은 통화감독청의 규칙과 마찬가지로 금지되는 실무, 환불, 수수료지급방법과 요구되는 고지에 대해 설시하고 있다. 「은행 기관」들과 「허가받은 외국은행지사·대리점」은 이 가이드라인을 준수해야 한다.
58) New York General Counsel Opinion No. 6-17-2004, June 17, 2004, p.6.

2. 텍사스주

1) 개관

종래 텍사스주 법원은 GAP 상품을 포함한 채무면제·채무유예상품을 보험으로 파악하여 동 상품에 대한 주정부의 관할권을 인정하고 주보험법을 적용해왔다.[59] 연방법인 GLBA 제정을 위한 논의 당시, 텍사스주 보험청은 채무면제·채무유예계약에 주 보험법규를 적용하자는 의견을 내놓기도 하는 등,[60] 텍사스주는 채무면제·채무유예상품에 보험규제를 적용하는데 적극적이었다. 그러나 2009년, 채무면제상품을 非보험상품으로 분류하는 내용의 주법 개정을 단행하였다.[61]

하지만 텍사스주 법원은 위와 같은 내용의 주법 개정에도 불구하고, 개별 사안에서 채무면제상품의 보험성을 인정하고 주보험규제권한을 인정하는 판시를 내놓고 있다.

---

59) *Ware v. Paxton*, 266 S.W.2d 218, 223 (Tex. Civ. App. Eastland 1954); *Ware v. Heath*, 237 S.W.2d 362, 363-64 (Tex. Civ. App. Fort Worth 1951) 등 다수 판결.

60) The Letter issued by Texas Department of Insurance in May 1999.

61) TEX. FIN. CODE ANN. § 348.124(b) (West Supp. 2010) 에서는 "채무면제계약은 보험상품이 아니"라고 규정한다.; 텍사스주 금융법에서는 채무면제계약을 "a retail installment contract term or a contractual arrangement modifying a retail installment contract term under which a retail seller or holder agrees to cancel all or part of an obligation of the retail buyer to repay an extension of credit from the retail seller or holder on the occurrence of the total loss or theft of the motor vehicle that is the subject of the retail installment contract but does not include an offer to pay a specified amount on the total loss or theft of the motor vehicle"이라고 정의한다(TEX. FIN. CODE ANN. § 348.001(1-a)(West Supp. 2010)).

2) 채무면제상품 취급 허용 여부

텍사스주의 대출기관(예금수신기관이 아닌 대출기관)은 다른 주에 비해 비교적 늦은 시기인 2003년이 되어서야 채무면제상품을 취급할 수 있게 되었다.[62)63)]

2003년 텍사스주 금융법 제342장(Chapter 342 of the Finance Code) 개정으로 텍사스주의 소매대출기관(consumer lenders)도 은행 및 예금수신기관이 체결하는 채무면제·채무유예계약조건과 유사한 조건으로 차입자에게 채무면제·채무유예계약상품을 제공할 수 있게 되었다.[64)] 자동차소매할부매매계약과 연계한 채무면제계약의 경우에는 그보다 늦은 시기인 2009년 주법 개정을 통해서 비로소 허용되었다.[65)] 이제 자동차 매도인은 자동차 구매고객으로부터 수수료를 받고 자동차가 도난되거나 전손된 경우 자동차 할부매매계약상의 채무의 일부나 전부를 취소하는 내용의 채무면제계약을 체결할 수 있게 되었다.[66)] 그러나 은행, 소매대출기관,

---

62) Act of June 20, 2003, 78th Leg., R.S., ch. 1265, § 2, 2003 Tex. Gen. Laws 3574 (codified at Tex. Fin. Code Ann. § 342.4021 (West 2006)).

63) 1984년 개정된 텍사스주 헌법은 텍사스 예금수신기관인 주법은행에게 채무면제계약과 채무유예계약 체결권한을 부여했으나(1984년, 텍사스주는 국법은행의 권한과 주법은행의 권한 간의 차등을 없애기 위해서 주헌법을 개정했다, Tex. Const. art. XVI, § 16(c). A statutory provision gives parity to Texas savings banks. Tex. Fin. Code Ann. § 93.008(a) (West 2006)), 예금을 수신하지 않는 대출기관(nondepository lenders)에게는 채무면제·채무유예계약 체결권한이 인정되지 않았다.

64) Act of June 20, 2003, 78th Leg., R.S., ch. 1265, § 2, 2003 Tex. Gen. Laws 3574 (codified at Tex. Fin. Code Ann. § 342.4021 (West 2006)).

65) Act of May 23, 2009. 81st Leg., R.S., ch. 149. § 4, 2009 Tex. Gen. Laws 480.481 (codified in scattered sections of Tex. Fin. Code Ann. ch. 348 (West Supp. 2011)); 이에 앞서 2001년에도 자동차소매할부계약과 연계된 채무면제계약 또는 waiver를 인가하는 법안(HB 2139)이 상정되었으나, 2001. 6. 17.에 텍사스 주지사가 거부권을 행사하여 입법이 이루어지지 않았다(The bill and relevant legislative histories and materials are available at http://www.capitol.state.tx.us/tlo/billnbr.htm.).

자동차 판매자 모두 여신의 조건으로 채무면제상품을 구매할 것을 소비
자에게 요구해서는 안 된다.

2011년, 「텍사스주 입법부」는 텍사스 금융법을 다시 한 번 개정하여
제348장에 G장을 별도로 만들어서 구매자가 자동차에 대한 보험을 갖출
것을 요구하는 형태의 자동차 채무면제계약(모델1)에 포함되어야 할 조
항들을 구체화했다.[67] 2011년에 개정된 조항은 "자동차구매자가 자동차
에 대한 보험을 유지할 것"을 요건으로 하는 채무면제계약에만 적용된
다.[68] 구매자에게 보험을 유지할 것을 요구하지 않는 채무면제계약에는
소비자 신용 감독청(Office of Consumer Credit Commissioner, OCCC) 규칙
이 적용된다.[69] 소비자 신용 감독청의 규칙에 의하면 자동차의 현금가
격 및 판매자가 다른 회사에 당해 소매할부매매계약을 양도하는지 여부
에 따라 달라지는 두 가지 상이한 모델이 허용된다.[70] 따라서 성문법과
성문규칙을 종합해보면, 세 가지 다른 종류의 채무면제계약 모델이 허용
되는 셈이다.

한편, 2010년 「소비자 신용 감독청」이 제안하고 금융위원회가 채택한
규칙[71]은 두 가지 채무면제계약 모델만을 허용하였다. 하나는 구매자가
보험에 가입할 것을 요구하는 형태의 모델(모델 1)이고, 다른 하나는 구
매자의 보험가입이 요구되지 않는 모델(모델 2)이다.[72] 또한 자동차 업
계의 요구로 2010년 10월에 금융위원회가 채택한 모델 3에서는 취소금액

---

66) Tex. Fin. Code Ann. §§ 348.001(1-b). 348.208(b)(7) (West Supp. 2011).

67) Act of June 17, 2011, 82d Leg., R.S. ch. 1034, 2011 Tex. Gen. Laws 2638 (codified
    in scattered sections of Tex. Fin. Code Ann. ch. 348 (West Supp. 2011)). The bill
    containing the amendments was Tex. H.B. 2931, 82d Leg., R.S. (2011).

68) Tex. Fin. Code Ann. § 348.601(a) (West Supp. 2011).

69) 36 Tex. Reg. 5671 (2011) (to be codified at 7 Tex. Admin. Code § 84.308) (Tex.
    Office of Consumer Credit Comm'r).

70) Id. 4053, 4057-58 (to be codified at 7 Tex. Admin. Code § 84.308(c), (h)).

71) 35 Tex. Reg. 1959 (2010) (Tex. Office of Consumer Credit Comm'r).

72) 35 Tex. Reg. 1959 (2010) (Tex. Office of Consumer Credit Comm'r), p. 1966.

에 유연성이 부여되지만, 이 모델은 자동차 현금가격이 15,000달러 이하인 중고차 매매에서만 이용가능하고 판매자는 동 계약을 계열 금융회사 이외의 당사자에게 양도할 수 없다는 제한을 받는다.[73] 텍사스 입법부는 2011년 금융법 개정 당시 이러한 소비자 신용 감독청의 규정을 차용하여 모델 1에 대한 새로운 프레임워크를 짰다.

3) 보험성 인정 여부

(1) 보험이 아니라는 입법

2010년 전후로 미국 여러 주에서는 채무면제상품의 보험성에 관한 주법 규정을 신설하였는데 텍사스주도 그 중 하나이다.[74] 텍사스주는 채무면제상품[75]을 非보험상품으로 분류하고, 채무면제상품구입이 여신공여의 조건이 아님을 소매매도인이 별도로 고지하면 채무면제상품의 수수료를 텍사스주 자동차할부판매계약에 포함할 수 있도록 하는 조항을 텍사스주 금융법에 신설했다(텍사스주 금융법 제348장).[76] 이러한 내용

---

73) 35 Tex. Reg. 1959 (2010) (Tex. Office of Consumer Credit Comm'r), p. 9708-09; 36 Tex. Reg. 4058 (2011) (to be codified at 7 Tex. Admin. Code § 84.308(h)(2)) (Tex. Office of Consumer Credit Comm'r).

74) 그 무렵 주법은행의 채무면제상품 취급권한을 인정하는 입법이 다수의 주에서 이루어졌다(Senate Research Center, Bill Analysis. Tex. S.B. 1966. 81st Leg., R.S. (2009)). 예컨대 켄터키주는 2010년 법개정으로 주법의 자동차할부계약에 관한 장에서 채무면제계약이 보험계약이 아니라고 정했다(켄터키 주법 제16편 190장 제190.100(7)(c)조). 입법의 형태는 아니지만 오레곤주 정부는 종전의 입장을 변경해서 채무면제상품은 보험이 아니라고 보았다. 1999년 11월 오레곤주 정부의 유권해석서에 따르면 예전의 견해와는 우리주 정부의 의견과는 달리 국법은행이 연방법에 의거해서 채무면제상품을 판매하는 경우 오레곤주 보험법에 따를 필요가 없다고 하였다(999 WL 1019031 (Or. A. G.)).

75) TEX. FIN. CODE ANN. § 348.001(1-a)(West Supp. 2010).

76) TEX. FIN. CODE ANN. § 348.124(b) (West Supp. 2010) ("채무면제계약은 보험상품이 아니다"); Id. § 348.124(d)("주법과 연방법에 의해 요구되는 기타의 고지

의 개정 금융법은 2009. 9. 1. 발효되었다. 동법 시행령 역시 채무면제상품에 대한 광범위한 조항을 두고 있다.[77]

(2) 보험이라는 州법원판결

그러나 주법이 개정된 후에도 텍사스주 법원은 다수의 개별 사안에서 보험 세이프 하버 룰(insurance safe harbor)[78]을 적용해서 채무면제상품의 보험성을 인정하고 동 상품에 대한 주 정부의 보험규제권한을 인정하는 판시를 내리고 있다.[79]

위와 같은 텍사스주 법원의 판결을 이해하기 위해서는 'Preemption Principle'과 '보험 세이프 하버 룰'에 대한 이해가 필요하다. 연방법이 인가한 국법은행의 보험영업에 대해 주정부가 규제할 수 있는 범위를 명확하게 한 것은 1996년 이른바 '바넷 판결'의 'Preemption Principle'인데, 이 판결에 적용된 실체법에 따르면 국법은행의 권한행사를 금지·손상·방해하거나 국법은행을 차별하는 주법에 대해서는 연방법이 우선한다.[80] 그런데 GLBA가 제정되자 어떤 경우에 주법보다 연방법이 우선하는지를 결정하는 기준이 더 복잡해졌다. GLBA에 따르면 주법은 일반적으로 국법은행과 국법은행의 자회사의 보험영업(보험 판매, 보험청약의 유인, 보험 크로스 마케팅 프랙티스)을 금지하거나 제한할 수 없지만, 한편으로는 국법은행의 보험영업(보험 판매, 보험청약의 유인, 보험 크로

사항에 추가해서, 소매판매자는 소매할부계약과 연계해서 '소매매수인은 자동차를 소매할부계약으로 매수하기 위해서 반드시 채무면제상품을 구입할 필요는 없다'는 내용의 별도의 고지를 해야 한다.").

77) 35 Tex. Reg. 1959 (Mar. 5, 2010).

78) 보험 세이프 룰은 '13 세이프 하버 룰'이라고 지칭되기도 한다.

79) 예컨대 구체적 사안의 채무면제상품이 보험 세이프 하버 룰에 명확하게 들어맞지 않으면 보험이라고 판시한다(David E. Gemperle/Kenneth J. Rojc, "Auto Finance: Litigation and legislative developments impacting supplemental products, 66 Bus. Law. 495, p.504).

80) Barnett Bank of Marion County, NA v. Nelson, 517 U.S.25 (1996).

스 마케팅 프랙티스)에 대해 주법이 규제할 수 있는 13영역을 별도로 규정한다. 이처럼 GLBA에 의해 허용된 국법은행의 보험영업에 대한 주법의 규제영역을 보험 세이프 하버 룰이라고 하며, 이 룰의 영역은 광고실무, 허가요건, 다양한 고지와 경고문, 결합, 무허가 직원에 대한 요금납부 제한, 기타 잠재적으로 강요되는 판매 프랙티스 등이다. 'Barnett Preemption Rule'은 이러한 세이프 하버에 포함되지 않는 보험영업(보험판매, 보험청약의 유인, 보험 크로스 마케팅 프랙티스)에 관한 모든 주법에 적용된다.[81]

(3) 주법 내용

텍사스주 채무면제상품 관련 법시행령은 루이지애나주·미시건주·네브래스카주·유타주·워싱턴주의 「GAP waiver 법」과 다르다. 텍사스주 채무면제상품법시행령은 첫째, 채무면제계약의 유형에 따른 요율의 상한을 정하고 있다.[82] 둘째, 「자동차소매할부판매계약」과 「소매할부매수인에게 제공되는 채무면제계약」에 대해서 각각 별도의 고지를 요구한다.[83] 셋째, 채무면제상품의 유형에 따라 채무면제계약조항에 대해 광범위하게 규제한다.[84][85]

금융법 제348장에서는 "자동차"의 할부매매계약에 대한 채무면제계약도 허용하면서, 이 상품(motor vehicle DCA)에 대해서도 보험성을 부정한다.[86] 따라서 텍사스주에서 체결된 자동차 채무면제계약의 규제감독권

---

81) Comptroller of the Currency Administrator of National Banks, 「Insurance Activities」, Comptroller's Handbook, June 2002, pp.3-4.
82) 7 TEX. ADMIN. CODE § 84.308(e) (2010).
83) Id § 84.308(b)(1).
84) Id § 84.308(c).
85) David E. Gemperle/Kenneth J. Rojc, "Auto Finance: Litigation and legislative developments impacting supplemental products, 66 Bus. Law. 495, p.504.
86) Tex. Fin. Code Ann. § 348.124(b) (West Supp. 2011).

은 보험청이 아니라 "소비자 신용 감독청"에게 있다.

4) 결어

이상으로 살펴본 바와 같이 텍사스 주법은 채무면제상품(GAP 상품 포함)을 보험으로 보지 않는다. 그러나 종래 오랫동안 동 상품을 보험으로 파악하고 주보험규제를 적용해왔다는 점, 법개정으로 채무면제상품의 보험성을 부정한 이후에도 주법원이 여전히 보험성을 인정하는 판시를 내놓고 있다는 점은 주목할 만하다.

Ⅲ. 그 외의 주

1. 아이다호주

아이다호 주법은 뉴욕 주법이나 조지아 주법과는 달리, GAP과 GAP 이외의 채무면제계약을 구별하지 않고 '모든 신용판매거래상의 채무면제계약'을 보험법 적용대상에서 제외시키고 있다. 리스업자(임대인)인 채권자를 달리 규정하지도 않는다는 점에서는 조지아 주법과 구별된다. '채무유예계약'의 보험성에 대해서는 명시하고 있지 않다.

아이다호 주법(Idaho Code) 상거래편(제28편)의 제28-41-106조는 "포기·포기권 합의·분쟁의 해결"이라는 표제 하에 채무자의 포기권 등에 대한 조항을 두고 있다. 그 중 제28-41-106조는 채권자 또는 리스업자(임대인)가 유상 또는 무상으로 대출, 신용판매나 임대차거래의 목적물인 재산(property)이 전손되거나 일부 손괴됨에 따른 채무 또는 임대차계약상의 의무의 전부 또는 일부를 포기하는 내용으로 채권자나 임대인이 체결하는 계약에 대해서는 아이다호 주법 제41편(보험)[87]이 적용되지 않는다고

규정하고 있다.[88]

2. 앨라배마주

앨라배마 주법의 위임을 받아 제정된 앨라배마주 보험청 보험규칙은 신용보험과 나란히 채무면제계약에 대한 규정을 두고 있다(Alabama administrative code; Alabama Department of Insurance Regulation 제482-1-111장).[89]

이 보험규칙에 의하면 채무면제계약은 보험이 아니며, 이는 채권자가 면제하기로 한 채무액의 전부나 일부를 보장하는 보험계약을 채무자와는 독립적으로(independently) 체결한 경우에도 마찬가지라고 한다(동 규칙 제482-1-111-03(j)조).

앨라배마 주정부는 채무면제계약이 보험계약이 아니라는 유권해석을 내놓고 있다. 1999년 11월 앨라배마주 검찰총장은 채무면제계약이 보험이 아니라는 유권해석을 발표하였는데, 이에 따르면 ① 채권자가 발행(issue)한 2당사자 간의 채무면제계약은 주법의 규제대상이 되는 보험목적을 구성하지 않고, ② 다른 법규에 의해 금지되지만 않는다면 국법은

---

87) 참고로 아이다호주 보험법 제41-102조에서는 보험이란 확정 가능한(determinable) 우연한 위험의 발생을 조건으로 일방이 타방에게 손해를 보상(indemnify)하거나 특정된 금액이나 확인할 수 있는 금액을 지불하거나 혜택(benefit)을 부여(allow)할 것을 인수하는 계약이라고 규정한다(Idaho Code § 41-102).

88) 한편, 아이다호 주법 제28-41-202조에 따르면 보험자의 보험판매에 대해서는 신용거래법이 적용되지 않는다. 다만 보험법에서 이와 다르게 규정하고 있는 경우에는 신용거래법이 적용된다. 동법 제28-44-102(2)조는, 채권자의 취소에 관한 규정을 제외한 본장(제28편 상거래 제41장 일반조항과 정의)의 규정은 그 주된 목적이 보험의 자금조달(the financing of insurance)인 대출에 대해서는 적용되지 않는다고 규정한다. 또한 신용법(Credit Code)도 보험자의 행위에는 적용되지 않는다.

89) 보험규칙 제482-1-111장은 1975년 앨라배마 주법 제27-2-17조와 제27-7-43조로부터 권한을 위임받아 제정되었다.

행이 아닌 채권자도 이용할 수 있으며, ③ 사망, 장애 뿐 아니라 재산상 손해나 생명 손실에 대해서도 채무면제계약을 체결할 수 있다고 한다.[90]

　요컨대, 앨라배마주 보험청 보험규칙상 채무면제계약은 보험계약이 아니다. 또, 동 규칙상의 채무면제계약은 GAP Insurance와는 구별되는 계약이다. 채무면제계약상의 의무를 이행하기 위해 임대인이나 채권자가 별도로 구입하는 보험[91] 역시 GAP Insurance의 범주에 속하지 않는다. 이처럼 앨라배마주는 채무면제상품을 보험으로 보지 않을 뿐 아니라 GAP Insurance와도 구별되는 별도의 상품으로 파악하고 있고, 채무면제 상품의 제공자가 통상적으로 체결하는 보험도 GAP Insurance와 다르게 규율하겠다는 의지를 보여주고 있다. 이 점은 채무면제계약과 채무유예 계약에 GAP(guaranteed asset protection waiver)와 Guaranteed auto protection waiver를 포함시킨 후 전면적으로 보험성을 부정하는 오하이오 주법과는 상이하다.

3. 오하이오주

　오하이오 주법은 '채무유예계약'의 보험성에 대한 규정도 두고 있다 는 점에 특징이 있다. 오하이오 주법은 채무유예계약과 채무면제계약 모두 보험이 아니라고 규정한다. 그리고 보험성이 부정되는 채무면제·채무유예상품의 범위를 넓게 파악한다.[92] 이러한 입장은 GAP에서 "채무면

---

90) Anthony Rollo, "A Primer on consumer credit insurance", *54 Consumer Fin. I. Q. Rep. 52*, 2000, p.66.
91) 이러한 유형의 보험으로는 "계약상보상책임보험" 등이 있다.
92) 오하이오 주법 제13편[상거래-기타 상거래] 제1317장(소매할부매매)에서는 채무면제계약과 채무유예계약에 대한 상세한 조항을 두고 있다. 정의규정을 두어 채무면제·채무유예상품이란 소매할부계약의 매도인이나 그 승계인이 수수료를 받고 계약의 목적물인 차량이 전손되거나 도난된 경우에 매수인이 지급해야 할 소매할부계약금액의 전부나 일부를 면제 또는 유예하기로 하는 계약적

제계약"과 "채권자나 임차인이 채무면제계약에 의해 부담하게 될 의무에 대해 체결하는 보험계약(예컨대 계약상보상책임보험)"을 명시적으로 제외시키는 앨라배마 주법과 구별되는 입법이다. 또 GAP은 보험으로 보지 않으면서 GAP을 제외한 채무면제상품은 보험으로 보는 뉴욕 주법과도 상이한 입법이다.

2012년 주법 개정[93]으로 소매할부계약과 연계되어 판매되는 채무면제상품은 보험이 아니라는 조항을 둠으로써[94] 채무보호상품(채무면제상품과 채무유예상품을 통칭)이 보험이 아님을 명시하고, 주정부가 인가하는 은행,[95] 저축대부조합,[96] 저축금융기관,[97] 신용조합[98]의 대출 및 소매할부계약,[99] 고액주택담보차환대출[100]과 연계한 채무보호상품의 판매를 허용했다. 그 결과 신용보험과 달리 채무면제·채무유예상품에 대해서는 보험에 관한 오하이오 주법 제3918장[101]이 적용되지 않고, 주 보험청도 규제권한이 없다.

합의를 의미한다고 한다(동법 제1317.05(b)조). 또, 상품의 범위에 대한 규정도 두고 있다. 채무면제상품 또는 채무유예상품에는 "guaranteed asset protection waiver", "guaranteed auto protection waiver" 및 "기타 이와 유사한 명칭의 약정"이 포함된다고 한다.

93) 2012. 5. 23. 오하이오주 의회는 Ohio Am. Sub. H.B. No. 487 (H.B. 487) 법안을 통과시켰다. H.B. 487은 오하이오주의 소매할부판매법인 Ohio Rev. Code sections 1317.01. 내지 1317.24.을 개정했다. 그 중에서도 § 1317.05를 개정함으로써 소매판매자가 소매할부계약을 체결하면서 채무면제·채무유예계약을 체결하는 것을 명시적으로 허용하였다. 이 법은 2012. 9. 10. 에 발효되었다.

94) R.C. 1317.05(B), as amended by 2012 Am.Sub.H.B.487, eff.9-10-12. *See* Text § 11:31, Substantive provisions—Insurance matters

95) R.C. 1109.15(D)(1).

96) R.C. 1151.321(B)(1).

97) R.C. 1161.51(B)(1).

98) R.C. 1733.25(F)(1).

99) R.C. 1317.05(B), as amended by 2012 Am.Sub.H.B.487, eff.9-10-12.

100) R.C. 1349.26(C).

101) R.C. Ch. 3918.

그러나 채무면제계약과 채무유예계약에 대해 보험규제를 하지 않는 대신에 동 계약을 소매할부계약의 일부로 보고 소매할부계약 체결시 소매할부매도인에게 일정한 의무를 부과함으로써 소비자를 보호하려고 한다. 즉, 오하이오 주법은 채무면제계약과 채무유예계약을 소매할부계약의 일부분으로 보고, 이러한 사실은 소매할부계약이 인수, 양도, 이전된 경우에도 달라지지 않는 것으로 본다. 소매할부매도인은 소매할부계약의 일부인 부수계약조항을 통해 채무면제·채무유예상품의 조건과 가격을 매수인에게 서면으로 고지하고 동 상품수수료를 매수인이 구매하게 되는 특별한 상품으로 열거하도록 요구한다.[102] 또, 소매할부매도인은 여신, 자동차판매, 자동차리스의 조건으로 채무면제·채무유예상품를 구입할 것을 소매할부매수인에게 요구하여서는 아니된다.

4. 루이지애나주, 미시건주, 네브래스카주, 유타주, 워싱턴주

루이지애나주, 미시건주, 네브래스카주, 유타주, 워싱턴주는 GAP의 보험성을 부정하고 GAP에 대해 보험규제를 적용하지 않는 대신, GAP 상품의 소비자를 보호하기 위해 보험법 이외의 법을 적용한다는 점에서 공통된다. 2009년 말부터 2010년 경 루이지애나주,[103] 미시건주,[104] 네브래스카주,[105] 유타주,[106] 워싱턴주[107]에서는 「GAP Waiver」를 非보험상품으로 분류하고, 이 상품에 대한 고지요건, 보고요건(reporting requirements),

---

102) Arthur Rotatori/Kelly Lipinski, "IMPORTANT CHANGES TO OHIO LAW IMPACTING THE CONSUMER CREDIT INDUSTRY", *66 Consumer Fin. L.Q. Rep. 415*, p.416.

103) 2010 La. Sess. Law Serv. Act No. 374 (H.B. 452) (West) (to be codified at LA. REV. STAT. ANN. § § 6:969.5,6:969.6,6:969.35,6:969.42,6:969.51-.54).

104) MICH. COMP. LAWS ANN. §§492.25-.33(West Supp. 2010).

105) NEB. REV. STAT. ANN. §§45-1101to-1107(LexisNexis Supp. 2010).

106) UTAH CODE ANN. § § 31A-6b-101to-401(LexisNexis 2010).

107) WASH. REV. CODE ANN. §§48.160.001-.080(West Supp. 2011).

소비자 보호요건을 규정하는 「GAP Waiver 법」을 제정하였다.[108) 이들 주
법은 네 가지 공통된 요소를 가지고 있다.[109)

첫째, 루이지애나주를 제외하고는,[110) GAP Waiver는 별도의 요금을 받
고 전손 또는 회복불가능한 절도가 발생한 경우에 채무자의 금융계약에
기한 금액의 전부 또는 일부를 채권자가 면제하거나 포기하기로 하는 계
약적 합의로 정의되며, 금융계약의 "일부분" 또는 "별도의 부수계약"이
다.[111) 또, 루이지애나 주법을 제외하고는[112) "국법은행"이 판매하는 채

---

108) 그러나 모든 주에서 「GAP Waiver」를 비보험상품으로 보는 것은 아니다. 특정
    한 대출자가 제공한 계약적 「GAP waiver agreement」와 「GAP debt cancellation
    agreement」를 "보험"으로 취급하는 주들도 있다(Anthony Rollo, "A Primer on
    consumer credit insurance", *54 Consumer Fin. L.Q. Rep. 52.*, p.54).

109) David E. Gemperle/Kenneth J. Rojc, "Auto Finance: Litigation and legislative
    developments impacting supplemental products", *66 Bus. Law. 495.* p.502.

110) "Gap Coverage"에 대해서는 다음과 같이 규정하는 루이지애나 신 주법이 제정되
    기 이전에도 정의규정이 이미 존재했었다: "GAP coverage"는 "손실시점에서의
    소비자 대출 또는 소매할부판매계약의 net payoff"와 "차량이 전손되거나 도난당
    한 경우 소비자의 일차적 보험이 지급하는 금액"의 차액을 커버하는 "보험계약"
    으로서 다음과 같은 형태를 가진 것을 의미한다; (a)보험당국의 허가를 받은
    손해보험회사와 생명보험회사가 제공하는 Guaranteed auto protection (b)주 보험
    청으로부터 허가받고 규제받는 재산잔존가치보험자(property residual value
    insurer)가 제공하는 Guaranteed auto protection (c) 위원회(commission)의 허가와
    규제를 받는 대부업자가 발행하는 채무면제상품(debt waiver or debt forgiveness
    agreements) (LA. REV. STAT. ANN. § 6:969.6(19) (Supp. 2010)).

111) MICH. COMP. LAWS ANN. § 492.33(1)(b)(West Supp. 2010); NEB. REV. STAT. ANN.
    § 45-1102(2)(b)(LexisNexis Supp.2010); UTAH CODE ANN. § 31A-6b-103(3)(b)
    (LexisNexis 2010); WASH. REV. CODE ANN. §48.160.001(2)(b)(West Supp. 2011).

112) 루이지애나 주에서 이미 제정된 "Gap Coverage"의 정의는 손해보험사와 생명보
    험사가 제공하는 계약과 허가를 취득한 대출자가 제공하는 계약을 포함한다.
    그러한 허가받은 대출자에 국법은행은 포함되지 않는다(LA. REV. STAT. ANN.
    § 9:3560(A)(2009)) ("연방 또는 루이지애나 주의 은행 및 통화 관련법규에 따라
    연방·주 정부기관에 의해 조직·승인·감독받는 은행, 저축대부조합, 기타 이와
    유사한 금융기관에는 본 법 본 장의 소비자대출면허요건(the consumer loan
    licensing requirements)이 적용되지 않는다.").

무면제·채무유예계약에 대해서는 주법을 적용하지 않는다(exclude).[113] 둘째, 소비자는 일정한 기간(30일 또는 90일)동안 GAP Waiver를 취소하고 구입가격 중에서 미경과부분을 환불받을 수 있다(Free Look Period).[114] 셋째, 소비자 채무불이행으로 인해 취소된 경우에 채권자는 환불받는 다.[115] 넷째, ① 채권자·채무자의 이름과 주소, ② 가격 및 보호를 위한 요건(requirements), 조건(conditions), 배제(exclusions), ③ 전화번호와 메일 정보를 포함한 보상금(benefits) 수령 절차, ④ Free Look Period이 경과된 후의 취소 조건과 조기 취소의 경우의 환불절차 및 ⑤ 환불계산법이 고지되어야 하고, ⑥ 이 상품을 구입하는 것이 신용제공을 받기 위한 요건이 아니라는 설명이 이루어져야 한다.[116]

이러한 공통규정 이외에, 몇몇 주에서는 추가적인 GAP 조항을 두었다. 루이지애나주는 Free Look Period를 90일이 아니라 30일로 정하고 판매 및 파이낸스 자격자(sale finance licensee)는 자동차딜러에게 특정회사의 GAP 상품 판매를 강요해서는 안 된다.[117] 미시건주에서는 주법[118] 개정으로

113) MICH. COMP. LAWS ANN. § 492.33(1)(b) (WestSupp.2010); NEB. REV. STAT. ANN. § 45-1102(2)(b) (LexisNexis Supp. 2010); UTAH CODE ANN. § 31A-6b-103(3)(b) (LexisNexis 2010); WASH. REV. CODE ANN. § 48.160.001(2)(b) (West Supp. 2011).

114) LA. REV. STAT. ANN. § 6:969.53(A)에 있는 Louisiana Gap Waiver Act § 1; MICH. COMP. LAWS ANN. § 492.23(f) (West Supp. 2010); NEB. REV. STAT. ANN. § 45-1103(6) (Lexis-Nexis Supp. 2010); UTAH CODE ANN. § 31A-6b-303(2)(a) (LexisNexis 2010); WASH. REV. CODE ANN. § 48.160.010(5) (West Supp. 2011).

115) LA. REV. STAT. ANN. §6:969.53(C)에 있는 Louisiana Gap Waiver Act §1; MICH. COMP. LAWS ANN. § 492.27(c) (West Supp. 2010); NEB. REV. STAT. ANN. § 45-1105(3) (Lexis-Nexis Supp. 2010); UTAH CODE ANN. §31A-6b-303(2)(b) (LexisNexis 2010); WASH. REV. CODE ANN. §48.160.050(8) (West Supp. 2011).

116) Louisiana Gap Waiver Act, §1 (to be codified at LA. REV. STAT. ANN. § 6:969.54); MICH. COMP. LAWS ANN. § 492.27 (West Supp. 2010); NEB. REV. STAT. ANN. § 45-1105 (LexisNexis Supp. 2010); UTAH CODE ANN. §31A-6b-302(1),(2)(LexisNexis 2010); WASH. REV. CODE ANN. § 48.160.050(West Supp.2011).

117) Louisiana Gap Waiver Act, § 1 (to be codified at LA. REV. STAT. ANN. § 6:969.6(34)); 2010 La. Sess. Law Serv. Act No. 258, § 1 (H.B. 591)(West)(to be codified at LA.

GAP 비용 고지 규정과 GAP 고지를 소매할부매매계약의 한 부분 또는 부록
으로 포함할 것을 규정했다.[119] 워싱턴주에서는 몇 가지 예외를 제외하고
는 GAP 상품을 판매하고자 하는 자는 등록할 것을 요구한다.[120]

  미국에서는 2010년 경 GAP 상품의 보험성 여부와 그에 대한 규제를
주 성문법에 명시하려는 입법이 이루어졌다. 그 중 루이지애나주, 미시
건주, 네브래스카주, 유타주, 워싱턴주 주에서는 GAP 상품의 보험성을
명시적으로 부정하여 주 보험법 적용을 배제하고 동 상품을 주 보험청
관할이 아니라 소비자보호위원회 관할 하에 두었다.[121] 주목해야 할 점
은 보험성을 부정하였다고 해서 GAP 상품에 대한 규제를 포기한 것은
아니며, GAP 상품에 대한 별도의 고지요건, 보고요건, 미경과보험료 환
불규정과 취소기간 등의 소비자보호장치를 마련하였다는 점이다. 오하
이오 주법도 이와 같은 방식으로 소비자를 보호하고 있음을 살펴보았다.

REV. STAT.ANN. §6.969.24.1(A)).

118) 개정된 주법은 자동차할부매매에 적용되는 자동차판매파이낸스법과 오토바
   이·보트·기타 개인재산의 할부매매에 적용되는 소매할부법이다.

119) *See* MICH. COMP. LAWS ANN. §§492.113(2)(e), 445.853(d)(6) (West Supp. 2010).

120) WASH. ADMIN. CODE §284-160-030 (2010) ("워싱턴 주 거주자 및 차입자에게
   GAP waiver를 제공·판매하는 자는 ① RCW 48.160.001(2)의 면제를 받는 경우
   또는 ② (a)계약의 발효일로부터 30일 이내에 GAP waiver의 85% 이상을 양도
   하였거나 (b)각 계약의 발효일로부터 45일 내에 GAP waiver 약정의 100%를 양
   도한 자동차 소매매도인 경우 또는 ③ 워싱턴주에서 보험업 허가를 받은
   자에 해당하지 않는다면, RCW 48.160.020에 따라 주 장관(commissioner)에게
   등록해야 한다.") 워싱턴 주법(the Revised Code of Washington) §48.160.001(2)
   는 보험자, 통화감독청규칙에 의해 연방의 규제를 받는 금융기관, 전국신용조
   합집행국규칙에 따라 영업하는 신용조합, chapter 63.14 RCW에 따라 영업하는
   주법은행, 주법 신용조합, 금융기관, chapter 31.04 RCW에 따라 영업하는 소매
   대출회사에는 적용되지 않는다. WASH. REV. CODE ANN. §48.160.001(2)(b)
   (West Supp. 2011).

121) 같은 시기 텍사스주에서도 GAP 상품과 일반 채무면제상품의 보험성에 대한
   입법이 이루어졌다. 그러나 텍사스주의 경우에는 루이지애나주 등과 구별되
   는 점이 있기 때문에 아래의 목차 나. 텍사스주 에서 따로 소개하기로 한다.

이러한 규제방식은 채무면제상품 소비자를 보호할 필요성이 있다고 하여 동 상품을 반드시 보험규제의 영역으로 가져와야 할 필요는 없다는 점을 시사한다. 국내법 논의를 함에 있어서도 규제의 필요성에 대한 논의와 상품의 법적 성질에 대한 논의는 구별하여야 한다.

제4절 소결

이상으로 살펴본 바와 같이 미국 법원은 채무면제·채무유예계약에 해당하는 모든 계약의 보험성을 긍정하거나 부정하는 대신, 각 계약의 구조와 특수성에 따라 달리 판단한다.

미국 법원은 채무면제·채무유예계약의 보험성에 대한 실체적 판단의 포커스를 채무면제·채무유예계약이 보험적 위험처리방식을 이용하는지 여부에 맞추었고, 이를 위해 채무면제·유예계약이 보험의 핵심적 개념요소를 구비하고 있는지에 대해 분석했다.

우선, 손해보상성과 관련해서는, 채무의 면제라는 급부가 금전의 이동을 수반하지는 않지만 보험계약의 보험금 지급에 상응한다거나, 보상되는 손실·손해·비용이 반드시 계약자에게 지불되어야만 보험으로 볼 수 있는 것은 아니라고 본 사례가 있는 반면, '권리행사를 수동적으로 거절'하는 '포기'라는 단어를 「손해를 보상」한다는 의미로 해석하는 것은 언어의 일반적인 의미를 잘못 해석하는 것이며 누구도 스스로에 대해 손해를 보상할 수는 없고 단지 자신의 손해를 수용할 수 있을 뿐이기 때문에, 채권자가 권리를 자발적으로 포기하는 것을 손해를 보상하는 것으로 볼 수는 없다고 본 사례도 있다.

채무면제계약의 당사자 및 계약구조에 따라 보험성에 대한 결론을 달리한 최근 판결에서는, 채무면제계약과 보험상품은 동일한 것이 아님을 전제로, '대출기관이 차입자에게' 직접 채무면제상품을 제공한다면 보험이 아니지만, 특정한 사건의 발생으로 대여자가 차입자로부터 상환을 받지 못하는 경우 '제3자가 대여자에게' 그로 인한 손해를 보상하기로 하는 계약은 보험이라고 보았다.

채무면제계약의 보장사건이 主계약의 대상과는 무관한 우연한 사건의 발생에 달려있다면 보험계약에 해당하고, 주계약의 대상 그 자체에 대한 위험과 관련된 것이라면 보험이 아니라고 보았다.

채무유예계약과 보험 간의 거리는 채무면제계약과 보험 간의 거리보다 더 멀기 때문에 채무면제계약은 채무자의 위험을 이전·분산시키지 않고 지급의무를 연기할 뿐이기 때문에 보험이 아니라고 판시한 사례가 있는 한편, 채무면제계약과 구별하지 않고 채무불이행에 대한 추가적 보호를 제공하기 때문에 보험이라고 본 사례도 있었다.

뉴욕주 보험법은 일정한 요건을 갖춘 GAP 상품의 보험성을 명시적으로 부정하고 있으나 일반적인 채무면제·채무유예계약의 보험성에 대해서는 침묵하고 있다. 그러나 뉴욕주 보험청은 일관되게 채무면제·채무유예계약을 뉴욕주 보험법상의 보험으로 해석했고, 이러한 입장을 재확인하는 비공식 의견서를 내놓기도 했다. 뉴욕주 법원도 채무면제·채무유예계약을 보험으로 본다. 텍사스주는 종래 오랫동안 채무면제·채무유예계약을 보험으로 보아 주 보험법을 적용하는 대표적인 주였으나, 최근 주법을 개정하여 보험이 아니라는 방향으로 선회했다. 그럼에도 불구하고 텍사스주 법원은 보험이라는 판시를 계속해서 선고하고 있다.

한편, GAP 상품의 보험성을 명시적으로 부정하여 주보험법 적용을 배제하는 동시에 州보험청이 아니라 소비자보호위원회 등의 관할 하에 둔 미시건주, 워싱턴주 등의 사례는 GAP 상품 및 채무면제상품의 소비자를 보호할 필요성이 존재한다고 해서 무조건 보험규제의 영역으로 끌고 들어와야 하는 것은 아니라는 것을 시사한다. 이러한 주들이 GAP 상품을 보험이 아니라고 보았다고 해서 규제를 포기한 것은 아니다. 이들

주에서는 GAP 상품에 대한 별도의 고지요건, 보고요건, 미경과보험료 환
불규정과 취소기간 등의 소비자보호장치를 마련하고 있다.

제4장
채무면제 · 채무유예계약의 보험성

본 장에서는 앞에서 살펴본 미국법적 논의를 바탕으로 해서 국내에서 판매되고 있는 채무면제·채무유예상품 계약이 보험성을 구비한 보험계약인지 여부를 검토한다. 이 검토는 제5장의 보험규제법인 「보험업법」 적용여부 논의의 선행논의로서의 의미를 가진다.

제1절 보험계약이란 무엇인가

Ⅰ. 보험업법의 보험상품 조항

우리 「보험업법」은 보험상품과 보험업을 분리해서 정의하고, 보험상품에 관해서는 ① 일반적 정의규정을 통해 보험상품을 포괄적으로 규정하고, ② 명시적 포함과 ③ 명시적 제외를 통해 구체성을 확보하는 3단계 구조를 취하고 있다.[1]

1단계로, 「보험업법」 제2조 제1호 본문은 "보험상품"이란 "위험보장을 목적으로 우연한 사건 발생에 관하여 금전 및 그 밖의 급여를 지급할 것을 약정하고 대가를 수수(授受)하는 계약"이라고 규정한다. 이 규정은 보험상품에 대한 완전한 정의규정이라고 보기 어렵고 일부 보험요소를 기술한 것이라고 보는 것이 타당하다.[2] 여기에서 제시된 보험의 개념요소는 (i) 위험보장을 목적으로, (ii) 우연한 사건의 발생에 관하여, (iii) 금

---

1) (구)재정경제부, "보험업법 개정 요강", (구)재정경제부 금융정책국, 2007, 38면.
2) 같은 논지로는, "이러한 보험상품의 정의는 종래 학설·판례가 일반적으로 인정해 온 포괄적인 개념만을 담고 있으므로 그 해석에 있어 보험의 개념이나 본질에 관한 기존의 학설·판례를 참작할 필요"가 있다고 하는 견해로는 김진오, "보험업법이 규정하는 보험상품의 개념요소로서 '위험보장의 목적'을 판단하는 기준─대상판결 : 대법원 2014. 5. 29. 선고 2013도10457 판결 : 공2014하, 1364─", BFL 제68호, 서울대학교 금융법센터, 소화, 2014, 59면.

전 또는 금전 이외의 급여를 지급할 것을 약정하고, (iv) 그에 대한 대가를 수수할 것이라는 네 가지이다.

2단계로, 「보험업법」 제2조 제1호는 1단계의 요건을 충족한 계약으로서 다음 각 목의 것을 말한다고 하면서, 동호 가목 내지 다목에서 생명보험상품, 손해보험상품, 제3보험상품을 각각 정의하면서 구체적 상품유형은 동법 시행령 제1조의2 제2항 내지 제4항에 위임하였다. 재정경제부 및 금융위원회의 입법예고 시에는 채무면제·채무유예계약과 날씨보험을 열거하였으나, 개정 보험업법 시행령에는 날씨보험만 포함되었다. 현행 보험업법 시행령에는 채무면제·채무유예계약이 열거되어 있지 않다.

3단계로, 「보험업법」 제2조 제1호 괄호는 보험상품의 범위에서 "국민건강보험법에 따른 건강보험, 고용보험법에 따른 고용보험 등 보험계약자의 보호 필요성 및 금융거래 관행 등을 고려하여 대통령령으로 정하는 것은 제외한다"고 규정함으로써, 「위험보장적 기능을 갖추고 있는 등 동조 동호 본문의 개념요소를 갖추고 있으나 보험업법으로 규제할 필요성이 없는 보험」을 명시적으로 제외하고 있다. 제외되는 보험상품의 범위는 동법 시행령 제1조의2 제1항에서 열거하고 있다. 입법과정에서는 자동차 보증기간 연장서비스(extended warranty)와 신용부도스왑(CDS)을 명시적으로 배제되는 보험상품으로 열거하자는 논의가 있었지만, 현행 보험업법 시행령에는 반영되지 않았다.

II. 채무면제·채무유예계약 조항의 부재

채무면제계약과 채무유예계약은 현행 보험업법에서 명시적으로 인정하는 보험상품도, 명시적으로 배제하는 보험상품도 아니기 때문에, 동 계약에 대해 보험규제를 적용하기 위해서는, 위의 2단계에 해당하는 보험업법 시행령 제1조의2를 개정함으로써 명시적으로 보험상품에 포함시

키는 것이 명확할 것이다. 그러나 만약 동 계약이 보험업법 시행령 제1
조의2 제2항 내지 제4항에 열거된 보험종목(예컨대 보증보험)의 하나로
해석될 수 있거나, 그렇게 해석할 수 없다고 하더라도 동법 시행령 제1
조의2 제2항 내지 제4항의 열거를 '예시적' 열거로 해석한다면,[3] 법령 개
정을 거치지 않고서도 보험규제를 적용할 수 있을 것이다.

2단계에 해당하는 보험업법령 개정을 통해 보험규제를 적용하던지,
아니면 해석론으로 보험규제를 적용하던지 간에, 채무면제·채무유예계
약에 대해 보험규제를 적용하기 위해서는 동 계약이 위의 1단계의 보험
업법 제2조 제1호 본문상의 「보험계약」일 것이 요구된다.

III. 완결된 보험정의의 부존재

보험계약을 완결적으로 정의내리는 것이 어렵다는 점은 비단 우리
보험업법과 보험계약법에만 국한되는 것이 아니다. 외국에서도 강학·판
례·입법적으로 보험계약을 정의하려는 시도가 끊임없이 있었지만 성공
하지 못하였다.

1. 보험의 정의와 그 한계

보험의 사전적 정의는"특정된 우연한 사고의 발생으로 인한 손실위
험, 손해위험, 책임위험에 대해 타방당사자에게 손해보상해주기로 하는

---

3) 보험업법 시행령 제1조의2 제2항 내지 제4항의 열거가 예시적 열거인지 제한
   적 열거인지 분명하지 않다고 하면서, 이를 예시적 열거로 이해하는 견해로는,
   한기정(편), 안재홍/양승현(집필부분), "개정 보험업법상 보험상품의 정의에 관
   련된 이슈 검토", 보험법의 현대적 과제(BFL 총서 7), 서울대학교 금융법센터,
   소화, 2013, 17면.

계약"이다.4)

그러나 이 기초적 정의 자체만으로는 무엇이 보험으로 간주되어야 하는지에 대해 결정적이지 않다.5) 이 외에도 보험을 정의하려는 시도가 수없이 있었지만,6) 보험의 정의에 대한 보편적 합의가 존재하지 않을 뿐만 아니라, 심지어 보험을 짧게 정의하는 것은 내재적으로 오해의 소지가 있다고 보는 입장도 있다.7)

미국 보험법학의 초석을 다진 Keeton은 보험은 일반적으로 위험을 이전하고 분산하는 약정이라고 이해되지만, 이 특성은 보험이 아닌 다른 계약관계를 설명해주기도 하기 때문에, 보험의 정의에 적용되는 정확하고 보편적인 개념은 아니라고 하였다.8)

Keeton은 일반적으로 적용될 수 있는 보험의 정의를 설명하는 것은 매우 어려운 작업이라고 설명했다. 보험은 보험자인 일방당사자가 피보

---

4) *Black's Law Dictionary 870* (Bryan A. Garner ed., 9th ed., West 2009).

5) Arthur Kimball-Stanley, "Insurance and Credit Default Swaps: Should Like Things Be Treated Alike?", *15 Conn. Ins. L.J. 241*, 2008, p.246.

6) James L. Athearn, *Risk and Insurance*, Literary Licensing, LLC, 2012, pp.23-25; Herbert Denenberg/Robert D. Eilers/Joseph J. Melone/Robert A. Zelten, *RISK AND INSURANCE*, 2nd ed., Prentice-Hall, Inc. Englewood Cliffs, NJ, 1974, in Chapter 10; Mark Greene/James Trieschmann, *RISK AND INSURANCE*, 5th ed., South-Western Publishing Co., U.S., 1981, in Chapter 1 and 2; C.A. Kulp, *CASUALTY INSURANCE*, 3rd edition, The Ronald Press, New York, 1956, p.9; Robert I. Mehr/Emerson Cammach, *PRINCIPLES OF INSURANCE*, 6th ed., Homewood, Ill. : R.D. Irwin, 1976, p.31; Robert I. Mehr/Bob A. Hedges, *RISK MANAGEMENT IN THE BUSINESS ENTERPRISE*, Homewood, Ⅲ., R.D. Irwin, 1963, p.144; Robert Riegel/Jerome S. Miller, *INSURANCE PRINCIPLES AND PRACTICES*, 5th ed., Prentice Hall, 1966, p.28; Allan H. Willett, *THE ECONOMIC THEORY OF RISK AND INSURANCE*, Philadelphia : University of Pennsylvania Press, 1951, p.72; *MacGILLIVRAY & PARKINGT ON INSURANCE LAW*, 7th ed., Michael Parkington General Editor, 1981, p.3.

7) Eric Mills Holmes/Mark S. Rhodes, *Holmes's Appleman on Insurance § 1.4* (2d ed. 1996).

8) Robert E. Keeton/Alan I. Widiss, *Insurance Law: A Guide to Fundamental Principles, Legal Doctrines and Commercial Practices*, West Publishing Co., 1988, p.3.

험자 또는 보험수익자인 타방당사자에게 가치가 있는 무엇인가를 구체적인 우연한 사건이 발생할 것을 조건으로 해 주기로 하는 약정인데, 이러한 유형의 계약에 관한 소송에서 변호사는 무엇이 보험을 구성하는가라는 정의에 관한 이슈를 주장할 필요가 없는데, 왜냐하면 일반적으로는 그 문제된 거래가 보험이라는 추정이 공유되어 있고, 그러한 소송상의 쟁점은 일반적인 계약상의 원칙에 따라 해결될 것이기 때문에 당해 계약상의 약속(commitments)이 보험거래인지 여부는 분쟁의 해결에 차이점을 가져오지 않을 것이기 때문이라고 한다.

하지만 특정한 계약관계가 보험거래인지 여부가 법률상의 결론에 결정적인 경우도 있다고 하면서, 위험의 이전과 위험의 분산이 거의 모든 보험거래의 기본적인 특성이기는 하지만, 위험의 이전과 분산이 존재한다고 해서 반드시 보험거래인 것은 아니고 보험거래로 보기 위해서는 추가적인 요소가 필요하다고 한다.

이어서, 무엇이 보험인가 하는 물음은 다양한 맥락에서 발생하며, 특정한 특성화의 적절성은 정의가 왜 필요한지에 달려있다고 하면서, 보험 규제법과 세법에서 사용되는 보험의 정의는 동일하지 않으며, 다양한 법적 분쟁에 보편적으로 사용되는 단일한 보험 개념은 존재하지 않는다고 했다. 요컨대 무엇이 보험인지의 문제에 대한 답변은 장황하고 터무니없다고 해도 과언이 아니라는 결론을 내렸다.

2. 보험 정의를 더욱 어렵게 하는 요소

1) 손해보험과 정액보험의 이질성

이 중 어떤 견해도 절대적 다수의 지지를 받지는 못했는데, 그 이유 중 하나는 손해보험과 정액보험의 본질이 서로 상당히 다르므로 양자를 포괄할 수 있는 정의규정을 만들기가 쉽지 않다는 점이다.[9]

2) 다양한 신종보험의 출현

또, 사회발전에 따라 생겨난 다양한 위험에 대한 보장 수요를 충족시키기 위해 각종 신종보험(상해보험, 질병보험, 이행보증보험, 신용보험, 날씨보험 등)이 출현했다는 점과, 이 중 일부 상품은 손해보험의 성질과 정액보험의 성질을 모두 가지고 있다는 점이 보험에 대한 개념정의를 더욱 어렵게 만들었다.

IV. 보험의 개념요소

보험에 대한 완결적인 정의를 찾기는 어려우나, 보험계약을 구성하는 주요 개념요소가 무엇인지에 대해서는 어느 정도 공감대가 형성되어 있다. 어떠한 계약이 보험계약인지는 그 계약이 보험계약의 핵심적 요소를 구비하고 있는지에 따라 판별할 수 있을 것이다.

1. 위험의 이전과 분산

Keeton은 위험의 이전과 분산이 존재한다고 해서 반드시 보험거래인 것은 아니고 보험거래로 보기 위해서는 추가적인 요소가 필요하기는 하지만 위험의 이전과 위험의 분산은 거의 모든 보험거래의 기본적인 특성이라고 하였다.[10] 미국 법원[11]과 우리 대법원[12]도 위험의 이전과 분

---

9) 연혁적으로 근대의 보험은 해상보험에서 발생하여 화재보험 등의 손해보험이 먼저 출현하고 그 후 생명보험이 생겨났다. 따라서 손해보험만이 존재하던 시기에는 보험계약의 본질을 손해보험계약으로 보는 것이 일반적이었다. 그러나 그 후 생명보험 등의 정액보험이 생겨남에 따라 보험계약의 정의에 대해서 상이한 입법례와 학설이 발전하게 되었다(William R. Vance, Handbook on the Law of Insurance, 3rd ed., by B. Anderson, West Publishing Co., 1951, pp.82-83).

산을 보험의 핵심요소로 본다.

2. Vance의 다섯 가지 요건

또, Keeton과 함께 미국 보험법학의 초석을 다진 Vance는 1951년 보험계약을 구성하는 필수요소 다섯 가지를 제안하였다. 밴스가 제안한 보험계약의 다섯 가지 필수요건은 '첫째, 보험자는 부보가능한 위험을 인수할 것, 둘째, 지정된 위험의 발생으로 인한 이익의 파괴나 손상으로 인한 손실이 피보험자에게 귀속될 것, 셋째, 보험자가 손실의 위험을 인수할 것, 넷째, 위험의 인수가 동일한 위험을 지닌 다수의 사람들의 집단 사이에 실질적인 손실을 분배시키는 일반적 체계의 일부분일 것, 다섯째, 피보험자는 보험자의 약속에 대한 대가로 보험료를 지불할 것'이다.13)

당시 미국의 모든 주법에서 보험정의조항을 두고 있지는 않았기 때문에,14) 몇몇 주정부와 주법원에서는 Vance의 기준을 채택해서 보험성을 판단하였다. 그러나 이것은 밴스가 명확한 기준을 확립했다는 의미는 아니며 법원은 단지 방향을 정하기 위한 지침으로서만 Vance의 기준을 활용한 것이라고 한다.15)

10) Robert E. Keeton/Alan I. Widiss, Insurance Law: A Guide to Fundamental Principles, Legal Doctrines and Commercial Practices, West Publishing Co., 1988, p.4.
11) 보험이 무엇인지에 대해 구체적으로 설시한 Helverings v. LeGierse, 312 U.S. 531, 61 S.Ct. 646 (1941) 판결에서 미국 연방대법원은 "보험거래(insurance transaction)는 위험이전(risk shifting)과 위험분산(risk distribution)에 관한 거래"라고 하였다.
12) 대법원 2005. 7. 28. 선고 2005다23858 판결 등 다수.
13) William R. Vance, Handbook on the Law of Insurance, 3rd ed., West Publishing Co., 1951.
14) 예컨대 오하이오주는 보험의 정의를 입법적으로 채택하지 않은 대표적인 예이다.
15) Keyvan Samini, "Third Party Extended Warranties and Service Contracts : Drawing the Line between Insurance and Warranty Agreements", 54 Ohio St. L. J. 537, 1993, p.540.

제2절 위험의 이전과 분산

Ⅰ. 보험의 대상이 될 수 있는 위험

1. 일반론

부보 가능 위험(insurable risks)이란 보험에 의하여 처리할 수 있는 위험, 다시 말해 순수위험으로서 보험의 대상이 될 수 있는 위험을 의미한다.[16] 순수위험이란 손실의 가능성만 존재하고 이득가능성이 없는 위험을 가리킨다.[17] 부보 가능 위험이 되려면 위험의 결집에 의하여 손해의 확률과 규모의 평가가 가능하여 불확실성을 배제할 수 있어야 한다.[18] 부보 가능 위험이 갖추어야 할 5가지 요건으로 ① 중요성, ② 우연성, ③ 계산가능성, ④ 손실의 명확성, ⑤ 궤멸적 손해가 아닐 것을 드는 것이 보통이라고 한다.[19]

그러나 어떠한 위험을 보험에 의하여 처리할 수 있는지 여부는 매우 상대적인 것으로서, 보험기법이 발달하고 과학기술 및 보험수리가 발전함에 따라 종래 보험처리가 불가능한 위험도 새로운 보험기법으로 처리하는 것이 가능해질 수도 있다.[20]

---

16) 김성태, 「보험법 강론」, 법문사, 2001, 7면.
17) 손실가능성과 이득가능성이 공존하는 투기적 위험은 그 성질상 보험대상이 되지 않는데, 이는 보험제도의 목적이 위험이 구체화됨에 따른 손실을 전보하는 데에 있고, 위험발생으로부터 오히려 이득을 얻는 것을 철저히 금하고 있기 때문이다(김성태, 위의 책, 6-7면).
18) 김성태, 앞의 책, 7면.
19) David L. Bickelhaupt, *General Insurance*, 10th ed., Richard D. Irwin, 1979, pp.12-14 (김성태, 위의 책, 7면에서 재인용).
20) 김성태, 위의 책, 7면.

2. 부보가능성 결정 기준

위험의 부보가능성을 결정하는 기준을 공식화하려는 대표적인 시도는 Berliner에 의해 이루어졌다. 그의 연구에서는 부보 가능한 위험과 부보 불가능한 위험을 구별하는 9가지 기준으로 ① 사건발생의 무작위성(손실 익스포저가 독립적이고 예측가능할 것), ② 사고 관련 총 손실의 최대값(처리가능할 것), ③ 사고당 평균손실값(적당할 것), ④ 손실 익스포저(클 것), ⑤ 정보비대칭(모럴해저드와 역선택이 과도하지 아니할 것), ⑥ 보험료의 수준(비용을 회복할 것 그리고 가격이 알맞을 것), ⑦ 보장한도(수용가능한 정도일 것), ⑧ 공서양속(사회적 가치와 서비스 이용가능성과 부합할 것), ⑨ 법적 제한(보장이 허용될 것)이라는 기준을 제시했다.[21] 다수의 후속 학자들은 이 9가지 기준 또는 이와 유사한 기준을 활용해서 보험시장과 보험상품을 분석했다.

Christian Biener와 Martin Eling은 Berliner의 9가지 기준 중 ①~⑤를 묶어 계리적 기준, ⑥~⑦을 묶어 시장 기준, ⑧~⑨를 묶어 사회적 기준으로 분류했다[22]

---

21) B. Berliner, *Limits of Insurability of Risks*, Englewood Cliffs: Prentice Hall, 1982.

22) N.A. Doherty, "The design of insurance contracts when liability rules are unstable", *Journal of Risk and Insurance 58(2)*, 1991, pp.227-246; D.M. Jaffee/T. Russell, "Catastrophe insurance, capital markets, and uninsurable risks", *Journal of Risk and Insurance 64(2)*, 1997, pp.205-230; J. Janssen, "Implementing the Kyoto mechanisms: Potential contributions by banks and insurance companies", *The Geneva Papers on Risk and Insurance—Issues and Practice 25(4)*, 2000, pp.602-618; W.T. Karten, "How to expand the limits of insurability", *The Geneva Papers on Risk and Insurance—Issues and Practice 22(4)*, 1997, pp.515-522; M.J. Miranda/J.W. Glauber, "Systematic risk, reinsurance, and the failure of crop insurance markets", *American Journal of Agricultural Economics 79(1)*, 1997, pp.206-215; F. Nierhaus, "A strategic approach to insurability of risks", *The Geneva Papers on Risk and Insurance—Issues and Practice 11(2)*, 1986, pp.83-90; J.T. Schmit, "A new view of the requisites of insurability", *Journal of Risk and Insurance 53*, 1986, pp.320-329; A.J. Vermaat, A.J., "Uninsurability: A growing

Schmit는 이상적인 부보 가능한 위험(insurable risks)의 요건은 ① 보험자가 손실분산을 추산할 수 있을 정도의 다수의 위험노출단위들(exposure units)이 존재할 것, ② 위험노출단위들(exposure units)이 독립적일 것, ③ 기대손실이 금전적 가치로 계산할 수 있는 것일 것, ④ 시간, 장소, 액수, 원인에 관해 손실이 명확할 것(definite loss), ⑤ 우연한 손실일 것, ⑥ 경제적 타당성이 있을 것(economic feasibility), ⑦ 궤멸적 손해가 아닐 것(avoidance of catastrophe potential)이지만, 이 일곱 가지 요건은 "이상적인" 위험을 정의할 뿐이고 어떤 학자들도 어떠한 위험이 부보 가능한 위험이 되기 위해 일곱 가지 요건을 모두 충족해야 한다고는 보지 않는다고 설명하면서, 그 중 부보가능성의 절대적인 요건은 "보험자의 손실 포트폴리오 분산의 예측가능성(predictability of the distribution of the insurer's loss portfolio)"이라고 주장했다. 요컨대, 손실분산이 합리적으로 예측될 수 있다면 그 위험은 부보가능한 위험이라는 것이다.[23]

예를 들어, 핵발전소 사고와 같은 빈도가 낮고 심도가 높은 사건은 부보하기에 적당하지 않은 반면, 차 사고와 같이 빈도가 높고 심도가 낮은 사건은 보험자에게 이상적인 위험이라고 보는 것이 일반적이다. 그러나 보험자는 상업적 고려와 실제 경험에 비추어 특정한 위험을 인수하기 때문에, 보험자의 보험제공의지와 보험 제공 능력, 즉 부보가능위험과 부보 불가능 위험 간의 경계는 공식적인 부보기준에 의해서만 결정

problem", *The Geneva Papers on Risk and Insurance—Issues and Practice 20(4)*, 1995, pp.446-453 ; (Christian Biener/Martin Eling, "Insurability in Microinsurance Markets: An Analysis of Problems and Potential Solutions", *The Geneva Papers 37*, 2012, pp.80-81.

23) J.T. Schmit, "A new view of the requisites of insurability", *Journal of Risk and Insurance 53*, 1986, pp.320-329; 이 기준은 다수의 후속연구에서 어떠한 위험이 부보 가능한 위험인지를 판단하는 기준으로 활용되었다. 예컨대, K.J. Alsem/J. Antufjew/K.R.E. Huizingh/R.H. Koning/E. Sterken/M. Woltil, "Insurability of export credit risks", *SOM Research Report 03F07*, 2003, p.33 에서는 수출신용위험이 부보 가능한 위험인지에 대한 연구에서 슈미트가 제시한 기준을 활용하였다.

되지 않고 보험자가 영업하는 사회경제적 맥락에서도 결정된다. 특히 중요한 것은 규제적·법적 제한, 가격책정 이슈, 시장에서의 보험의 수요, 보험자의 충분한 위험이전 제공능력이다.[24]

II. 채무불이행위험의 부보 가능성

1. 채무면제·채무유예계약의 위험 확정

1) 서

채무면제·채무유예상품 거래의 대상이 되는 위험이 「누구」의 「어떠한」 위험인지를 확정한 후, 그 위험이 부보 가능한 위험인지를 생각해보자.

신용카드이용계약(여신계약)을 체결한 후 채무면제·채무유예상품계약을 체결하기 이전까지, 여신계약의 채권자는 "신용위험"을 부담하고,[25] 대출채무자는 "채무불이행위험"을 보유한다.[26]

---

24) Kristina Dahlström/Jim Skea/Walter R. Stahel, "Innovation, Insurability and Sustainable Development: Sharing Risk Management between Insurers and the State." *Geneva Papers On Risk & Insurance - Issues & Practice,* Vol. 28. No. 3, 2003, p.396.

25) 신용위험의 구체적인 내용은 대출계약상의 "대출금을 변제받지 못할 위험"과 그로 인한 "자산 손실 위험"을 의미한다.

26) 채무불이행위험을 세분하면 대출금 상환의무의 이행지체 또는 이행불능으로 인한 "민법 제390조의 손해배상청구를 당할 위험", "민법 제389조의 강제이행소송을 당할 위험", "신용등급 하락 위험"이 되겠고, 이행지체의 경우에는 "지연이자를 지급해야 할 위험"이 추가된다.

2) 차입자의 채무불이행위험

여신계약의 양 당사자는 채무면제·채무유예계약을 체결함으로써 이러한 위험을 상대방에게 이전시키려고 의욕할 것이다. 채무면제·채무유예계약체결을 통해 누구의 어떠한 위험이 이전되는가? 채무면제·채무유예계약상 채무자(여신계약상 대출자)의 주된 급부는 채무의 상환을 면제하거나 유예하는 것이다. 그 대가로 동 계약의 채권자(여신계약의 차입자)는 수수료를 지급한다.[27] 금전적 비용을 지급하고 동 금융상품을 구입하는 자가 차입자이기 때문에, 차입자의 위험을 대출자에게 이전시키는 것이 이 거래의 목적일 것이다.[28] 미국 법원도 채무면제계약이 보험이 되기 위한 요건으로 손실위험(risk of loss)이 매수인에게 있을 것을 요구한다.[29]

요컨대 채무면제·채무유예상품 거래의 대상이 되는 위험은 "차입자의 채무불이행위험", 구체적으로는 "우연한 사고의 발생으로 인한 차입자에게 재산상 손실이 발생하고 그로 인해 대출채무를 불이행할 위험"이다.[30]

---

27) 보험, 파생상품 등 위험의 이전을 목적으로 하는 계약에서는 위험을 타인에게 이전시키려는 위험의 원 귀속주체가 보험료, 프리미엄 등의 명목으로 금전을 지불하고, 위험을 이전받는 자가 금전을 수령한다.

28) 만약 대출자가 그의 위험을 덜어내려고 한다면 쌍무유상계약의 본질상 대출자 자신이 금전적 대가를 지불해야 할 것이다. 그러므로 이 계약의 목적은 차입자의 위험을 관리하는데 있다고 보아야 할 것이다.

29) *Douglass v. Dynamic Enters. Inc.*, 315 Ark. 575 (1994).

30) 채무면제계약의 보험성을 부정한 미국의 리딩케이스인 Taylor 판결에서조차 "비록 채무면제계약이 어떠한 위험(some risks)을 차입자에게서 은행으로 이전시킨다고 하더라도, 이 계약에 의해 은행이 투자위험을 인수하거나 차입자의 재산에 대해 보상금을 지급할 것을 요구하지는 않는다. 채무는 단지 소멸할 뿐이다." 라고 설시하면서, 동 계약에 의해 차입자의 (어떠한) 위험이 은행에게로 이전되는 것으로 보았다.

3) 반론

반면, 채무면제·채무유예계약이 사실상 "대출채권자의 신용위험"을 대상으로 하는 계약이라고 이해하는 관점도 있다.[31] 이 견해는 채무면제·채무유예계약상 차입자가 대출채권자(금융기관)에게 지급하는 수수료는 채무자 사망 등의 사건 발생시 채권자가 미래에 입을 손실을 스스로 인수한 데 대한 대가라고 이해한다.[32] 이 견해는 동 계약은 사실상 신용보험이므로 보험업법의 규제대상에 포함시켜야 한다고 한다.[33] 채무면제상품과 채무유예상품의 주된 목적은 계약에서 정하는 우연한 사건이 발생한 경우의 대출금 손실 리스크로부터 "대여자"를 보호하기 위한 것이며, 그 계약상, 대여자는 대출시에 대출수수료를 부과하고, 이것은 추후에 대출금손실가능성에 대한 "유보금"으로 사용된다는 주장[34]도 이와 맥락을 같이 하는 관점이다.

한편, 채무면제·채무유예계약은 대출채권자와 차입자 양자 모두를 보호한다고 이해하는 관점도 있다. 미국 통화감독청은 채무면제계약을 체결하는 것과 같은 신용 관련 활동은 국법은행(대출채권자)과 차입자 모두를 보호한다고 보았고,[35] 채무유예계약은 신용위험의 보상 자원(source)을 제공함으로써 은행을 보호하고, 재정적으로 어려운 기간 동안

---

31) 정경영, "신용카드 채무면제·유예계약의 법률관계에 관한 소고", 『성균관법학』 제28권 제1호, 성균관대학교 법학연구소, 2016, 140면; 김해식/서성민, "CDS와 DCDS, '동일위험, 동일규제'의 원칙 적용해야", 『KiRi Weekly』(2010. 4. 26.), 보험연구원, 5면.

32) 김해식/서성민, 위의 보고서, 5면.

33) 김해식/서성민, 위의 보고서, 1면.

34) Anthony Rollo, "A Primer on consumer credit insurance", *54 Consumer Fin. L.Q. Rep. 52*, 2000, p.66.

35) 이러한 신용 관련 활동은 "채무자가 대여금 상환을 할 수 없는 경우의 손실위험을 감소"시킴으로써 "대출에 관한 은행의 이익을 보호"하기 때문에 "은행의 대부활동에 부수하는 활동"이라고 본다(OCC Interpretive Letter #283, March 16, 1984 등).

채무자가 장기적인 신용손상을 입지 않도록 보호한다고 보았다.[36]

4) 반론에 대한 재반박

그러나 위와 같은 관점은 채무면제·채무유예계약을 체결함으로써 '대출채권자'가 달성하고자 하는 '경제적 목적'이 무엇인지에만 관심을 기울인 결과 발생한 오류라고 생각된다. 실제로 시장에서 발생하는 거래의 모습을 살펴보면 채무면제·채무유예계약을 체결한 대출채권자는 동 계약의 체결로 인해 부담하게 되는 위험을 관리하기 위해 별도의 보험자로부터 CLIP 보험을 체결하는 경우가 많다. 이 두 거래를 묶어보면 대출채권자는 두 종류의 계약을 동시에 또는 순차로 체결함으로써 차입자와의 여신계약 체결로 부담하는 '채권자 자신의 신용위험'을 관리하려고 의욕하는 것으로 볼 여지가 있다.

그러나 차입자로서는 대출채권자가 CLIP 보험에 가입할 것인지를 예상하거나 인식하기 어렵고,[37] 그것이 가능하다고 해도 그러한 사정은 채무면제·채무유예계약의 대상인 위험이 무엇인지를 결정하는데 아무런 영향을 미치지 않는다. 두 가지 거래를 함으로써 대출채권자가 달성하려는 경제적 목적은 대출채무자의 관심사가 아니므로, 계약의 목적적 해석론에 의하면 채권자 자신의 신용위험을 이전하는 것은 채무면제·채무유예계약을 체결하는 당사자의 의사로 해석될 수 없다. 채무면제·채무유예계약의 대상이 되는 위험을 규명하고 더 나아가 동 계약의 보험성을 규명함에 있어서는 대출채권자 측의 CLIP 보험 거래를 배제하고 채무면

---

36) OCC Inter. Ltr. 827 (O.C.C.), 1998WL295634, Interpretive Letter #827, April 3, 1998.

37) 고재종, "채무면제 및 채무유예 서비스 상품에 대한 법적 규제", 『가천법학』 제8권 제4호(2015. 12. 31.), 가천대학교 법학연구소, 2015, 289면에서도 "채무면제·채무유예계약을 체결한 고객은 실제로 CLIP 보험계약의 체결에 대해 전혀 알지 못한 상태이다"라고 한다.

제·채무유예거래 자체에 포커스를 맞추어야 한다.

이와 같은 이유로, 대출채권자의 신용위험이 동 계약의 대상 위험이라고 보는 위 주장의 논리에는 오류가 있다. 따라서 채무면제·채무유예계약의 대상 위험은 채무자의 채무불이행위험이라고 보아야 한다.

2. 채무불이행위험의 부보 가능성

1) 우리법상 부보 가능한 위험

우리법상 부보 가능한 위험은 재산적 위험, 인적 위험, 책임위험으로 나눌 수 있다. 재산적 위험은 화재, 교통사고, 도난 등으로 재산적 손실이 발생할 가능성을 말하고, 이로 인한 손실은 직접손해와 간접손해로 나눌 수 있다. 인적위험은 사람의 신체나 생명에 가해지는 위험을 가리키고, 사망, 상해, 질병, 노령 등이 그 예이다. 책임위험이란 경제주체가 타인의 생명, 신체, 재산에 손해를 가하여 법적책임을 부담함으로써 손해를 입을 가능성을 말한다.[38]

2) 급부액수와 실제손해의 불일치에 대하여

그렇다면 채무불이행위험은 우리법상 부보 가능한 위험인가?

인보험은 생사에 관한 불확실성 때문에 자신의 사망으로 인한 가족의 "생계보장" 또는 상해나 질병으로 인한 "경제적 필요"에 대비하기 위한 것이다.[39] 채무자에게 사망, 상해, 질병이라는 사건이 발생하면, 법정상속인 또는 본인의 변제자력 감소로 인해 신용카드대금채무를 변제하지 못할 위험이 초래된다. 비록 약정된 보장사건의 발생으로 인해 가족

---

38) 김성태, 위의 책, 7-8면.
39) 김성태, 위의 책, 801면.

이나 본인에게 초래된 경제적 수요의 액수가 사건 발생 당시까지 성립된 신용카드 잔존채무의 액수와 일치하지 않는다고 하더라도, 인보험은 손해라는 개념과 친하지 않고 보험사고가 발생된 사실만 확인되면 면책사유에 해당하지 않는 한 보험자는 약정된 보험금액을 즉시 지급하여야한다는 점을 고려하면,[40] 경제적 수요의 발생으로 족하고 보장사고와 경제적 수요의 발생 간의 인과관계는 요구되지 않는다. 따라서 이 경우 채무불이행위험은 우리 보험법체계상 부보 가능한 위험에 해당한다.

우리 상법에 따르면 손해보험은 피보험자의 재산상 손해를 보상할 것을 약정하는 계약이다(상법 제665조).[41] 그러나 후술하는 바와 같이 손해보험에서 실손보상법리가 약화되고 있는 것이 국제적인 추세이고 실손보상법리는 보험의 도박화와 모럴해저드를 방지하기 위해 도입된 구시대의 유물이므로, 어떠한 계약이 보험계약인지를 판단함에 있어서 실손보상법리가 철저히 관철되고 있는지는 결정적인 판단기준이 되지 못한다.

또한, 보험계약을 통해 이전되는 위험이 무엇인지에 대해서는 여러 가지 관점이 있지만, 그 중에서도 보험에서의 위험이란 보험계약자에게 "경제적인 불이익이 될 가능성", 즉 "경제적 수요가 발생할 가능성"이라고 보는 견해[42]는 현대화된 보험계약에서의 위험을 잘 설명할 수 있고 충분한 범위의 위험을 포괄할 수 있다는 점에서 설득력이 있다고 본다. 「보험계약자에게 경제적 수요가 발생할 가능성」이 보험에서 보장하고자 하는 위험이라고 본다면, 채무면제·채무유예계약을 통해 보장하고자 하는 소비자의 채무불이행위험이 약정된 사고 발생으로 인해 소비자가 입은 실제 손해와 일치하지 아니한다고 하더라도 소비자에게 사고의 발생

---

40) 김성태, 위의 책, 410면.
41) 양승규, 앞의 책, 190면; 김성태, 위의 책, 363면.
42) Edgar Hofmann, *Privatversicherungsrecht*, C.H.Beck, 1998, S.6; Karl Sieg, *Allgemeines Versicherungsvertragsrecht*, 3. Aufl., Gabler, 1994, S.21.

으로 경제적 수요가 발생한 것은 명백하므로 이러한 채무불이행위험도 보험에서 보장하고자 하는 위험에 해당된다고 생각한다.

3) 인과관계

다만, 손해보험의 보험자는 보험사고와 상당인과관계가 있는 손해액 만큼의 보험금을 지급한다는 점을 고려할 때 채무면제·채무유예계약의 경우에도 비자발적 실업이라는 보장사건의 발생과 상당인과관계 있는 경제적 필요 금액 만큼만을 보상하여야 하는 것은 아닌가 하는 의문이 제기될 수 있다. 생각건대, 손해보험의 보상범위에 피보험자가 얻을 이익이나 보수의 상실분은 원칙적으로 보상할 손해액에 산입하지 않는 한편(상법 제667조), 국내에서 실업에 대한 보험보장은 사회보험인 고용보험법에 의해 이루어지는데 동법에 따르면 실업으로 인한 손해만을 보상하지 않고, 구직급여와 취업촉진수당까지 지급하고(고용보험법 제37조), 실업을 보험사고로 하는 사보험은 거의 이용되지 않는다는 점을 고려하면, 채무면제·채무유예계약상의 급부 상당액이 보장사건의 발생으로 인해 수요가 발생한 경제적 가액과 일치하지 않으며 잔존 신용카드대금상환채무액을 보상한다는 점을 들어 상당인과관계를 부정할 수는 없다고 본다.

3. 검토

이상으로 검토한 바와 같이 채무면제·채무유예상품 거래의 대상이 되는 위험은 「차입자의 채무불이행위험」, 구체적으로는 '우연한 사고의 발생으로 인한 차입자에게 경제적 수요가 발생하고 그로 인해 대출채무를 이행하는 것이 가능하지 않거나(이행불능위험), 변제기에 이행할 수 없는 위험(이행지체위험)'이다.

채무면제·채무유예계약이 보장하는 사망으로 인한 채무불이행위험,

상해로 인한 채무불이행위험, 질병으로 인한 채무불이행위험, 비자발 실업으로 인한 채무불이행위험, 본인 또는 가족의 경조사로 인한 채무불이행위험은 각기 다른 여러 개의 위험이지만, 포트폴리오로서 그 손실분산이 합리적으로 예측될 수 있다. 왜냐하면 사망으로 인해 야기되는 가족의 경제적 수요, 상해로 인해 초래되는 본인의 경제적 수요, 질병으로 인해 초래되는 본인의 경제적 수요, 본인 또는 가족의 경조사로 인해 초래되는 본인의 경제적 수요를 보장하는 사보험상품은 이미 국내시장에서 판매되고 있다. 이는 사망, 상해 등이 초래하는 손실의 분산을 합리적으로 예측하는 것이 가능하다는 것을 보여준다. 또, 국내 시장에서 판매되고 있는 종합보험은 여러 개의 보험사고를 결합하여 하나의 상품으로 판매하고 있는데, 이는 사망, 상해, 질병 등이 피보험자에게 초래하는 경제적 손실이 포트폴리오로서 그 분산을 예측할 수 있다는 것을 보여준다.

　문제는 이러한 인적 사고와 실업이라는 손해보험적 사고가 한 단위의 포트폴리오가 될 수 있느냐 하는 것인데, 해외에서는 실업보험이 단일한 영리사보험상품으로 판매되고 있다는 점을 고려하면, 실업으로 인한 손실분산도 합리적 예측이 가능하다는 것을 알 수 있고, 우리 보험법상 인보험과 손해보험 겸영이 금지된다는 규제적 관점을 논외로 한다면, 한 단위의 포트폴리오가 되지 못할 이유가 없을 것이다.

　그 이외의 부보가능성 요건과 관련해서도, 국내 신용카드회원의 수가 충분히 다수이고, 사용건수와 이용금액의 규모가 크다는 점을 고려할 때, 다수의 신용카드소비자들에게 발생한 우연한 사고로 인해 초래되는 다수의 카드대금채무 불이행 위험들은 손실분산을 추산할 수 있을 정도로 다수의 위험노출단위이고, 개별 소비자에게 발생할 수 있는 보장사고의 발생은 독립적이며,43) 기대손실을 금전적 가치로 계산할 수 있고, 시

---

43) 다만, 비자발실업은 경기에 좌우되는 면이 있기 때문에 완전히 독립적 위험노출단위인지에 대한 논의가 외국에서 이루어지고 있다. 그러나 국내의 채무면제·채무유예계약은 비자발실업으로 인한 위험만을 대상으로 하지 않고, 독립

간, 장소, 액수, 원인에 관해 손실이 명확하고, 보장사고의 발생으로 인한 손실은 우연한 것이며, 궤멸적 손해가 아니다. 다만, 경제적 타당성과 관련해서는 요율규제를 논의하면서 다시 생각해보기로 한다. 국내 시장에서 동 상품의 요율이 과도하다는 소비자 컴플레인이 지속적으로 제기되고 금융감독원이 몇 차례 요율인하조치를 하였다는 점에 비추어, 동 상품의 요율에 대한 규제조치가 요구되지만, 부보가능성을 부정할 정도로 경제적 타당성을 잃었다고는 보기 힘들다. 따라서 동 상품계약상의 채무불이행위험은 부보가능한 위험이다.

마지막으로, 「보험계약자에게 경제적 수요가 발생할 가능성」이 보험에서 보장하고자 하는 위험이고, 계약상 제공되는 급부의 액수가 사고로 인해 직접 초래된 경제적 수요와 정확히 일치하지 않는다고 하더라도 상당인과관계가 부정되지는 않기 때문에, 채무면제·채무유예계약으로 보장하려는 채무불이행위험은 보험거래상 부보가능한 위험이다.

III. 위험의 이전

1. 보험의 경우

1) 본질적 요소

"위험이전"이란 손실위험이 피보험자로부터 보험자에게로 전가(trans-fer)되는 것을 말한다.[44] 어떠한 계약이 보험계약인지 여부를 결정하는 기준으로 제시되는 세 가지 기준 가운데 "위험이전"에 관한 것이 두 가

적 위험인 다른 보장사고들의 발생으로 인한 위험들과 결합하여 포트폴리오로서 보장하고 있기 때문에, 위험노출단위들의 독립성은 충족된다고 볼 수 있다.
44) *Helverings v. LeGierse*, 312 U.S. 531, 61 S.Ct. 646 (1941).

지를 차지할 정도로 위험이전은 보험계약의 핵심적인 부분이다.[45] "그 계약이 위험이전을 구성하는가(Substantial Control Test)"와 "위험이전이 그 계약의 지배적인 특징인가(Principle Object Test)"라는 것이 그 두 가지 기준이다.[46]

보험의 필수적 요소는 보험료와 상환한 계약적 위험이전이라는 설명[47]이나 성문법상 보험을 정의하고 있지는 않지만 보험료와 상환해서 손실위험을 이전시키는 계약을 의미하는 것으로 이해되는 것이 일반적[48]이라는 설명 등도 위험의 이전이 보험계약의 핵심적 요소라는 것을 말해준다. 이처럼 "위험의 이전"은 보험계약의 본질적 속성으로 이해되고 있다.[49]

2) 위험보유와 위험전가

경제학적인 측면에서 보험은 위험의 전가라고 정의될 수 있다.[50] 자금수요의 관점에서 위험에 대비하는 방법인 위험금융(risk finance)에는 위험을 보유하는 방식과 위험을 전가하는 방식이 있다. 위험보유(risk retention)란 위험발생으로 생길 손해를 당해 경제주체가 내부적으로 부

---

45) 이 세 가지 보험 테스트는 Eric Mills Holmes/Mark S. Rhodes, *Holmes's Appleman on Insurance*에서 설정한 테스트이다. 홈즈의 테스트는 ① 그 계약이 위험이전을 구성하는지 여부("Substantial Control Test"), ② 그 이전이 그 계약의 지배적인 특징인지 여부("Principle Object Test"), ③ 그 계약을 보험으로 규제하는 것이 공공에게 이익이 되는지 여부("Regulatory Value Test")이다.
46) Eric Mills Holmes/Mark S. Rhodes, *Holmes's Appleman on Insurance*.
47) *Hillegass v. Landwehr*, 176 Wis.2d 76, 81, 499 N.W.2d 652 (1993).
48) *Id*.
49) Robert Merkin, *Colinvaux's Law of Insurance*, 9th ed., Sweet&Maxwell, 2010, p.9; Wolfgan Römer/Theo Langheid, *Versicherungsvertragsgestz(VVG)*, Verlag C.H. Beck, München, 2003, p.185.
50) Looschelders/Pohlmann, *Versicherungsvertragsgesetz*, Carl Heymanns, 2009, § 1 Rn.7.

담하거나 해소하는 기법이다. 극히 소액의 위험발생가능성에 대해서는 별도의 대비책을 강구하지 않고 감수하거나, 사고에 대한 자금을 내부적으로 비축하는 방법으로 이루어진다. 기업에서의 대손충당금, 각종 준비금은 이러한 목적으로 적립되는 경우가 많다. 저축이나 자가보험의 방법도 이용된다. 이러한 방식을 취하면 자금이 외부적으로 유출되지 않는 장점이 있지만, 현금이 사장되며, 대형손해에 대한 대책으로서는 한계가 있다. 그 외의 위험보유의 기법으로 캡티브 보험이라는 것이 있다. 캡티브 보험회사란 완전자회사로서 모기업이 직면한 위험에 대한 보장을 주된 목적으로 하는 보험회사를 가리킨다.[51]

위험전가(risk transfer)란 일정한 대가를 지급하고 제3자에게 위험을 이전하는 방법이다. 민법상 보증계약, 헤지거래, 선물 옵션, 스왑 등을 포함한 파생상품, 보험 등이 여기에 해당된다. 민법상 보증계약은 채권자가 피보증채무의 불이행위험을 보증인에게 전가하는 것이고, 헤지거래(hedging)의 대표적인 예는 장차 수확할 농작물의 판매가격을 미리 정해서 매매하는 선도거래이다. 이렇게 함으로써 매도인은 가격변동위험에 대비할 수 있다. 그 이외에 선물, 옵션, 스왑 등의 파생상품 거래도 헤지기능을 가지고 있다. 보험제도 역시 사법상의 계약에 의한 위험전가 방법의 하나이다. 특히 손해발생의 빈도가 낮고 잠재적인 손해 강도가 높은 경우에 적절한 위험관리기법이다.[52]

3) 개별계약을 통한 위험전가

보험에서의 위험의 전가는 우선 "개별적 보험계약"을 통해 이루어진다.[53] 계약을 통해 장래의 불확실한 위험은 손해 또는 경제적 수요가 현

---

51) 김성태, 앞의 책, 12-13면.
52) 김성태, 위의 책, 13-14면.
53) Bruck/Möller, *VVG*, Walter de Gruyter, 2009, § 1 Rn.13.

실화됨으로써 확실성으로 변화하고, 급부이행보장을 통해 보험자에게 이전된다. 이러한 위험변형(Risikotransformation) 과정은 보험료를 지불하는 대가로 얻어지는 것이다.

4) 위험결집을 통한 위험전가

그러나 「개별계약의 체결」은 보험에 의한 위험전가의 필요조건이기는 하나 충분조건은 아니다. 이전되는 위험의 성격이 "발생확률은 낮지만 크기가 큰 위험"이라고 한다면, 하나의 개별계약만으로는 양 당사자의 급부액수를 조정하는 데에 어려움이 생기기 때문에, 보험자는 개별적인 계약으로 인수한 위험과 수령한 보험료를 하나로 묶어서 큰 금액의 기금을 형성한 후 그 중 하나의 위험이 현실화되면 그 기금에서 금원을 지급하는 방식을 이용한다.[54]

2. 채무면제·채무유예계약의 경우

채무면제·채무유예계약 체결을 통해 채무자의 채무불이행위험이 계약상대방에게 이전되는지에 대해, 긍정하는 견해[55]와 부정하는 견해[56]가 대립된다.

위험이전을 부정하는 견해에 따르면, 채무자가 타인에게 위험을 외형상 전가하는 보증보험이나 채권자가 타인에게 위험을 전가하는 신용보험과 달리, 채무면제·채무유예계약의 경우에는 채무불이행위험은 계약체결 전후 변화 없이 채권자에게 귀속한다는 점에서 위험은 전가되지

---

54) *Id.*
55) 한창희, "카드채무면제유예서비스(DCDS)와 계약상 책임보험(CLIP)의 보험상품성", 『손해사정연구』 제8권 제1호, 손해사정학회, 2016, 105면.
56) 정경영, 앞의 논문, 159면; 고재종, 앞의 논문, 2015, 284면.

않는다고 한다. 이 관점에서는 신용카드회원과 신용카드사는 동 계약을 통해 위험을 전가하는 것이 아니라, 신용카드사가 채권을 면제하고 신용카드회원은 채무를 면제받는 것에 지나지 않기 때문에, 상법이나 보험업법이 명시하는 보험이 아니라 자가보험이라고 한다.[57] 또, 채권자(신용카드사)는 단지 그의 고유권인 채무의 면제나 유예에 대해 계약을 했기 때문에, 채무자는 채권자의 무조건의 의무에 의해 지급능력과 상관없이 보호받게 되므로, 보험자에게 위험을 이전할 필요성이 없어서, 위험의 이전이 발생하지 않는다고 보는 견해도 있다.[58]

그러나 채무면제·채무유예계약을 통해서 신용카드대금상환채무자인 신용카드소비자의 채무불이행위험은 채권자인 신용카드사에게로 이전된다고 보아야 한다. 위 견해는 동 계약체결 전후를 불문하고 신용위험을 채권자가 그대로 부담하기 때문에 위험의 전가가 없다고 설명하는데,[59] 채권자의 신용위험이란 채무자의 채무불이행으로 인해 채권자가 경제적 손실을 입을 위험을 의미하므로, 채권자의 신용위험과 채무자의 채무불이행위험을 구별되는 개념이다. 채권자의 신용위험을 계약의 대상으로 하는 신용보험 및 보증보험과 달리 채무면제·채무유예계약은 채무자의 채무불이행위험을 그 대상으로 한다.

채무면제·채무유예계약의 내용을 살펴보면, 신용카드소비자의 채무불이행을 야기할 수 있는 우연한 사건이 발생을 조건으로, 신용카드회원은 채무면제의 이익 또는 채무유예의 이익을 누린다. 예컨대 신용카드소비자가 우연한 사고의 발생으로 상해를 입은 경우, 소비자는 근로능력의 저하 등의 이유로 재산상 손실 위험이 발생하고 그로 인해 카드채무를 불이행할 위험이 발생한다. 소비자가 채무면제·채무유예계약을 체결하지 않았다면 이 경우 채무불이행으로 인한 손해배상책임이나 지연이자

---

57) 정경영, 위의 논문, 159면.
58) 고재종, 앞의 논문, 284면.
59) 정경영, 앞의 논문 162면.

지급의무를 부담하고 강제이행을 당하거나 신용하향조정 불이익을 입게
될 수 있는데, 동 계약을 체결하였기 때문에 이러한 위험을 제거되었다.
카드소비자의 입장에서는 장래의 불확실한 위험이 확실성으로 변형된
것이다. 그리고 이러한 위험의 이전은 채무면제·채무유예계약의 지배적
인 특징이다. 따라서 채무면제·채무유예계약은 위험을 이전시키는 계약
이다.

Ⅳ. 위험의 결집과 위험의 분산

1. 서

채무면제·채무유예계약이 하나의 상품공급주체와 계약을 체결한 다
수의 계약당사자끼리 위험단체를 구성하고 그 단체구성원 간에 위험을
분산시키는 계약인지를 검토해보자. 이에 대해서는 동 계약은 신용카드
회원의 위험의 분산을 목적으로 하고 있어 보험적 방법을 사용하였다고
볼 수 있다거나,[60] 신용카드회원이 불의의 사고에 대비하여 각자 위험단
체(카드사)에 갹출하고 보장사고가 발생하는 경우 위험단체로부터 채무
변제를 받는다는 점, 대수의 법칙이 적용된다는 점에서 위험이 분산이
존재한다는 설명이 있다.[61]

그러나 국내 신용카드사와 소비자 간의 동 계약 체결시 위험의 분류
나 사전적 언더라이팅 절차를 거치지 않고, 수수료율 산정이 위험크기에
비례해서 이루어지지 않는다는 점에서,[62] 위험집단이 형성되었다고 볼

---

60) 정경영, 위의 논문, 156면.
61) 한창희, 앞의 논문, 106면.
62) 이 점에 대해, 보험료는 우연한 사실이 발생할 확률에 따라 정해지는데 비해,
채무면제·채무유예상품의 수수료는 카드사용액의 일정비율로 획일적으로 정

수 있을지, 동질적인 위험집단을 통한 위험의 분산을 통해 소비자에게 보장을 제공하는지를 생각해 볼 필요가 있다.

먼저, 위험의 결집 및 위험집단을 통한 위험분산이 보험의 필수불가결한 요소로 요구되는지를 생각해 볼 필요가 있다. 이에 관해 견해가 일치되어 있지 않기 때문에,[63] 각 주장의 내용과 논거를 살펴보는 것은 채무면제·채무유예계약의 보험성 판단에 도움이 될 것이다.

해진다는 점에서 엄밀한 의미의 위험 배분은 존재하지 않는다고 볼 여지가 있다고 하면서도, 일정한 정도 통계적 원리가 적용되는 점에서 약한 의미의 위험의 배분이 존재한다고 보는 견해로는 한창희, 위의 논문, 106면.

[63] 보험이란 동질적인 위험성을 전제로 하는 통계적인 기초 위에서 위험단체 안에서 그 위험을 전가하고 분산시키는 제도, 대수의 법칙 에 바탕을 두어 같은 위험에 놓여 있는 사람들의 결합인 위험단체를 기초로 전제로 하는 제도로 이해하는 것이 종래의 일반적 견해였다(양승규, 앞의 책, 23면). 우리 대법원도 "보험은 동질적인 경제상의 위험에 놓여 있는 다수인이 우연한 사고가 발생하는 경우에 재산상의 수요를 충족시키기 위하여 미리 일정률의 금액, 즉 보험료를 출연하여 공통 준비재산을 구성하고 현실적으로 재해를 입은 사람에게 보험금을 지급하여 경제생활의 불안을 제거 또는 경감시키려는 제도"라고 판시함으로써 보험단체를 보험의 필수적 성립요건으로 보고 있다(대법원 1987. 9. 8. 선고 87도565 판결; 대법원 1989. 1. 31. 선고 87도2172 판결; 이현열, "보험단체론-보험의 본질을 중심으로-", 『보험학회지』제103집, 한국보험학회, 2015, 17-18면). 그러나 최근에는 위험을 이전시키는 다수의 신종계약이 등장하고 금융기술의 발전으로 계약자의 위험을 측정할 수 있는 다른 기술이 고안됨에 따라 위험단체를 통한 위험의 분산과 보험의 기술적 특징을 보험의 본질적 요소로 볼 필요가 없다는 논의가 등장하고 있다. 또, 보험단체는 보험의 구조를 설명하기 위해 고안한 도구적 개념 또는 생명보험 등 특정한 보험의 종류에서 위험측정기술이나 위험분산기법 등이 조잡한 시기에 형성된 일종의 지향점일 뿐 이를 보험의 불가결한 개념으로 보기 어렵다는 주장도 제기되고 있다(이현열, 위의 논문, 23면).

2. 위험의 결집과 위험의 분산

1) 의의

위험분산은 서로 무관한 위험노출(exposures)을 결합함으로서 위험을 낮추려고 하는 일반적인 리스크 관리 기술이다.[64] 예상손실들 상호간에 연계성이 없다면 위험결집(risk pooling)은 위험을 감소시킨다. 위험이 결집되면 기대손실과 기대비용은 변하지 않지만 기대손실과 기대비용의 표준편차는 줄어든다.[65] 위험결집은, 사건들이 비연계적인 한, 위험을 이전시키는 메커니즘이 아니라 「위험을 감소」시키는 메커니즘이다.[66]

2) 보험자의 위험결집과 위험분산

보험자는 위험을 인수하는 것으로만 그치지 않고 비슷한 위치에 있는 다수의 개인이나 기관들 간에 위험을 배분하는데, 이는 "예상 불가능한 사건"을 "보다 예상 가능한 현금흐름"으로 바꾸기 위해서이다. 전문

---

64) 리스크 분산의 기초는 자본시장 포트폴리오 이론에 관한 마르코브티즈 (Markowtiz)의 1952년 연구에서 찾을 수 있다. 이 연구는 "분산"이 위험회피적인 투자자들이 다양한 레벨의 리스크와 수익(return)을 최적화(optimize)하는 포트폴리오를 창출하는 것을 어떻게 허용하는지를 설명한다. 주어진 레벨의 위험에 대해 가능한 한 최대한의 수익을 제공하는 효율적 프론티어(efficient frontier)나 경계(boundary)를 만들어내는 것을 의도한다. 효율적 프론티어 하의 포트폴리오는 주어진 레벨의 위험에 대한 가치를 극대화하는 것에 실패하고 분산을 통해 높아질 수 있다.

65) Eric Banks, *Alternative Risk Transfer-Integrated Risk Management through Insurance, Reinsurance, and the Capital Market-*, John Wiley & Sons, Ltd., 2004, p.18 Table 1.7 에 따르면, 분산은 독립적 리스크 익스포저 유닛에 따라 변하고, 독립적 리스크 익스포저 유닛이 증가함에 따라 분산의 표준편차가 감소한다.

66) *Id*. p19.

용어로 보험회사는 충분히 다수의 다양한 보험계약자를 끌어 모음으로써 위험을 결집(pooling)하려고 한다. 왜냐하면 대수의 법칙은 보험금 청구의 변동성 총합을 줄일 것이기 때문이다.[67]

이처럼 보험은 동종의 위험[68]을 다수 결집하여(pooling), 이를 제3자에게 전가(transfer)하는 방법으로 위험에 대처하는 수단이다.[69] 즉, 어떠한 위험금융 방식을 보험이라고 보기 위해서는 보험료로 이루어진 공동기금인 제3의 "위험단체"를 형성한 후 위험을 위험주체로부터 제3의 위험단체로 이전시키고, 위험이 단체의 구성원과 기관 간에 분산되어야 한다.[70]

"위험분산"이란 보험자가 대수의 법칙을 작동시킬 수 있을 정도의 충분한 익스포저(sufficient exposure)를 가지고 있는 경우에 위험을 흩뜨리는(spread) 방법이다. 미국 법원의 설명에 따르면, 위험분산이란 '평균의 법칙(law of averages)을 이용'해서 별개의 당사자와의 별개의 계약의 덩어리(mass)를 통해서 손실 비용을 흩뜨리는 방법이라고 설명한다. 여기에서는 충분한 수의 익스포저(즉, 다중(mass)), 동질성(homogeneity), 인수된 익스포저 단위 사이에서의 독립성(independence)이 요구된다. 인수된 피보험자의 풀(pool)은 비관련 당사자들로 구성되어야 한다. 이러한 조건이 갖추어지면, 위험이 적절하게 분산되어 일정 기간 동안에는 제한된 수의 손실만이 발생하게 되기 때문에, 보험자는 잉여를 초과해서 위험을 인수할 수 있다.[71]

---

67) Todd M. Henderson, "Credit Derivatives are Not Insurance", *16 Conn. Ins. L.J. 1*, p.16.
68) 최근에는 이종 위험의 결합으로도 보험요건이 충족된다는 견해가 제시되고 있다.
69) 김성태, 앞의 책. 15면.
70) *Helverings v. LeGierse*, 312 U.S. 531, 61 S.Ct. 646 (1941).
71) *Id*.

3) 다수인으로 구성된 위험집단

(1) 종래 논의

종래 다수 견해는 위험단체의 존재를 보험의 요소로 설명한다.[72] 심지어 보험을 우연한 경제적 손실을 "다수"의 사람들 간에 분배시키기 위한 제도라고 정의하는 견해도 있다.[73]

보험회사로부터 CLIP 보험을 구매한 창고대여업자가 창고임차인과 체결한 수정된 창고임대차계약의 보험성을 부정한 Deans & Homer, Inc. v. Commonwealth of Kentucky 판결[74]에서는 당해 사안에서 문제된 부수계약조항을 보험이라고 보기 위해서는 모든 창고임차인(소비자)의 위험을 창고임차인들의 집단 내부에서 분산하였어야 하고, 피보험자 집단(pool)을 통해 위험을 분산시키는 것은 보험의 핵심요소라고 설시하면서, 사안의 부수계약조항에는 이러한 효력이 없고 손실이 부수계약조항을 포함한 임대차계약상의 조건에 의해 창고임대인과 창고임차인 간에 할당될 뿐이고, 다른 임차인에게 위험이 이전되거나 다른 임차인의 책임이 발생하는 것이 아니라고 보았다. 이와 동일한 내용의 계약(부수계약조항 포함)[75]에 의해서 창고임대업자 1인이 임차인 1인에게 창고 1개를 임대하면 1개의 집단이 생긴다거나 2인의 임차인에게 임대한다면 집단이 생기는 것이 아니라고 설명하면서, 창고임대업자가 다수의 소비자와 계약을 체결하였다는 것만으로 집단이 존재한다고 볼 수 없다고 보았다. 또, 보험자(보험회사)에게 (창고 관리에 대한) 과실이 존재할 경우 보험집단의 모든 구성원의 동시 다발적인 청구가 가능하도록 피보험자 집단을

---

72) 양승규, 앞의 책, 23면 등.
73) Spencer Kimball, *Insurance and Public Policy*, University of Wisconsin Press, 1960.
74) *Deans & Homer, Inc. v. Commonwealth of Kentucky, Pub. Prot. Cabinet, Kentucky Dep't of Ins.* 451 S.W.3d 659 (2014).
75) 창고임대인의 과실로 손해가 발생한 경우에 창고임대인의 면책조항을 포기하기로 하는 내용의 계약임.

구성할 보험회사는 없을 것이라고 설명했다.

결론적으로 동 사안에서 창고임대인이 다수의 소비자와 계약을 하였다고 해서 보험의 요건인 「위험집단(pool)」이 성립된 것은 아니라고 판시했다. 다시 말해, 법원은 위험집단의 부존재를 근거로 하여 동 계약의 보험성을 부정하였다.

(2) 최근 논의

그러나 최근에는 이와 달리 위험단체의 구성원이 "소수"인 경우에도 보험성을 긍정하는 견해가 제시되고 있다.

전국 운수협회 회원을 위한 선불 교통 티켓 프로그램의 보험성이 문제된 National Motorists 사안에서 미국 위스콘신주 항소법원은 이 프로그램의 구성원이 소수라고 하더라도 보험성이 인정된다고 판시했다. 원고인 전국 운수협회는 선불 교통 티켓 프로그램의 구성원이 소수이고 수입이 소액이기 때문에 보험성이 부정되어야 한다고 주장하였다. 그러나 법원은 보험법상 보험업의 크기가 보험규제를 적용할지를 결정함에 있어 유의미하다는 조항이 존재하지 않는다는 피고(위스콘신주 보험청)의 주장을 인용하면서, 당해 사안에서 전국 운수협회의 구성원은 6,500명이지만 장래 회원 수에 대한 상한이 없고 전국적으로 매년 5,000만장의 교통 티켓이 발행되고 있기 때문에 프로그램의 크기는 상당히 성장할 수 있다고 지적하였다. 법원은 규모가 작은 프로그램을 통해 보험을 구매하는 매수인들도 규모가 큰 프로그램을 통해 보험을 구매하는 매수인들과 동일한 보호를 받을 권리가 있다고 판시했다.[76] 즉, 어떠한 계약의 보험성 및 보험규제 적용여부를 결정하는 기준으로서의 위험단체의 크기는 "소규모"로도 족하다는 취지이다.

---

76) *National Motorists Ass'n v. Office of Com'r of Ins.*, 259 Wis.2d 240 (2002).

(3) 검토

보험개념의 핵심은 위험이전이며 위험분산은 필수적 요소가 아니라는 견해도 대두되고 있지만, 일단 위험분산이 보험의 중요한 요소라는 종래의 관점에서 위험단체 구성원이 소수로도 족한지를 생각해본다면, 위험단체의 구성원의 수는 집단자체 내부적으로 위험을 분산시켜 위험집단 전체적 차원에서 불확실성을 제거할 수 있을 정도로 충분한 수일 것이 요구된다고 본다. 다만, 위의 판결의 사실관계와 같이 가까운 장래에 위험단체 구성원의 수의 증가가 확실히 예견되는 등의 특수한 사정이 있다면, 소수의 구성원으로도 보험이 되기 위한 위험집단성이 충족되었다고 볼 수도 있을 것이다.

4) 동질성

보험의 요건으로서의 위험집단이 동질적 위험을 가진 피보험자들로 구성되어야 하는지 이질적인 위험을 가진 피보험자들로 구성되어도 족한지에 대해 논의가 있다.

(1) 필요설

종래 학계에서는 동질적인 위험집단을 통한 위험분산을 보험의 본질적 요소로 보아 왔다. Abraham은 모든 보험시스템의 핵심은 보험이 동질적인 리스크 풀을 추구하는 점이라고 보았고,[77] 이후 Stapleton은 보험의 세 가지 특성을 ① 보험은 돈(보험료)을 지불한 사람들만이 보험금을 수령할 수 있는 닫힌 시스템이며, ② 보험은 동질적 리스크 풀을 만들어내서 피보험자들을 각 그룹으로 나눈 후 각 피보험자에게 보험료와 관련된 위험에 대해 지불하도록 요구하며, ③ 각 풀은 보험집단의 외부자에

---

77) Kenneth S. Abraham, *Distributing Risk: Insurance, Legal Theory and Public Policy*, New Haven: Yale University Press, 1986, p.64.

게 재정적 부담을 지우지 않는 스스로 자금조달을 하는(self-financing) 집단이라고 규명하였다.[78] 이 견해는 보험이 "동질적인 위험집단"을 만들어서 집단구성원을 그룹으로 나누고 위험관련 보험료를 부과해서 장기적으로는 구성원이 그동안 지불했던 것을 회복하도록 하는 것을 보험의 가장 근본적인 특징으로 파악했다. 즉, 보험의 특성으로서 닫힌 시스템, 동질적 위험집단, 자가 자금조달을 강조하였다.[79]

(2) 불요설

그러나 최근에는 동질적 위험집단을 통한 위험분산이 보험의 본질적 요소가 아니라는 견해가 제기되고 있다.

Merkin은 Stapleton이 보험의 첫 번째 특성으로 강조한 닫힌 시스템에 대해 반박하면서 제1당사자 보험(자기를 위한 보험)에서는 보험료를 지불하지 않은 자에게 보험금을 주는 경우가 흔히 있고, 제3자 보험(타인을 위한 보험)이 피보험자를 지불불능으로부터 보호한다고는 하지만 현실에서는 강제보험과 의회법[80]에 의해 보험료를 지불하지 않은 자에 대한 보험금 지급이 이루어지고 있다는 점을 제시한다.[81]

Merkin은 동질적 위험 집단이라는 두 번째 개념표지는 틀린 것이라고 주장하면서, 영리보험은 반드시 동질적 위험을 부보하는 것은 아니고 하나의 계약에서 공공책임, 제조물책임, 자동차책임, 환경책임 등 제1당사자 보험과 제3자 보험을 포괄하는 경우가 빈번하다는 점을 제시한다. Merkin에 따르면 "보험을 「동질적인 리스크 풀을 구성하는 것」으로 분류하는 것"은 시장작동방식을 제대로 반영하지 못한다. '보험료를 지불한

---

78) Jane Stapleton, "Tort, Insurance and Ideology", *58 MLR 820*, 1995, pp. 821-822.

79) *Id.* p.821.

80) The 1930/2010 Acts.

81) Robert Merkin, "Tort, Insurance, and Ideology: Further Thoughts", *75(3) MLR 301*, 2012, p.306.

각자가 보험금을 청구하는 방식으로 그가 지불한 것을 회복할 것'이라는 "장기적 지위"라는 이론적 개념은 피보험자의 풀이 끊임없이 바뀌는 제1당사자 보험의 단기적 성질과 상충될 뿐 아니라 비례성이 깨지는 효과를 가진 재해 손실의 불가피성과도 상충된다고 한다. 손실은 보험기간 전반에 걸쳐서 그리고 복수의 상이한 보험계약자 풀에 걸쳐서 분산될 수 있고,[82] "현재"의 구성원이 지불한 보험료로 "과거"의 위험집단 구성원의 손실을 충당한다고 한다.[83]

마지막으로, 제1당사자 보험의 보험자의 보험대위소송을 통해서 제3자도 그들이 소속되지 않은 보험 풀에 돈을 지불하게 되기 때문에, 보험은 풀에 속하지 않은 외부자에게는 재정적 페널티를 부과하지 않는다고 본 Stapleton의 세 번째 제안 역시 틀린 것이라고 반박했다.

Merkin의 주장의 핵심은 실무상 위험이 분산되기 위해서는 다양화가 요구되는데 대부분의 보험계약은 단기이기 때문에 피보험자의 동질성은 매년 변경된다는 점에서 '구성원이 장기적인 관점에서는 궁극적으로 그들이 보험 위험 집단에 보험료를 반영한 이익을 받을 것'이라는 개념은 실무상 지탱되지 않고, "보험이 동질적인 위험집단을 구성하는 경우는 드물다"는 것이다.[84] Abraham도 보험계약자들이 반드시 동질적지는 않기 때문에, 보험계약자 다수의 이해와 보험계약자 소수의 이해가 상충하는 등, 보험계약자간의 이해가 항상 일치하는 것은 아니라고 설명했다.[85]

---

82) *Id*, p.307.

83) J. Emney, "The Spiral-2 years on", *Address to the Insurance Institute*, London, 16 October 1989.

84) Robert Merkin/Jenny Steele, *Insurance and the Law of Obligations*, Oxford, 2013, pp.140-141.

85) Kenneth S. Abraham, "Four Conceptions of Insurance", *University of Pennsylvania Law Review*, Vol.161, No.3, 2013, p.684.

(3) 검토

'예측'이라는 목적을 위해서 다수의 위험노출단위가 동질적인 것이 바람직하기는 하지만 포트폴리오의 손실분산을 합리적으로 측정할 수 있다면 보험자는 포트폴리오로서 이질적인 위험노출을 보장할 수 있다.[86] 각 위험노출의 분산을 측정(estimate)하는 것은 필수적이지 않고, 포트폴리오의 분산만으로도 충분하다. 보험자가 포트폴리오의 손실분산을 측정할 수 있고 보장에 대한 적절한 보험료를 부과하는 것이 가능하다면 부보가능하다.[87]

외국 뿐 아니라 국내의 채무면제·채무유예상품은 채무자의 사망으로 인한 채무불이행위험, 채무자의 상해로 인한 채무불이행위험, 채무자의 질병으로 인한 채무불이행위험, 채무자의 비자발실업으로 인한 채무불이행위험과 같은 이질적인 위험을 하나로 묶어서 하나의 상품으로 구성되어 있다. 그러나 이처럼 하나의 계약 안에 여러 종류의 보장사건이 혼재되어 있다는 점만으로 동 계약의 보험성이 부정되는 것은 아니다. 만약 이것이 포트폴리오로서 손실분산의 합리적 측정이 가능하고 적절한 가격책정이 가능하다면 보험의 요건인 위험결합을 통한 위험분산의 요건을 충족할 수 있다.

5) 위험분산 요부

(1) 종래의 관점

다수의 계약자가 위험단체를 통한 위험의 분산이 보험의 본질적 요

---

86) David J. Cummins/Leonard R. Freifelder, "A Comparative Analysis of Alternative Maximum Probable Yearly Aggregate Loss Estimators", *Journals of Risk and Insurance*, Vol. 45, 1978, pp.27-52.

87) J.T. Schmit, "A new view of the requisites of insurability", *Journal of Risk and Insurance*, Vol. 53, 1986, p.327.

소인지에 대해서 종래에는 이를 긍정하는 견해가 주류를 이루었다.[88]

보험의 정의에 관한 리딩케이스인 Helverings v. LeGierse 사안에서 미국 법원은 "보험거래는 위험이전과 위험분산에 관한 거래"라고 판시했다.[89] 법원에 따르면 위험이전과 위험분산은 보험의 필수적 요소이다. "위험분산"이란 보험자가 대수의 법칙을 작동할 수 있을 정도의 충분한 익스포저(sufficient exposure)를 가지고 있는 경우에 위험을 흩뜨리는(spread) 방법이다. 즉, 위험분산이란 '평균의 법칙(law of averages)'을 '이용'해서 별개의 당사자와의 별개의 계약의 덩어리(mass)를 통해서 손실비용을 흩뜨리는 방법이라는 것이다. 여기에서는 충분한 수의 익스포저(즉, 다중성(mass)), 동질성(homogeneity), 인수된 익스포저 단위 사이에서의 독립성(independence)이 요구되고, 인수된 피보험자의 집단(pool)은 비관련 당사자들(unrelated parties)로 구성되어야 한다.[90]

또, 이 판결에서 확립된 '역사적으로 그리고 통상적으로 보험은 위험분산을 수반한다'는 심사기준(test)은 후속판결에서 빈번하게 적용되었다.[91]

Commissioner of Internal Revenue v. Treganowan 사건의 항소심 법원은 Helverings 판결에 대한 한 평석[92]을 인용해서 다음과 같이 판시했다. "①「위험이전」은 보험의 「개인적인 측면」, 즉 피보험자가 사망할 시점에 대해 각자 내기를 하는(gamble) 보험자와 피보험자 사이의 계약의 효력을 강조

---

88) 1 G. Couch, *Cyclopedia of Insurance Law* § 1:3 (2d ed. 1959)에서는 ① 손실과 관련 있는 위험이 인수된다는 점과 ② 보험자가 위험에 대한 가능한 책임의 작은 부분으로 각 위험을 인수하는 것이 가능하도록 모든 위험에 걸쳐 손실이 분산되는 점을 보험의 특성으로 설명한다.

89) Robert E. Keeton, *Basic Text on Insurance Law*, West Pub. Co., 1971, § 1.2(a) 에서도 "보험은 위험을 이전·분산시키는 계약이다"라고 서술한다.

90) *Helverings v. LeGierse*, 312 U.S. 531, 61 S.Ct. 646 (1941).

91) *Commissioner of Internal Revenue v. Treganowan*, 183 F.2d 288, 50-1 USTC P 10, 770, 39 A.F.T.R. 672 (1950) 등.

92) "Note, The New York Stock Exchange Gratuity Fund: Insurance That Isn't Insurance", *59 Yale L.J. 780*, p.784.

한다. 다른 한편, ②「위험분산」은 그 비용을 집단을 통해 분산함으로써 잠재적인 손실 위험을 없애는 방법으로서의 보험의 「보다 광범위하고 사회적인 측면」을 강조한다. 독립된 위험이전계약의 덩어리를 통해서 위험을 분산함으로써 보험자는 「평균의 법칙(law of averages)」에 따라 제비뽑기를 한다. 따라서 위험분산과정은 보험의 본질이다."[93]

Group Life & Health Insurance Co. v. Royal Drug Co.[94]에서도 "위험의 분산은 보험의 포기할 수 없는 특성이라고 보았다.

(2) 최근 논의

경제학자 Arrow가 보험을 '돈과 돈을 교환'하는 것, 즉 보험계약을 '현재의 돈을 미래의 조건적 돈과 교환하는 조건적 청구(conditional claims)' 라고 정의한 후부터,[95] 위험의 이전과 위험단체를 통한 위험의 분산, 대수의 법칙의 적용 등 전통적인 설명방식에서 점차 벗어나 보험을 일반적인 금융이론의 틀 안에서 분석하기 시작했다. 또, 경제학적인 측면에서 보험은 '위험의 전가'라고 설명된다.[96]

최근에는 보험 메커니즘에서 위험결집(risk pooling)은 필수적이지 않다고 보는 견해가 등장하고 있다. 이러한 입장에서는 보험 메커니즘의 본질

---

93) *Commissioner of Internal Revenue v. Treganowan*, 183 F.2d 288, 50-1 USTC P 10,770, 39 A.F.T.R. 672 (1950).

94) 440 U.S. 205, 211, 99 S.Ct. 1067, 59 L.Ed.2d 261 (1979).

95) Arrow KJ, "Insurance, risk and resource allocation", in Arrow KJ (ed), *Essays in the theory of risk bearing*, North Holland, Amsterdam, 1970, pp.134-143; 애로우의 이러한 정의는 1970년대와 1980년대의 위험 및 보험경제학의 방향을 크게 전환시켰다. 애로우에 앞서 보험자를 금융중개자로 인식한 Gurley와 Shaw의 연구(Gurley J, Shaw ES, *Money in a theory of finance*, Brookings Institution, Washington DC, 1960)는 이러한 방향전환의 전조가 되었다(Henry Loubergè, "Development in Risk and Insurance Economics: The Past 40 Years", in George Dionne(ed.), *Handbook of Insurance*, 2nd ed., Springer, 2013, p.240).

96) Eric Banks, *Alternative Risk Transfer-Integrated Risk Management through Insurance, Reinsurance, and the Capital Market-*, John Wiley & Sons, Ltd., 2004, p.20.

은 위험이전이며, 위험을 이전하는데 있어서 결집이 발생할 수는 있지만 필수적이지는 않다고 하면서, 그 예로 보험회사는 위험을 인수하면서 위험을 다른 위험들과 풀링하지 않는 경우도 많다는 점을 지적한다.[97]

(3) 검토

경제학적 측면에서 보험은 위험의 전가라는 점을 고려하면,[98] 관념적이고 규범적인 관점을 배제한 실재하는 보험의 모습은 위험결집을 통한 위험의 분산을 반드시 수반하는 것은 아닐 것이다. 최근의 새로운 관점은 이러한 실재하는 보험에 대한 이해에 기반한 타당한 관점이라고 생각된다.

3. 보험의 단체성

1) 종래의 논의

(1) 보험의 단체성과 보험계약의 개별성

법적으로 볼 때 보험계약은 보험자와 보험계약자 간의 채권계약에 불과하다. 그러나 경제적 측면에서 보험계약자는 보험자라고 하는 보험단체의 운영자를 축으로 해서 다수의 보험계약자를 구성원으로 하는 위험단체를 형성하고 있다. 이 단체성은 보험제도의 기술적 요청으로서 다수인에 의한 위험의 집중과 대수의 법칙에 의해 위험을 합리적으로 분산할 필요에서 생기는 개별 보험계약 사이의 상관관계를 말한다.[99]

---

97) *Id.*
98) Dieter Farny, *Versicherungsbetriebslehre*, VVW, 4. Aufl. 2006, S. 35ff.
99) 김성태, 앞의 책, 159면; 山下友信/竹濱修/洲崎博史/山本哲生, 「保險法」第3版 補訂版, 有斐閣アルマ, 2015, 29면은 보험의 단체성이란 보험이 다수가입자에 의한 공동비축을 통해 위험을 종합평균화하는 제도이므로 거기에서 보험단체라는 회사적 단체가 생겨 각 보험계약자는 단체의 일원으로서 단체의 공동

위험단체의 존재를 전제로 하는 보험제도의 특성으로 인해 보험의 단체성과 보험계약의 개별성의 상관관계가 논의되고, 단체성과 개별성 중 어느 것에 더 비중을 두어 법제도를 설계하고 운용할 지에 대해서는 다양한 견해가 있으나,[100] 어느 견해에 의하든 그 정도에 차이가 있을 뿐, 보험의 단체적 성격은 보험제도의 성립이나 운영, 보험계약법 또는 약관에 의한 개별보험계약의 해석에 적용에 있어서 유의미한 기준으로 작용한다.[101]

보험계약의 개별적 성질과 단체적 성질은 상호 밀접한 상관관계에 있다. 보험단체라는 개념은 개별 보험계약 없이는 형성될 수 없고, 개별 보험계약이 체결되기 위한 위험률과 보험료 산출 등은 보험단체를 통해서만 가능하기 때문이다.[102] 다시 말해 보험은 개별적인 보험계약의 단순한 집합이 아니라 위험단체라고 하는 다소 추상적인 개념을 상정하는 제도이며, 위험을 인수하는 보험자 역시 개별 계약의 당사자로서의 정체성 (identity) 뿐 아니라 보험단체를 운영하는 운영자로서의 정체성도 가진다.

의 이익을 위해 각종의 제도에 복종한다고 하는 성격을 말한다고 설명한다.

100) 영리보험의 경우에는 상호보험에서와는 달리 보험계약자간에 법적인 교섭이 없으므로 단체성이 전면에 나타나지 않고 간접적·잠재적으로 인정될 뿐이다. 영리보험계약을 운영하고 해석함에 있어서 어느 정도로 단체성을 반영해야 하는지에 대해, 보험계약은 개별적으로 이루어지면서 보험단체를 전제로 할 수밖에 없기 때문에 단체성 원칙이 적극적으로 반영되어야 한다는 견해(양승규, 앞의 책, 84면)와 단체법적 원칙에 의해 채권계약의 효력을 지나치게 구속해서는 안 된다고 하면서 단체성의 고려는 보험사업 감독 등에 관한 보험공법에 맡기는 것이 타당하다는 견해가 대립한다.

101) 김성태, 앞의 책, 159면에 의하면 보험계약법리의 운용에 있어서 보험의 단체성은 고려될 필요가 있다고 한다.

102) 박세민, "보험계약 및 약관 해석에 있어서 보험계약의 단체성과 개별성 원리의 조화 문제에 관한 소고", 『보험학회지』 제93집, 한국보험학회, 2012, 77면.

(2) 보험의 단체성과 보험의 기술성

위험단체인 보험단체는 「위험의 동질성」과 「위험의 다수성」을 요소로 한다. 개별 계약을 체결하는 일방당사자인 보험계약자가 지닌 위험의 종류는 다양하겠으나, 하나의 보험단체를 구성하는 보험가입자로서의 보험계약자들은 「동종의 위험」을 지니고 있어야 한다. 보험은 "개별보험계약"을 기초로 계약당사자 1인의 위험이 현실화될 확률을 계산해서 보험료와 보험금을 산출하는 구조가 아니라, "보험계약자의 집단 전체의 기금"에서 1인의 보험계약자의 손해를 전보해주는 구조이기 때문에, 하나의 단체의 구성원이 이종의 위험을 가지고 있다면 이러한 계산 자체가 불가능하다. 보험자에 따라서 형성·운영하는 보험단체는 하나 또는 다수가 되겠으나, 하나의 보험단체를 구성하는 구성원(보험계약자)이 가진 위험은 동종의 위험이어야 하고 추정되는 위험의 크기도 유사하게 맞춰진다.[103]

2) 새로운 논의

(1) 미국

종래에는 보험을 사회적 책임의 형태로 이해하고 보험의 집단적 차원에 포커스를 맞추었다면, 최근 미국에서는 보험을 독립적인 양자 간의 계약으로 보는 관점이 우세하다.[104] 보험을 집단적 차원으로 이해하는 관점은 잘 보이지 않는다고 한다.[105] 미국 내의 다수의 보험계약자들은

---

103) 보험자는 잠재적 위험의 크기를 유사하게 맞추기 위해 '언더라이팅(underwriting)'이라는 기법을 사용한다.

104) Tom Baker, "Risk, Insurance, and the Social Construction of Responsibility" in Tom Baker and Jonathan Simon, *Embracing Risk: The Changing Culture of Insurance and Responsibility* (Chicago: University of Chicago Press, 2002), pp.35-36.

105) *Id.* pp.36-37, 이와 달리 이슬람학자들은 보험을 집합적인 관점에서 이해한다고 한다.

자신이 낸 보험료의 대부분이 타인의 보험금으로 지급될 것이라는 것을 인식하지 못하고, 보험이 보험철회기간이 허용되어 있다는 점을 제외하고는 저축계좌와 비슷해서 인생전반에 걸쳐 각자의 보험계좌에 적립한 액수가 인출하는 액수와 거의 같을 것이라고 기대한다고 한다.[106]

보험을 사회적 집단의 효용을 위해 위험을 감소시키거나 제거하는 제도로 보는 이슬람적 관점과 달리, 미국의 관점에서는 보험이란 계약을 체결할 것을 선택한 개인의 효용을 위해 위험을 이전시키는 양자 간의 계약으로 이해한다.[107]

(2) 일본

일본에서는 최고재판소가 平成 7년 (1995년) 개정 이전의 보험업법 제10조 제3항상 보통보험약관 등의 변경 인가시에 주무대신이 보험계약자 측의 이익을 보호하기 위해 특히 필요하다고 인정되는 대에는 기존의 계약에 대해서도 변경의 효력이 발생하도록 하는 소급적 행정처분을 할 수 있다는 규정을 해석하면서, 보험의 단체성을 강조하여 보험회사의 파산을 회피한다고 하는 보험단체전체의 이익을 위해서는 기존계약에 대해서 보험료 증액을 하는 것도 허용한 적이 있다. 보험의 단체성을 근거로 보험계약자에게 불이익한 소급처분도 가능한 것으로 해석한 것이다.

그러나 이 판결에 대해 일본의 법체계 안에서 보험의 단체성을 근거로 하여 이와 같은 불이익한 처분을 정당화하는 것은 의문이라는 비판이 제기되었고 동 규정은 平成 7년 (1995년) 법 개정으로 삭제되었다.[108]

---

106) *Id.* p.36.
107) *Id.* p.38.
108) 山下友信/竹濱修/洲崎博史/山本哲生, 「保險法」 第3版 補訂版, 有斐閣アルマ, 2015, 29-30頁.

(3) 독일

독일에서도 보험의 개념을 이해하는 데 있어서 단체성에만 초점을 맞추지 않고 계약적 개념에서 도출하려는 경향이 있고,[109] 위험공동체라는 용어의 사용을 자제하고 위험집단이라는 용어를 사용할 것을 제안하는 견해가 등장하는 등 보험의 단체성을 보험제도의 본질로 파악하는 입장은 약화되고 있다.

4. 채무면제·채무유예계약의 경우

국내 신용카드 회원 중에서 채무면제·채무유예상품을 구입하는 회원은 최근 몇 년 동안 매년 약 1,300만 명에 이르고 신용카드사의 수수료 수입도 2,000억 원가량 된다. 이는 개별 보험상품의 가입자 수 및 보험료 수입과 비교해도 결코 적은 수치가 아니다. 이 수치를 7개 신용카드사로 분배해보더라도 위험집단을 구성하기 위한 위험의 다수성은 충족된다.

다만, 대부분의 상품이 이질적인 성격의 보장사고들(사망, 상해, 질병, 비자발실업, 라이프 이벤트 등)을 하나로 묶은 상품이고, 계약체결단계에서 분류, 언더라이팅 절차를 제대로 거치지 않는다는 점, 위험의 크기에 따른 요율산정이 이루어지지 않는다는 사실로 인해 동질적 위험으로 위험집단이 구성되는 것이 보장되지 않는다.

그러나 지금까지 살펴본 바와 같이, 현실의 시장이 작동하는 방식 및 보험의 단기 계약성 등으로 인해 동질적인 위험집단이 구성되는 경우는 드물다는 점과, 복수의 상이한 보험계약자 풀에 걸쳐서 위험을 분산시키는 것이 가능하다는 점을 생각해본다면, 이질적인 위험으로 위험집단을 구성하는 것이 가능하고 이를 통해 위험을 분산하는 것이 가능하다. 따라서 하나의 신용카드회사와 국내 채무면제·채무유예상품계약을 체결한

---

109) 김은경, "독일보험계약법 개정과 그 시사점", 『상사법연구』 제25권 4호, 한국 상사법학회, 2007, 110면.

다수의 소비자들은 보험의 요건으로서의 '위험단체'를 형성하였다고 할 수 있다.

덧붙여, 국내에서 시판되고 있는 채무면제·채무유예상품은 각 상품 개별적으로는 복수의 상이한 보장사고가 하나의 상품계약 안에 포함되어 있어서 위험의 동질성을 와해시키지만, 상품들끼리 보장하는 사고의 내용과 계약의 내용이 서로 유사하다. 이러한 측면에서는 한 신용카드회사 또는 다수의 신용카드사가 인수하는 위험의 동질성이 강화된다고 볼 수도 있다.

설사 국내에서 판매되고 있는 채무면제·채무유예상품계약이 충분히 다수의 위험의 집적과 위험분산 요건을 갖추지 못했다고 보더라도, 소수의 위험과 구성원만으로도 충분하다고 보는 미국 판결과 위험의 집적 및 위험분산 없이 위험의 이전만으로도 보험이 성립된다는 논리에 의한다면, 그것만으로 채무면제·채무유예상품계약의 보험성이 부정되지 않는다. 이러한 논리는 처녀비행을 하는 우주선에 대한 보험상품, 신소재로 건설한 빌딩에 대한 화재보험상품 등 경험요율이 축적되지 아니한 대상에 대한 보험도 판매되고 있는 점, 유명스포츠 선수의 발에 대한 상해보험상품이나 연예인의 얼굴의 대한 상해보험과 같이 다수의 위험을 집적해서 풀(pool) 내부에서 위험을 분산시킬 수 없는 경우에 대해서도 보험상품을 개발하고 판매하는 해외의 사례[110]에 의해 보강될 수 있다.

---

110) 이 경우 위험을 인수한 보험회사는 재보험이나 보험파생상품을 통해 인수된 위험의 전부 또는 일부를 다른 주체에게로 이전시킨다.

V. 보충적 논의 - 자가보험성

1. 문제점

이상으로 살펴본 바와 같이, 채무면제·채무유예계약은 주채무자에게 발생한 우연한 사고로 인한 주채무자의 채무불이행위험을 주채권자에게 이전하는 위험이전계약이고, 국내의 채무면제·채무유예상품 소비자들은 위험집단을 형성하고 있다고 할 만큼 다수이기 때문에 위험분산이라는 보험의 요소도 갖추고 있다. 그러나 동 계약을 자가보험으로 파악하여 보험계약이 아니라는 반론이 제기되고 있다. 이에 대해 생각해보자.

2. 채무면제·채무유예계약의 자가보험성에 대한 논의

1) 국내

국내에서는 채무면제·채무유예상품을 보험으로 보는 견해와 자가보험으로 보는 견해가 대립된다. 동 상품은 금융회사들이 신용 공여와 관련하여 예상되는 손실에 대해 적절한 충당금을 설정하고 유지함으로써 스스로를 보호하려는 자가보험의 성격이 강하다고 보는 견해에서는,[111] 이 때 지불하는 수수료를 자금차입자에게 유리한 추가적인 조건을 대출계약에 포함시킴으로써 신용을 공여하는 금융기관이 추가적으로 위험을 부담하는 데 따르는 대출 패키지의 가격 상승분으로 이해한다.[112]

이에 반해, 상품수수료를 주채권자가 아니라 주채무자가 부담한다는

---

111) 박종희, "보험업법 개정안의 문제점 및 개선방안과 보험업 발전방향", 박종희 의원실 정책자료집, 2009, 35-36면.
112) 이상제, 「채무면제·채무유예 금융 서비스와 정책 과제」, 한국금융연구원 보고서, 2006. 2., 7면.

점을 근거로 이 상품은 자가보험이 아니고 보험이라는 주장도 있다.[113]

2) 미국

미국 뉴욕주 법원의 Corcoran 판결에서는 자동차 렌털 중개업소가 소비자에게 판매한 충돌손해포기약정상품(CDW)이 자가보험에 해당된다고 판시되었다. 차량 임대인이 채권을 포기하기로 한 이 약정은 임대인이 자신의 손실로 수용하는 내용의 계약이라는 것이 뉴욕주 법원의 판단이다.[114]

그러나 소비자가 렌터카회사로부터 차량을 임차하여 운행하던 중 사고가 발생해서 제3자가 상해를 입은 경우 제3자에 대한 렌터카회사의 책임범위가 문제된 사안에서는, 렌터카회사가 "자가보험의 방식을 취한 경우에도 전통적인 외부의 보험상품을 구입한 경우와 마찬가지로 주법의 책임제한 규정이 적용된다"고 판시한 사례도 있다.[115]

---

113) KB금융지주경영연구소, "채무면제 및 유예계약(DCDS)의 이해와 시장확대 가능성", 「KB지식비타민」, 14-34호(2014. 4. 30.), 4면.

114) *Hertz Corporation v. Corcoran*, 520 N.Y.S.2d 700 (1987).

115) *Fellhauer v. Alhorn*, 361 Ill.App.3d 792 (2005); *Boatright v. Spiewak*, 214 Wis.2d 507, 509-10, 570 N.W.2d 897, 898-99 (1997); *ELRAC, Inc. v. Ward*, 96 N.Y.2d 58, 748 N.E.2d 1, 724 N.Y.S.2d 692 (2001); *Southern Home Insurance Co. v. Burdette's Leasing Service, Inc.*, 268 S.C. 472, 478, 234 S.E.2d 870, 872 (1977); *Kiernan v. Agency Rent A Car, Inc.*, 940 F.2d 917, 920 (4th Cir.1991); *McSorley v. Hertz Corp.*, 885 P.2d 1343, 1350 (Okla.1994); *Li v. Zhang*, 120 P.3d 30, 33 (Utah App.2005); *Millers National Insurance Co. v. City of Milwaukee*, 184 Wis.2d 155, 167, 516 N.W.2d 376, 379 (1994).

3. 자가보험과 보험의 구별

1) 국내

자가보험의 보험성을 상세히 다룬 법원 판결은 보이지 않는다. 자가보험에 대한 국내 보험법 문헌의 설명을 살펴보자. 자가보험은 개별 경제주체가 특정의 손실에 대비하기 위하여 스스로 사고발생률을 계산하여 그에 의하여 산출된 필요자금을 미리 비축하는 방법[116] 또는 특정시설물에서 생기는 손실을 전보하기 위하여 거기서 나오는 이익의 일부를 일정한 기준으로 적립하는 방법으로서 "저축"의 특수한 형태[117]라고 한다. 자가보험 역시 대수의 법칙에 의한 손해발생의 개연율을 기초로 하여 금전을 적립하는 점에서 보험과 유사하다는 주장도 있지만,[118] 자가보험은 "단일"한 경제주체 "내부"의 문제이지 다수의 경제주체간의 위험분산제도가 아니라는 점[119]과 위험률을 기준으로 하지 않는다는 점[120]을 근거로 보험과는 구별되는 제도라고 이해하는 것이 일반적이다.

2) 미국

(1) 개관

우리와 달리 미국에서는 어떠한 계약이 자가보험에 해당하는지 아니면 보험에 해당하는지가 다루어진 사례가 많고, 미국 법원은 자가보험은 보험과 구별되는 것이라고 보면서도, 일정한 요건이 충족되면 자가보험이 보험으로 간주될 수도 있다는 입장이다.

---

116) 장덕조, 「보험법」 제3판, 법문사, 2016, 15면.
117) 김성태, 앞의 책, 29면.
118) 손주찬, 「상법(하)」, 박영사, 1996, 465면.
119) 김성태, 앞의 책, 29면; 장덕조, 앞의 책, 15면.
120) 김성태, 위의 책, 29면.

(2) 자가보험의 의의

자가보험이란 기업이 손실을 커버하기 위해 자체 내에서 특별한 펀드를 보유하는 것을 말하고, 다른 형태의 보험과는 달리 보험회사와의 계약은 존재하지 않는다.[121] 전미 신용조합협회의 유권해석에 따르면 자가보험이란 "피보험자가 책임손실액을 커버하기 위해 충분한 액수의 금원을 모으는 것"을 의미한다고 한다. 채무면제계약이 체결된 차량에 대해서 연방신용조합이 보험회사로부터 GAP 보험을 구매하는 대신에, 초래될 수 있는 대출 손실액에 대해 특별한 유보금을 쌓아둔다면, 자가보험에 해당하고, 특정한 금액을 한도로 대출손실액에 대해서 특별한 유보금을 쌓아두고 그것을 초과하는 손실액이나 책임액을 담보하기 위해 보험을 구매하는 것도 자가보험에 해당한다고 한다.[122]

그러나 자가보험에 관한 미국의 대표적인 문헌에 따르면, "자가보험"이라는 용어는 정확한 법적 의미를 가지고 있지 않기 때문에[123] 입법자와 법원은 보험자로서 행위하는 당사자들을 어떻게 취급할지, 특히 자가보험자를 보험자와 동일하게 여겨야 하는가 하는 문제와 씨름하게 된다고 한다.[124]

(3) 자가보험은 보험이 아니라는 판결

먼저, 자가보험의 목적과 특성을 설명한 뉴저지주 항소심 법원은 자가보험은 보험이 전혀 아니고 오히려 보험과 대립되는 것이라고 설시했다. 법원에 따르면 보험계약의 본질은 손실위험을 피보험자에게서 보험자에게로 이전하는 것인데, 자가보험은 법 또는 계약에 의해 손실위험을 직접 부담하는 사람이 그 손실위험을 보유하는 것을 본질로 한다고 한

---

121) *Black's Law Dictionary 875* (Bryan A. Garner ed., 9th ed., West 2009).

122) N.C.U.A. Opinion Letter, 1997WL34625203, 1997. 9. 12., p.2.

123) *1A Couch on Insurance 3d* § 10:1, at 10-2 (1995).

124) *1A Couch on Insurance 3d* § 10:2 (1995).

다.125) 즉, 자가보험과 보험을 상이한 개념으로 보았다.

일리노이주 항소심 법원도 "보험계약이 보험자와 피보험자라는 양 당사자를 필요로 하는 계약임은 자명한데, 자가보험은 보험자와 피보험자가 관련(involve)되지 않기 때문에 자가보험은 보험이 아니라고 설시했다.126)

애리조나주 법원도 당해 사안의 사용자는 보험자가 아니라 자가보험자라고 판단하는 근거로서 보험자와 피보험자간의 계약이 존재하지 않는다는 점을 제시했다. 또, 웨스트 버지니아주 법원에 따르면 자가보험 기관은 보험업을 영위하는 것이 아니며,127) 자가보험에는 보험계약의 당사자에게 적용되는 커먼로상의 선의의무(common law duty to act in good faith)와 선의의무 위반으로 인한 불법행위책임(tort of bad faith)이 적용되지 않는다고 판시하였다.128)

(4) 보험으로 볼 가능성을 열어둔 판결

그러나 일정한 요건이 충족되면 자가보험의 계약당사자가 보험을 제공하는 것으로 여겨질 수도 있다고 한다. 일리노이 주 항소심 법원은, ① 자가보험의 당사자가 실제로 부보가능한 위험을 인수하기 위함이었는지 아니면 단순히 공제를 받기 위한 노력에 불과하였는지 여부, ② 자가보

---

125) *American Nurses Ass'n v. Passaic General Hospital*, 192 N.J.Super. 486, 491, 471 A.2d 66, 69 (1984).

126) *Hill v. Catholic Charities*, 118 Ill.App.3d 488, 492, 74 Ill.Dec. 153, 455 N.E.2d 183, 185-86 (1983); *Patterson v. Durand Farmers Mutual Fire Insurance Co.*, 303 Ill. App. 128, 24 N.E.2d 740 (1940).

127) 비록 자가보험 렌트카회사가 보험회사의 자격을 갖추고 있다고 결정한 판시가 있기는 하지만(*Korzun v. Chang-Keun Yi*, 207 W.Va. 377, 532 S.E.2d 646 (2000)), 이는 오직 웨스트버지니아 주법에 규정된 비거주자동차 운전자(웨스트버지니아 주에 거주하지 않는 운전자를 의미함)를 대신하는 절차상의 서비스를 수용하기 위한 목적으로만, 다시 말해 오직 절차적 목적에만 적용되는 판시라고 한다(*Hawkins v. Ford Motor Co.*, 211 W.Va. 487 (2002)).

128) *Hawkins v. Ford Motor Co.*, 211 W.Va. 487 (2002).

험의 당사자(entity)가 위험을 예상하고 예상되는 손실을 보장하기 위해 충분한 자금을 따로 마련해 두는 계산적인 결정을 하였는지 아니면 손실이 발생하지 않기를 희망하면서 보험구입비용을 절약하기로 결정하였는지 여부129)에 따라서, 보험을 제공한 것으로 볼 수도 있다고 판시했다.130) 즉, 미국 법원은 자가보험을 보험과 구별되는 개념으로 파악하면서도, 일정한 요건이 충족되면 자가보험의 당사자는 보험을 판매한 것으로 간주될 수도 있다고 본 것이다.

미국의 일부 주에서는 자가보험자는 자동차소유자의 보험자가 보험계약에 의해 액수와 동일한 액수를 지불해야 한다는 성문법(재정책임법) 규정을 두고 있기도 하다.131)

(5) 자가보험과 보험을 구별하는 기준

자가보험이 문제된 미국 법원의 판결을 살펴보면 앞서 소개한 차량 렌탈 계약과 연계한 채무면제계약의 자가보험성이 문제된 사안과, 지방자치단체 공무원의 과실행위로 인한 주민의 손해를 보장하기 위한 계약이 자가보험인지가 문제된 사안으로 분류할 수 있다.

후자의 사례들에 대한 법원의 판시를 요약하면, 자가보험의 방식을

---

129) *1A Couch on Insurance 3d § 10:2*, at 10-2 (1995).

130) *Fellhauer v. Alhorn*, 361 Ill.App.3d 792 (2005): 이 사안은 전통적인 보험상품 대신에 자가보험의 방식을 취한 자동차 임대업자(렌터카업자)에게 전통적 보험상품을 구입한 자동차 임대업자에게 적용되는 일리노이 주법의 책임제한 규정을 적용할 수 있는지가 문제된 사안이다. 법원은 자가보험 방식을 취한 당사자를 보험을 제공하는 자로 취급할 수 있는 기준을 제시하고, 사안의 렌터카회사는 전통적인 외부 보험을 구입하는 방식 대신에 자가보험의 방식을 선택하였지만, 임대 차량에 의해 상해를 입은 제3자에 대한 책임범위에 관해서는 보험 구입자에게 적용되는 일리노이 주법의 책임제한규정이 적용될 수 있다고 판시하였다.

131) Mo.Ann.Stat. § 303.160(1)(4); Wis. Stat. Ann. § 344.30(4); Tex. Transp. Code Ann. § 601.124(c).

취한 지방자치단체는 불법행위책임의 면책을 포기한 것으로 볼 수 없어 주민에게 불법행위책임을 지지 않는 반면, 외부의 상업적 보험에 가입한 지방자치단체는 면책을 포기하였으므로 주민에게 불법행위책임을 져야 한다고 보았다.132)133) 자가보험인 지자체가 면책된다는 점은 하나의 지방자치단체가 내부적으로 자가보험을 보유한 경우 뿐 아니라 다수의 다른 지방자치단체와 공동으로 자가보험 풀(pool)에 가입한 경우에도 마찬가지라고 한다.134) 다수의 지방자치단체가 거대한 책임위험을 수반하는 잠재적 회계재앙으로부터 스스로를 보호하기 위해 위험과 자원을 결집(pooling)한 「지방정부 간의 위험 관리 에이전시(Intergovernmental Risk Management Agency, 이하 "IRMA")」라는 명칭의 위험집단이 자가보험이라기보다는 보험회사에 가깝다는 소송당사자(원고)의 주장에 대해, 미국 법원은 IRMA의 실질은 "민사책임 위험과 비용을 분담(share)하기로 정부

---

132) *Beckus v. Chicago Board of Education*, 78 Ill.App.3d 558, 561, 33 Ill.Dec. 842, 397 N.E.2d 175 (1979); *Antiporek v. Village of Hillside*, 114 Ill.2d 246 (1986); *Aetna Cas. & Sur. Co. v. James J. Benes and Associates, Inc.*, 229 Ill.App.3d 413 (1992); *Pritza v. Village of Lansing*, 405 Ill. App.3d 634(2010).

133) 미국의 다수의 주법은 지방자치단체 소속 공무원에게 과실 있는 행위로 인해 주민이 입은 손해에 대해서는 지방자치단체는 책임을 지지 않지만, 자방자치단체가 그에 관한 상업보험에 가입한 경우에는 면책을 포기한 것으로 본다고 규정한다. 위의 각주의 판례는 이러한 성문법이 있는 주에서 문제된 사안으로, 지방자치단체가 상업적 보험이 아니라 자가보험 풀에 가입한 경우에도 상업적 보험에 가입한 경우와 마찬가지로 면책을 포기한 것으로 취급되는지가 법적 분쟁이 된 사안들이다.; 법원이 상업적 보험에 가입한 지자체의 면책을 포기한 것으로 보는 근거는 그 경우 정부자금이 위험에 처하지 않는데, 그럼에도 불구하고 지자체를 면책시킨다면 보험자의 위험을 인수한 사적 투자자의 이익으로 귀결될 것이기 때문이라고 한다. 반면, 지방자치단체가 자가보험인 경우에는 지방자치단체가 모든 리스크를 스스로 보유하고 정부금고에서 직접 돈을 지급할 것이기 때문에 지자체를 면책시킨다고 하더라도 사적투자자가 면책을 주장하거나 인수한 책임의 회피를 시도할 우려가 없을 것이라고 한다.

134) *Antiporek v. Village of Hillside*, 114 Ill.2d 246 (1986).

기관이 형식적인 계약을 통해 결집된 자가보험(pooled self-insurance)"이라고 판시했다.135)

법원은 풀링된 자가보험을 단독 자가보험과 동일하게 취급하는 근거로서, ① 풀의 참가자가 '공공기관'으로 제한되어 있고 위험을 영리적 위험인수인에게 이전하지 않고 '참가자들끼리만 공유'하기 때문이라는 점과136) ② 풀링된 자가보험을 자가보험으로 인정하지 않고 영리보험과 동일하게 취급한다면 단독으로 자가보험자가 될 수 있는 큰 규모의 지방자치단체에 비해 단독으로 자가보험자가 될 수 없는 규모의 지방자치단체에게 불리하다는 점을 제시했다.137)

또, 법원은 '공공정책에 대한 고려'를 계약의 보험성과 책임범위를 결정짓는 기준의 하나로서 제시했다. 지방정부의 잠재적 재정 위험에 대비하기 위한 IRMA 사례에서는 공공정책을 고려하여야 하는 반면,138) 병원은 비영리기관이기는 하지만 공공기관이 아니어서 공공기금이 지출될 위험은 없기 때문에 공공정책을 고려할 필요가 없다고 하면서, 자가보험자 해당성 및 책임범위에 대해서 지방정부와 비영리법원을 각기 달리 판단했다.139)

---

135) *Antiporek v. Village of Hillside*, 114 Ill.2d 246 (1986).

136) *Antiporek v. Village of Hillside*, 114 Ill.2d 246 (1986); *Chicago Hospital Risk Pooling Program*, 325 Ill.App.3d at 982, 259 Ill.Dec. 230, 758 N.E.2d 353 에서도 "진정한" 자가보험은 상업적인 보험업자에게로 위험을 이전하지 않고 위험을 보유하기로 선택하기 때문에, 부보가능한 이익과 위험의 정체성(identity)을 전통적 상업보험자와 공유하지 않는데, 이 사안의 계약조항(CHRPP)에 의하면 중복보장이 이루어진 경우에 CHRPP는 상업적 보험자와 손실위험을 공유하고 순수한 자가보험과는 다른 어떤 것으로 보장을 이전하려고 하기 때문에, 의료과실책임 위험을 보장하기 위한 시카고 병원의 리스크 풀링 프로그램인 CHRPP를 상업적 보험자와 동일하게 취급한다고 판시했다.

137) *Aetna Cas. & Sur. Co. v. James J. Benes and Associates, Inc.*, 229 Ill.App.3d 413 (1992).

138) *Antiporek v. Village of Hillside, 114 Ill.2d 246 (1986); Aetna Cas. & Sur. Co. v. James J. Benes and Associates, Inc.*, 229 Ill.App.3d 413 (1992).

4. 검토

신용카드사가 소비자와 채무면제·채무유예계약을 체결하는 것이 여신계약상의 주채권이 불이행될 경우에 입게 될 손실에 대비하기 위해 사고발생률을 계산해서 산출된 필요자금을 미리 비축하는 단일 경제주체 내부의 자가보험에 해당하는지를 생각해보면, 첫째, 소비자의 채무불이행으로 인해 신용카드사 자신이 입게 될 손실에 대비하는 것이 동 계약의 내용이 아님을 알 수 있다. 계약상의 보장사고는 채무자의 채무를 불이행하였을 것이 아니라 채무자가 사망 또는 상해 등을 입었을 것을 내용으로 한다. 채무자에게 보장사고가 발생한다고 해서 반드시 채무자가 이행불능 상태에 빠지는 것도 아니고 채무자에게 변제의사가 없어지는 것도 아니다. 따라서 채무면제·채무유예계약은 신용카드사가 입게 될 손실에 대비하기 위해 수수료를 적립해두는 신용카드사의 자가보험이 아니라, 보장사고의 발생으로 인해 채무자에게 경제적 수요가 발생하고 그로 인해 채무를 이행하지 못하게 됨으로써 채무자가 입게 될 법적·경제적 위험을 채권자인 신용카드사에게로 이전하고 그 대가로 채무자인 소비자가 일정한 수수료를 지급하는 내용의 계약이라고 보는 것이 타당하다.

둘째, 각 신용카드사는 공공기관이 아니며 7개 전업계 신용카드사끼리 풀을 형성하고 있지도 않고, 채무면제·채무유예계약을 체결한 대부분의 신용카드사들은 영리보험자로부터 CLIP 보험을 구매함으로써 위험을 영리보험자에게 이전시키고 있으므로, 풀의 참가자가 공공기관으로 제한되어 있고 위험을 영리적 위험인수인에게 이전하지 않고 참가자들끼리만 공유한다면 자가보험에 해당된다는 미국의 판례의 논리를 대입해보더라도 자가보험이라고 볼 수 없다.

셋째, 신용카드사는 공공기관이 아니기 때문에 신용카드사가 체결한

---

139) *Yaccino v. State Farm Mut. Auto. Ins. Co.*, 346 Ill.App.3d 431 (2004).

채무면제·채무유예계약은 공공기금과 무관하고 공공정책에 대한 고려는 동 계약이 자가보험인지 보험인지를 정하기 위한 기준이 될 수 없다. 따라서 미국의 지방자치단체와 같이 공공정책의 고려를 통해 자가보험자라고 판단할 여지가 없다.

따라서 채무면제·채무유예상품은 신용카드사의 자가보험이 아니라고 보아야 한다.

VI. 보충적 논의 – CLIP보험과의 관계

1. 문제점

자사 카드소비자에게 채무면제·채무유예상품을 판매한 신용카드사는 당해 계약으로 이전받은 위험을 처리하기 위해 대부분 보험회사로부터 CLIP보험을 구매하는데, 이처럼 신용카드사가 채무면제·채무유예상품계약과 CLIP보험계약을 함께 체결함으로써 달성하고자 하는 경제적 목적 및 CLIP보험의 법적 성격이 채무면제·채무유예상품의 보험성 여부를 좌우하는지를 생각해보자.

2. CLIP보험의 의의

계약상보상책임보험(Contractual Liability Insurance Policy, 이하 'CLIP보험')은 채무면제·채무유예상품에 가입한 신용카드소비자가 보장사고를 당하여 잔존 채무의 면제나 유예를 청구하고, 신용카드사가 이러한 의무를 부담함으로써 손해를 입은 때, 보험회사가 신용카드사에게 그 손해를 보상한다는 내용의 보험이다. 신용카드회원은 CLIP보험계약의 당사자가 아니다.

3. 채무면제·채무유예계약과 CLIP보험의 관계

1) 국내의 논의

채무면제·채무유예계약의 법적 성격을 CLIP보험과 연계하여 파악하자는 주장이 있다. 이에 따르면 신용카드사는 소비자로부터 받은 채무면제·채무유예상품의 수수료의 일부를 CLIP 보험자에게 보험료로 지급하는데, 만약 CLIP 보험료를 지급하기 위해 소비자로부터 채무면제·채무유예상품의 수수료를 수령하는 것이라면, 채무면제·채무유예상품은 보험상품으로 볼 수 있다고 한다. 이 견해는 국내 채무면제·채무유예상품 운용 통계에 의하면 채무면제·채무유예상품 수수료 수입의 일부(약 17.5%)만이 CLIP 보험료로 지급되기 때문에 채무면제·채무유예상품은 보험이 아니라 자가보험적 성격의 것이라고 한다.[140]

2) 미국 판결

(1) Deans & Homer, Inc. v. Commonwealth of Kentucky, Pub. Prot. Cabinet, Kentucky Dep't of Ins. 판결[141]

이 사건에서는 창고임대인(창고대여업자)과 창고임차인(소비자) 간의 CSPP라는 계약(창고임대인의 면책포기계약)과,[142] 창고대여업자와 보험

---

140) 고재종, 앞의 논문, 282면.
141) 451 S.W.3d 659 (2014).
142) 이 사건 CSPP(Consumer Service Protection Plan)계약은 기존의 창고임대차계약서에 짧은 부수계약조항을 추가하는 방식으로 체결되었으며 기존의 계약내용을 수정하는 내용의 계약이다. 통상적인 창고임대차계약(self-storage unit contract)에 의하면 창고에 보관된 임차인 소유의 동산에 대한 "임대인의 과실에 기한 손해"와 "임대인의 과실 유무와 무관한 손실" 위험 전부를 임차인이 부담한다. 창고대여업자들은 소비자가 보관한 물건(동산)에 손해가 발생한

회사 간의 CLIP보험계약이 문제되었다.[143] 사안에서는 CSPP가 보험인지가 주된 쟁점이 되었는데, 켄터키주 항소법원 재판부는 전원 동의로 이 사건 CSPP가 보험이 아니라고 판시했다.

피항소인(켄터키주 보험청)은 CSPP가 켄터키주법이 적용되는 보험계약이라고 주장하면서, 창고임대인이 CSPP계약체결로 인한 잠재적 손실을 보장하기 위해서 CLIP을 구매하는 것은 재보험에 가입하는 것에 해당된다고 하였다. 그러나 "CLIP이 재보험"이라는 피항소인의 주장에 대해, 재판부는 "CLIP이 재보험이기 때문에 CSPP는 보험"이라는 피항소인의 주장은 순환논증의 오류를 범하고 있다고 지적하면서, "CLIP이 재보험에 해당하는지는 CSPP의 보험성이 인정되어야 판단할 수 있다"고 설시하고,[144] CLIP의 보험성에 대한 판단을 보류했다.

경우 그에 대해 책임을 지지 않으며 이 점을 확인하기 위해서 계약서에 「면책조항」과 「소비자가 보험을 구입하도록 하는 조항」을 삽입하는 것이 일반적이다. 그러나 대다수(98~99%)의 소비자들은 보험을 구입하지 않기 때문에 자비로 손실을 부담하게 된다. 그런데 이처럼 보험에 부보되지 않은 손실이 소비자에게 발생하게 되면 창고업자는 평판에 타격을 입게 되기 때문에 업계 차원에서 이 문제를 해결하려고 노력했다. 이 사건 CSPP는 이러한 노력의 일환으로 만들어진 상품이다.

이 사건의 항소인인 Deans&Homer, Inc. 라는 보험대리점이 창고임차인에게 제공한 프로그램에 따라, 창고임대인과 창고임차인 간에는 "창고임대인의 과실 있는 행위로 인해 동산이 손괴(destroyed)된 경우"에 한해서는 창고임대인이 책임을 지기로 하는 내용의 「면책포기계약」이 체결되었다. 이 창고임대인의 면책포기계약이 이 사건 CSPP이다.

143) 이 사건 CLIP은 위 CSPP상 삽입된 부수계약조항에 의해 소비자의 물건에 발생한 손해를 보상하는데 지출하게 되는 창고업자의 위험을 보장하는 보험계약이다. 이 사건 창고업자는 보험회사의 CLIP 보험상품을 구매했다.

144) 재판부는 켄터키 주법에 의하면 재보험은 보험자가 위험의 일부 또는 전부를 다른 보험자에게 양도할 수 있지만(§ 304.5-130), 항소인(Dean&Homer)이 재보험자이기 위해서는 우선 창고업자가 보험자이어야 한다고 설시하고, 피항소인은 이 점에 관해 재판부를 설득하지 못했다고 보았다. 'CLIP 구매가 재보험 가입에 해당되기 때문에 부수계약조항인 CSPP는 보험'이라는 피항소인의 주

결론적으로 재판부는 CSPP가 그 자체로 보나[145) CLIP과 연계해서 보나 보험이 아니라고 보았다.

(2) State Of West Virginia Ex Rel. Safe-Guard Products International v. Thompson 판결[146)

이 사안은 GAP의 보험성이 문제된 사안이다. 이 사건 GAP 상품은 Safe-guard사(社)가 '자동차 할부 매수인'에게 판매한 것으로, 사고로 인해 차량이 전손된 경우에 차량매수인의 할부채무가 남아 있다면 Safe-guard 사(社)가 "대출자(자동차 할부 채권자)"에게 손해를 보상하기로 하는 계약이다.[147)

원고 Safe-Guard사(社)는 GAP이 보험이 아니라는 자신의 주장을 뒷받침하기 위해서 CLIP보험을 언급했다. 원고는 Deans & Homer, Inc. v. Commonwealth of Kentucky 판결의"창고임대인은 창고임차인의 물건의 손해를 보상하는데 자비를 지출하겠지만 보험에 가입해서 이 문제를 해결할 수 있는데, 그러한 보험상품을 업계에서는 계약상 책임보험(Contractual Liability Insurance Policy 또는 CLIP)이라고 지칭한다."라는 판시를 인용하여, 본 사안의 채권자는 차량이 전손된 이후 채권이 남아있다면 잔존채권을 포기하고 보험회사(CLIP의 보험자)로부터 보상을 받으려고 할 것"이라고 주장했다.

장은 받아들여지지 않았다.
145) 재판부는 CSPP를 우연한 사고(occurrences)가 아니라 "창고임대업자의 행위"에만 초점을 맞춘 「단순한 손실위험조항(risk-of-loss provision)」(임대인이 면책을 일부 포기한 조항)이고, 창고임차인들의 위험을 창고임차인들 내부에서 분산하지 않았기 때문에 위험집단이라는 보험요건이 존재하지 않기 때문에, CSPP 는 보험계약이 아니라고 판단했다.
146) 772 S.E.2d 603 (2015).
147) 계약상 급부가 할부 채무자인 차량매수인에게 직접 제공되지 않고 채권자인 대출자에게 제공된다는 점에서 계약구조가 특징적이다.

Safe-Guard의 주장에 대해 법원은 「Safe-Guard가 제3자와 체결할 수도 있는 계약」은 "GAP 상품이 채무면제계약이 아니라 보험에 해당한다"는 법원의 판단에 영향을 미치지 않는다고 판시했다. 즉, 법원은 GAP 상품의 법적성질을 판단함에 있어서 CLIP은 고려하여야 할 사항이 아님을 밝힌 것이다.

3) 검토

두 판결을 종합해보면, 채무면제계약이 보험계약인지를 판단하는데 있어서 CLIP보험을 고려해서는 안 되고, 역으로 CLIP보험의 법적 성질은 채무면제계약의 법적 성질에 좌우된다는 것이 미국 법원의 입장임을 알수 있다. 생각건대, 양 계약 체결시점의 시간적 선후, CLIP보험은 채무면제계약의 체결로 인해 일방당사자가 부담하게 된 재무적 손실위험을 처리하는 내용의 계약이므로, 채무면제계약의 보험성 판단에 CLIP보험을 고려해서는 안 된다는 법리는 타당하다고 본다. 국내의 채무면제·채무유예계약의 법적 성질을 규명함에 있어서도 시사점을 제공한다고 생각된다.

4. 검토

생각건대, 소비자로서는 CLIP보험 거래의 존재를 알지 못하는 경우가 대부분이므로[148] 채무면제·채무유예계약의 당사자의 의사를 고려해서 동 계약을 해석한다면, CLIP보험거래의 유무나 법적 성격이 채무면제·채무유예상품의 법적 성격에 영향을 미쳐서는 안 된다고 본다. 또, 채무면제·채무유예상품계약의 수수료와 CLIP보험의 보험료 비율에 따라 계약

---

148) 고재종, 앞의 논문 289면.

의 법적 성격을 규명하는 논리는 설득력이 없다고 생각된다.

채무면제·채무유예상품의 판매자가 필연적으로 CLIP보험을 구매하는 것은 아니고, CLIP보험 구매는 판매자의 위험관리방안의 하나일 뿐이다. 따라서 CLIP보험처럼 '채권자가 제3자와 체결할 수도 있는 계약'은 채무면제·채무유예계약의 법적 성질을 규명하는데 영향을 미쳐서는 안 된다고 보는 것이 타당할 것이다. 다시 말해, CLIP 보험이 우리 상법상의 책임보험(상법 제719조)에 해당하는지 아니면 재보험(동법 제661조)에 해당하는지는 채무면제·채무유예상품이 보험인지 아닌지에 따라 달라지지만,[149][150] 역으로 채무면제·채무유예상품이 보험인지 아닌지가 CLIP보험 체결 여부 및 그 법적 성질에 따라 달라지지는 않는다.

---

149) 한기정, "DCDS의 법적 성격 등에 관한 법률자문"(미간행), 금융감독원 금융민원조정실, 9면; 김선정, "미국에 있어서 채무면제 및 지급유예계약 (DCDS)에 대한 연방규제의 전개", 『보험법연구』 제9권 제2호, 한국보험법학회, 2015, 135-136면.

150) 한기정, "DCDS의 법적 성격 등에 관한 법률자문"(미간행), 금융감독원 금융민원조정실, 9면에서는 CLIP이 채무면제·채무유예계약에서 정한 보장사고의 발생으로 인해서 채무를 면제하거나 연기해야 하는 계약상 책임을 보상한다는 측면에서 보면 책임보험으로 분류하는 것이 가능하고, 만약, 채무면제·채무유예계약이 보험이라면 CLIP은 채무면제·채무유예계약상의 보험자의 책임을 재보험자가 인수하는 성격을 띠므로 그 법적 성격은 '책임보험의 일종인 재보험'으로 보인다고 한다.

제3절 언더라이팅과 보험요율산정

Ⅰ. 서

채무면제·채무유예상품 계약이 보험의 기술성 요건을 충족하는지를 살펴보자. 앞서 살펴보았듯이 채무면제·채무유예 계약은 개별 신용카드 회원의 질병위험, 사망위험, 실업위험의 크기에 따라 채무면제·채무유예 상품의 판매 여부를 결정하거나 수수료율을 정하지 않는다. 이 점에서 보험계약자나 피보험자의 위험의 크기에 따라 보험 인수 여부를 결정하고 보험료를 책정하는 보험상품과 차이가 있다. 만약, 위험의 크기에 따른 위험인수여부결정과 요율결정이 보험계약의 핵심적 요소라면, 채무면제·채무유예상품의 보험성은 부정될 것이다.

Ⅱ. 언더라이팅과 보험요율산정

1. 의의 및 기능

보험상품을 판매하는 사(私)보험자는 다양한 보험보장과 그 비용을 다수의 사람들에게 어떻게 분배할지에 대해 상당한 재량을 가지고 있다.[151] 보험자가 개인을 어떻게 "분류"하는지에 따라,[152] 어떤 개인이 특정한 보험을 구입하는 것이 가능한지(언더라이팅), 어떠한 보험을 구입할 수 있

---

151) Leah Wortham, "Insurance Classification: Too Important to be Left to Actuaries", *19 University of Michigan Journal of Law Reform and Legislation 349*, 1985, p.353.
152) 보험계약에서의 분류(classification)란 성별, 거주지, 운전기록, 암병력 등 개인의 특성을 기초로 어떤 집단의 구성원으로 취급하는 것을 의미한다.

는지(보장범위), 그 보험에 대해 얼마를 지불해야 할 것인지(요율산정)가 결정된다.[153] 언더라이팅이란 어떠한 사람에게 보험을 제공할 것인지 말 것인지를 결정하는 것,[154] 다시 말해 위험의 인수여부를 결정하는 과정을 의미한다.[155] 언더라이팅에는 요율산정도 포함된다. 요율산정은 "위험의 분류"를 "보험가격"으로 변환시키는 것이다. 요율산정의 예로는 25세 미만 운전자에게 더 높은 보험료를 부과하는 것을 들 수 있다.[156] 요율산정은 보험보장의 경제적 타당성과 위험의 부보가능성을 결정하는 요소 중 하나이다. 언더라이팅 절차가 부재한다면 보험시장에 존재하는 역선택[157] 문제로 인해 보험회사의 적자가 발생할 확률이 높아진다. 그러나 한편, 다수의 고위험자가 보험단체로 편입되면 보험회사의 재정이 부실해져서 다른 보험가입자에게 보험금을 지불하지 못할 확률이 높아진다는 측면에서는 보험단체와 그 구성원을 보호하는 기능도 한다.

2. 최근의 변화된 논의

1) 전통적 견해에 대한 의문 제기

종래 위험을 전제로 하는 언더라이팅과 대수의 법칙 등 기술적 측면이 보험의 특성으로 설명되어왔다.[158][159] 그러나 위험의 분류, 언더라이

---

153) Leah Wortham, op. cit., pp.353-354.

154) R. Holtom, "Restraints on Underwriting: risk selection, discrimination, and the law", *National Underwriter Company*, 1979, pp.5-7, 12-15에서는 일정한 수 이상의 교통법규위반 전력이 있는 개인에 대한 자동차보험 가입 거절을 언더라이팅의 예시로 든다.

155) 김용달, "언더라이팅과 위험관리 서비스 제고방안", 「방재와 보험」 제113권, 2006, 23면.

156) R. Holtom, op. cit., pp.25-26.

157) 역선택이란 평균보다 높은 위험을 보유한 사람들이 평균 이하의 위험을 보유한 사람들보다 보험에 가입하거나 보험계약을 유지하는 경향이 높은 것을 의미한다.

158) Robert H. Jerry II·Douglas S. Richmond, *Understanding Insurance Law*, 5d ed.,

팅에 의한 위험인수와 요율산정에는 다음과 같은 비판이 제기되었다. 우선, 그 정확성 및 손실발생가능성과의 인과성에 대한 의문이 그것이다. 연령이나 성별과 같은 분류기준이 사고발생가능성과 손실발생가능성을 정확하게 예측해주지는 못한다고 한다. 그러한 기준에 의해 정해진 집단의 구성원 모두를 동일하게 취급하는 것을 정당화할 정도로 동질적이지 않고, 다른 특성을 지닌 집단에 대한 다른 취급을 정당화할 정도로 이질적이지도 않다. 또, 운전자의 성별이 자동차 사고의 원인이 될 수 없는 것과 같이 분류기준이 되는 어떠한 특성과 실제 손해 사이에 인과적 고리가 존재하는지 의문이라고 한다.160)

2) 다른 가치의 고려

이와 같이 경험적 정보에 기초한 전통적 통계적 기법에 의한 계리학적 요율산정이 반드시 이루어져야만 보험이라고 볼 수 있는지, 또는 모든 보험종목에서 이러한 계리학적 요율산정이 이루어져야 하는지에 대해서 이를 부정하는 견해들이 제기되고 있다. Avraham은 보험요율을 반드시 보험 계리 과학(actuarial science)으로 정할 필요는 없다고 주장한다. 예컨대 높은 요율을 적용하기 위해서는 어떤 특정한 집단에 부담을 더 부과해서는 안 된다는 '사회경제학적 현실'을 반영할 수도 있다고 한다.161)

미국 법원은 1974년 판결에서 다른 요율 분류에 속한 사람들에게 동

LexisNexis, 2012, pp.13-17.

159) 山下友信(김원규 역), "日本의 保險業法의 現狀과 課題", 「상사법연구」 제22권 제5호, 한국상사법학회, 2004, 51면.

160) *NEW JERSEY DEP'T OF INS., HEARING ON AUTOMOBILE INSURANCE CLASSIFICATIONS RELATED METHODOLOGIES: FINAL DETERMINATION-ANALYSES AND REPORT*, 1981, pp.77-78.

161) Ronen Avraham et al., "Understanding Insurance Antidiscrimination Laws", *87 S. Cal. L. Rev. 195, 202*, 2014, p.267.

일한 요율을 부과하는 것은 불공정한 차별이라는 보험감독관의 결정을 지지하면서, 상이한 위험에 대해 판매된 상이한 보험계약에 대해 동일한 요율을 부과하는 것은 차별적이라고 보았다.162) 그러나 최근의 두 판결에서는 다른 요율 분류에 속한 사람들에게 동일한 요율을 부과하는 것이 불공정한 차별이 아니라고 판시하면서 "다른 가치"가 "분류체계에서의 손실에 대한 통계적 연계성"에 앞선다고 보았다.163) 법원은 분류(classification) 경험에만 의존해서 보험요율을 책정하기 보다는 "공동체적 요율 요소"를 포함시켜야 한다는 보험감독관의 요구사항을 지지했다.164) 또, 계리적 건전성이 요율의 유효성에 대한 유일한 테스트가 될 수 없다고 설시했다.165) 뿐만 아니라, 계리적 정당화가 제한 없이 작동하지는 않는다는 점을 확립했다.166)

3) 신용생명보험과의 비교

언더라이팅과 보험가격책정의 기초인 대수의 법칙에 대해서도 근래들어서는 보험의 본질적 요건이 아니라고 본다.167) 전통적 통계기법에 의한 보험계리적 요율산정이 보험의 필수적 요건이 아니라고 보고, 보험

---

162) *Physicians' Mutual Ins. Co. v. Denenberg*, 15 Pa. Commw. 509, 327 A.2d 415 (1974).

163) *Massachusetts Auto Rating Bureau v. Commissioner of Ins.*, 384 Mass. 333, 424 N.E.2d 1127 (1981); *Hartford Accident & Indemn. Co. v. Insurance Comm'r*, 65 Pa. Commw. 249, 442 A.2d 382, aff'd, 505 Pa. 571, 482 A.2d 542 (1984).

164) *Capitol Blue Cross v. Commonwealth Insurance Department*, 34 Pa. Commw. 584, 383 A.2d 1306 (1978).

165) *Hartford Accident & Indemn. Co. v. Insurance Comm'r*, 65 Pa. Commw. 249, 442 A.2d 382, *aff'd*, 505 Pa. 571, 482 A.2d 542 (1984).

166) 65 Pa. Commw. at 255-56, 442 A.2d at 385.

167) IASB, *Insurance Contracts Draft Statement of Principles EXECUTIVE SUMMARY [Draft 25 September 2001]*, p.2; IFRS, *Insurance Contracts Exposure Draft [Exposure Draft June 2013]*, pp.37, 40, 49, 50.

종목에 따라 추가적인 보호가 필요하다고 한다.[168] 신용생명보험의 경우에는 전통적 생명보험에 비해 보험료가 낮고 보험료가 피보험자의 나이에 비례하지 않고, 적격요건으로서 의학적 기준을 요구하지 않는다.[169][170] 미국 법원에서도 생명보험회사(Aetna Life Insurance)가 연령이 다른 채무자들의 기대수명의 차이에도 불구하고 25세 이상 59세 이하의 모든 채무자에게 동일한 요율의 신용생명보험료를 부과하는 것이 불공정차별법(Unfair Discrimination Statutes)에 위배되지 않는다고 판시했다.[171]

채무면제·채무유예상품도 수수료율이 위험에 따라 차등화 되지 않는다는 점에서 전통적인 보험상품과 다르고 신용생명보험과 같다. 신용생명보험을 보험으로 인정하는 한, 채무면제·채무유예상품도 위험에 따라 수수료율을 차등화하지 않는다는 점만으로 보험성을 부정할 수는 없을 것이다. 언더라이팅 기법 자체의 한계를 고려한다면 더욱 그러하다.

---

168) Rick Swedloff, "Risk Classification's Big Data (R)evolution", *21 Conn. Ins. L.J. 339*, 2014-2015, p.371.

169) 신용생명보험 중 일부 상품은 에이즈나 암과 같은 특정한 질병이 있으면 보험가입을 거절한다. 그러나 전반적으로 신용생명보험은 전통적 신용보험에 비해서는 완화된 기준을 적용한다(William F. Burfeind, "A New Sparkle for Credit Life", *Best's Rev. (Life-Health Ins. Ed.)*, July 1993, p.44).

170) 이 때문에 신용생명보험은 생명보험이 필요하지만 전통적 생명보험을 구입하기 위해 요구되는 의학적 기준을 충족하지 못하거나 생명보험의 높은 보험료를 감당할 수 없는 개인 소비자들의 경제적 대안으로 이용되고 있다(Albert B. Crenshaw, "Looking Twice at Credit Insurance: High Premiums, Low Payouts May Make Other Coverage a Better Deal", Wash. Post, Nov. 18, 1990, at H11; JoClaudia Mitchum, "The Death of Credit Life Insurance: Mccullar v. Universal Underwriters Life Insurance Company", *27 Cumb. L. Rev. 719*, 1996-1997, p.719).

171) *Greer v. Aetna Life Ins. Co.*, 225 Ala. 121, 142 So. 393 (1932).

III. 소결

보험의 기술성과 보험계리의 적용을 보험의 고유한 특성으로 설명하는 것이 종래의 관점이었다. 그러나 통계적 기법을 이용한 분류와 요율산정의 정확성 및 손실발생과의 인과관계에 대해서는 의문이 있고, 평등권에 기초한 차별금지원칙에 반할 수 있다는 문제점도 노정되었다. 실무상으로 대수의 법칙을 작동시킬 수 있을 정도로 충분한 수의 동질적 위험집단을 구성하는 것은 불가능하다는 문제의식이 제기되고, 국제적으로도 보험의 위험단체로서의 성격보다는 계약적인 측면을 강조하는 논의가 이루어지고 있다.

보험계리원칙에 따른 보험가격책정이 정의에 반하는 성차별을 야기하는지에 대해서도 치열한 논쟁이 있었다. 이를 근거로 해서 곧바로 보험계리원칙을 전면적으로 부정하기는 어렵지만 개별적으로 다른 사회적 가치나 사회경제학적 현실을 반영하여 보험계리과학을 수정해서 적용할 필요는 있다고 본다. 특히 신용생명보험을 구입하는 경제적 약자와 보건적 약자를 보호할 필요성은 보험계리과학에 기하지 않은 요율산정을 정당화할 수 있다. 또, 신종위험이나 소수의 위험의 출현도 계리적 요율산정이 아닌 판단적 요율산정에 힘을 실어준다.

우리 대법원도 반드시 대수의 법칙을 보험의 필수요건으로 요구하지는 않는다.172) 모든 요율산정에도 판단이 개입되고 다수의 동질적 위험이 존재하지 않는 경우에도 새로운 테크닉에 의한 손실분산 측정이 가능하기 때문에 다수의 동질적 위험의 존재와 대수의 법칙은 보험의 필수요건이 아니라는 최근의 관점은 설득력이 있다.

따라서 채무면제상품과 채무유예상품의 구매자의 위험에 따른 분류, 사전적 언더라이팅, 대수의 법칙 등 보험계리원칙에 의한 수수료 산정이 이루어지지 않는다는 점만으로, 동 상품의 보험성을 부정할 수는 없다.

---

172) 대법원 1989. 9. 26. 선고 88도2111 판결; 대법원 1989. 10. 10. 선고 89감도117 판결.

제4절 손해보상성

Ⅰ. 서

채무면제·채무유예계약은 보장사건의 발생으로 신용카드회원이 입은 손해에 상응하는 급부가 아니라 보장사건 발생시까지 발생한 신용카드 이용대금액수 만큼의 급부를 제공한다. 또, 급부가 적극적인 금전 지급의 형태로 이루어지지 않으며, 주계약(여신 계약)에 의한 금전의 이동이 부수계약(채무면제·채무유예계약)상의 보장사건 발생에 시기적으로 선행하며, 그 후 신용카드사가 상환받기로 예정되어 있는 금전의 수령을 포기 또는 유예하는 형태로 급부가 실현된다는 점에 특색이 있다. 이러한 특징 때문에 채무면제·채무유예계약이 손해보험의 손해보상성(실손보상법리)에 위배되어 보험성이 부정되지는 않는지를 생각해보자.[173]

---

173) 우리 상법은 손해보험에 대해서는 피보험이익을 요구하지만(상법 제668조) 정액보험에 대해서는 피보험이익을 요구하지 않는다. 상법은 보험을 손해보험과 인보험으로 대분류하고 있는데, 인보험은 실손보상적 성질을 띠는 일부 상해보험과 질병보험을 제외하고는 대부분 정액보험의 형태로 운영된다. 즉, 손해보험과 달리 계약으로 정한 일정한 금액을 보험금으로 지급한다. 보험계약자측이 실제로 입은 손해를 초과하여 이익을 얻어서는 안 된다는 실손보상법리는 손해보험에만 적용되고 인보험에는 적용되지 않는 것으로 이해된다. 그런데 DCDS는 앞에서 살펴보았듯이 채무자의 생명위험, 신체위험, 실업위험을 이전하는 계약이 아니라 채무불이행위험을 이전하는 계약이기 때문에, 보험성 판단에 있어서 국내법상의 '손해보험'의 요건을 충족하는지를 살펴보아야 한다. 2010년 보험업법 개정논의에서 이를 손해보험종목의 하나로 열거하는 방안이 논의되었다는 사실도 이를 뒷받침한다.

II. 실손보상원칙과 피보험이익

손해보험은 당사자가 약정한 보험금액의 한도 내에서 실제 발생한 재산상의 손해만을 전보함을 기본특성으로 한다. 이를 「실손보상의 원칙」이라 부르며, 이러한 의미에서 손해보험을 실손보상계약(a contract of indemnity)이라고 한다. 이 원칙은 보험금 청구의 요건으로 피보험자가 "손실을 입었을 것"을 요구한다.[174] 피보험자에게 손실이 발생한 경우 피보험자는 완전한 보상을 받지만 발생한 손실을 초과해서 받지는 못한다.[175] 이 원칙은 보험이 도박화하는 것을 막고, 모럴해저드를 완화시키기 위해 만들어졌다.[176] 실손보상원칙에 따라 손해보험계약의 보험자는 원칙적으로 보험가액이나 실제손해 이상은 보상하지 않는다. 다시 말해 피보험자는 손해보험에 가입함으로써 재산상 이득을 취해서는 안 되며 이를 이득금지원칙이라고 부른다. 손해보험계약의 실손보상계약성 즉 이득금지원칙을 관철하기 위해서는 기준이 마련되어야 하는데, 그 기준이 곧 「피보험이익」이다.[177] 「피보험이익」이란 손해보험에서 피보험자

---

174) The English and Scottish Law Commission, *SUMMARY OF RESPONSES TO ISSUES PAPER 10: Insurable Interest*, April 2016, p.1.

175) *Castellain v Preston*, [1881-1885] All ER Rep 493.

176) Arthur Kimball-Stanley, "Insurance and Credit Default Swaps: Should Like Things Be Treated Alike?", *15 Conn. Ins. L.J. 241*, 2008, p.242.

177) 김성태, 앞의 책, 364면; 일찍이 영국법(Marine Insurance Act 1745, Life Insurance Act 1774)에서 피보험이익을 규정하였던 목적은 보험계약의 목적물에 대해 피보험이익이 없는 사람이 보험계약을 체결하게 되는 결과 사기적으로 화물이 선적된 다수의 배를 분실시키거나 파괴하는 악의적 프랙티스나, 도박을 방지하기 위함이었다(Life Assurance Act 1774, s 1; G Meggitt, "Insurable interest-the doctrine that would not die", *Legal Studies*, Vol. 35, No.2, 2015, p.282). 1845년 도박법에서도 도박의 위험성에 대한 계속되는 우려 때문에 피보험이익을 요구했다. 그러나 2005년 도박법에서는 어떤 계약이 도박에 관한 것이라는 것만으로 계약의 강제이행이 금지되지는 않는다는 규정(Gambling Act 2005 제335조)을 두어, 의도하지는 않았지만 결과적으로 1845년 도박법에 따른 손해보험에

가 보험목적에 대하여 가지는 적법한 경제적 이해관계를 의미한다. 보험
의 목적에 보험사고가 발생하지 않음으로써 피보험자에게 경제상의 이
익이 있을 때, 피보험이익이 인정된다.[178]

손해보상원칙은 피보험이익이론(insured interest doctrine)과 밀접하게
관련되어 있다.[179] 손해보상성을 피보험이익이론의 파생(outgrowth)으로
이해하기도 한다.[180]

III. 손해액과 급부액 불일치

1. 문제점

채무면제·채무유예계약을 체결한 신용카드소비자에게 보장사건이 발
생한 경우, 그로 인해 소비자가 입은 재산상 손해가 얼마인지와 무관하
게, 신용카드사에게는 소비자의 잔존 카드대금액수만큼의 급부의무가
발생하며, 이 액수는 소비자의 손해액수를 초과할 수도 미달할 수도 있

서의 '피보험이익요건을 삭제'하는 결과가 되었다고 한다(G Meggitt, "Insurable
interest-the doctrine that would not die", *Legal Studies*, Vol. 35, No.2, 2015, p.283);
피보험이익의 결여된 경우에 법원이 계약을 무효화하는 이유는 그것이 공서
양속(public policy)에 반하기 때문이라고도 한다(Jacob Loshin, "Insurance Law's
Hapless Busybody: A Case Against the Insurable Interest Requirement", *The Yale
Law Journal*, Vol. 117 Iss. 3, 2007, p.474).

178) 김성태, 앞의 책, 379면.

179) Arthur Kimball-Stanley, "Insurance and Credit Default Swaps: Should Like Things Be
Treated Alike?", *15 Conn. Ins. L.J. 241*, 2008, p.259.

180) Daniel Dumas, "Insurable Interest in Property Insurance Law", *18 R.D.U.S. 407*, 423
(1988); Eric Mills Holmes & Mark S. Rhodes, *Holmes's Appleman on Insurance*, 2d
ed., 1996, at § 3.1 ("The indemnity principle is dependent upon and interconnected
with the doctrine of insurable interest."); 또 보험대위는 피보험이익과 손해보상
원칙의 파생으로 여겨질 수 있다(Arthur Kimball-Stanley, op.cit., p.261).

다. 소비자가 신용을 이용하지 않았다면, 신용카드사의 급부의무는 아예 발생하지 않는다. 따라서 실손보상원칙을 엄격히 적용하면 동 계약의 보험성은 부정될 수 있다.

2. 실손보상원칙 완화 필요성

1) 국제적 추세

그러나 최근 영국과 일본의 논의를 보면, 보험의 요건으로서 실손보상원칙이 차지하는 비중이 과거에 비해 약화되는 추세이다.

피보험이익 요건에 대해서는 이 요건이 억제하려고 의도했던 프랙티스(모럴해저드 등)를 오히려 고무하는 왜곡된 인센티브를 만들어내고, 보험시장에 불공정과 비효율성을 초래한다는 비판이 제기되었다.[181] 이

---

181) Jacob Loshin, "Insurance Law's Hapless Busybody: A Case Against the Insurable Interest Requirement", *The Yale Law Journal*, Vol. 117 Iss. 3, 2007, pp.474, 477, 478, 488. 연구의 구체적 내용은 다음과 같다. 첫째, 보험계약이 피보험이익의 결여로 인해 무효로 되면, 보험회사는 보험계약상의 보험금 지불의무를 면하게 되고, 보험계약의 무효에 대한 기대는 보험자의 보험계약에 대한 기대비용을 감소시켜 보험자로 하여금 더 많은 보험계약을 체결하도록 만든다. 반면, 이론적 불확실성은 보험계약체결시에는 무효인지가 명확하지 않은 보험계약에 대해 보험자가 선의(good faith)인 외관을 유지하게 해 주는데, 이러한 다이내믹은 모럴해저드를 억제하기보다는 보조하도록 작동하는 왜곡된 인센티브를 만들어낸다. 둘째, 피보험이익 요건이 적용될지 여부에 대한 불확실성을 이용해서 보험자는 보험계약자를 착취할 수 있고, 이것은 공정성이라는 보험시장의 목적 달성을 방해할 수 있다. 의구심이 드는 피보험이익을 수반하는 보험계약의 궁극적 유효성에 대한 불확실성은 보험계약자가 보기에 유효인 것으로 보이는 보험증서를 보험자가 발행할 수 있게 해주는데, 보험계약의 잠재적 무효성은 보험계약자의 보험가치를 감소시키고 보험자의 보험가치를 증가시킨다. 그러나 비전문가인 보험구입자로서는 피보험이익 이론이 보험증서를 휴지조각으로 만들 수 있다는 것을 알 수 없다. 셋째, 피보험이익이라는 법적 기준과 모럴해저드의 실재(actual presence) 간의 관계는 피보

견해에 따르면 피보험이익 이론은 기괴하고 모호하며 일관성이 없다. 법적 피보험이익 요건을 삭제하면 보험회사가 잠재적 모럴해저드를 조사해서 부보사건을 고의적으로 야기할 가능성이 높은 매수인에게 보험을 판매하지 않을 유인이 더 커질 것이라고 한다.

피보험이익에 관한 리딩케이스인 영국 Feasy 판결에서는 피보험이익의 내용을 넓고 탄력적으로 해석했다.[182] 피보험이익 삭제에 관한 영국 법개정위원회의 논의의 맥락에서, Birds는 손해보험에서 피보험이익 요건을 삭제하자고 주장하면서, 손해보상(indemnity)을 실제 경제적 손실을 포섭할 수 있을 만큼 충분히 넓게 정의할 것을 제안한다.[183]

우리 대법원도 보험계약이 부보하는 피보험계약의 내용을 탄력적으로 해석하고 있으며,[184] 학계에서도 보험법상의 피보험이익은 경제적 이해관계의 문제로서 도박에 해당하지 않는 한 널리 인정하여 보험제도를 충분히 활용할 필요가 있다는 견해가 제시되고 있다.[185]

일본에서도 실손보상원칙(이득금지원칙)의 유연화 경향이 짙어지고

험이익이론이 결국 계약당사자 서로에게 이익이 되는 보험계약을 무효화시키는 것으로 끝날 수 있다는 것을 암시한다. 이것은 보험시장의 경제적 효율성이라는 목적을 방해한다. 피보험이익이 없는 모든 보험계약이 수인불가능한 정도의 모럴해저드를 만들어내는 것은 아니기 때문에, 피보험이익은 일정한 범위에서 효율성을 증진시키는 활동을 금지할 수 있다;

182) *Feasy v Sun Life Assurance Corporation of Canada*, [2003] EWCA Civ 885.

183) The English and Scottish Law Commission, *SUMMARY OF RESPONSES TO ISSUES PAPER 10: Insurable Interest*, April 2016, p.4.

184) 대법원은 사안의 보험계약의 체결 경위 등을 고려하여 당해 보험계약이 피보험이익으로서 소유이익을 담보하는 것이 아니라 보험계약자의 책임이익을 담보하는 것이라고 해석하였다(대법원 1997. 9. 5. 선고 95다47398 판결). 한기정, "부동산 매매와 피보험이익에 관한 소고", 『서울대학교 법학』 제51권 제4호, 2010, 197면은 이 판결이 영국 Feasy 판결에서 Waller 판사가 제시한 해석원칙(피보험이익의 내용은 가능하면 종합적 포괄적으로 해석한다)과 상통하는 것이라고 분석한다.

185) 한기정, 위의 논문, 199면.

있는 추세이다.[186] 손해보험에 대한 이득금지원칙이 계약내용의 형성 특히 보험급부에 대해 엄격한 제한을 하는 것은 보험가입자의 모럴해저드를 억제하기 위한 것인데,[187] 모럴해저드의 억제라는 관점에 선다면 이에 기초해서 법적 제약을 어느 정도로 엄격하게 할 것인지는 정책적 판단의 문제이고, 실제로 엄격한 이득금지원칙에 의하면 인정될 수 없는 신가보험 등 다수의 예외가 인정되어 온 것도 바로 이 때문이라고 한다.[188]

2) 낮은 모럴해저드

실손보상법리는 보험가입자의 모럴해저드를 방지하기 위해 필요한 법리이기 때문에 채무면제·채무유예상품 소비자가 통상적인 손해보험의 보험계약자 또는 피보험자에 비해 모럴해저드가 낮다면 동 법리를 엄격히 적용할 필요성이 줄어든다.

카드소비자가 채무면제계약을 통해 받을 수 있는 급부의 액수 및 상한을 정하는 방식에 있어서 보험상품과의 차이점, 소비자에게로 금전이 이동하는 시점에 있어서 보험상품과의 상이성으로 인해 고의적으로 사고를 일으키거나 보상금을 부당 청구할 카드소비자의 유인은 보험소비자의 유인보다 높지 않은 것으로 보인다.

첫째, 채무면제상품을 구입한 카드소비자가 받을 수 있는 급부의 상한액은 신용카드이용한도액과 채무면제상상품약관에 의해 정해진다. 국내 신용카드 개인회원의 이용한도의 평균은 월평균 1,176만원 이하로 추산된다.[189] 국내의 카드사들은 조금씩 차이는 있지만 평균적으로 개인

---

186) 山下友信(김원규 역), 앞의 논문, 55면.
187) 이 원칙이 계약내용형성 특히 보험급부에 대해 엄격한 제한을 하고 있는 점은 '도박금지'만으로 설명되지 않고 오히려 보험가입자의 모럴해저드의 억제로 설명이 가능하다고 한다.
188) 山下友信(김원규 역), 앞의 논문, 55면.
189) 여신금융협회가 정한 신용카드 발급 및 이용한도 부여에 관한 모범규준에 의하

회원의 신용카드 한도액을 2,000만원으로 정해두고, 한도증액을 원하는 회원에 대해서는 별도의 신청과 재산자료를 제출받아 심사를 거쳐 한도를 증액해주는 방식을 취하고 있다. 그리고 채무면제상품 약관상 면제되는 채무액의 한도는 카드사마다 차이가 있지만 평균적으로 3,000만원 내외로 정해져 있다.

보상금의 액수는 개인신용등급과도 연계되어 있으며, 소비자가 채무면제·채무유예상품을 구입한 대가로 신용카드사에 납부해야 할 수수료는 카드이용대금에 비례한다. 개인신용도와 양(plus)의 관계에 있다는 사실은 소비자의 모럴해저드를 낮춘다. 개인신용등급이 높을수록 생명보험사가 판매하는 상해보험상품과 건강보험상품의 사고율이 낮아진다는 통계[190]가 이를 뒷받침한다. 특히 채무유예계약의 경우에는 소비자가 상환해야 할 대출원금에는 변동이 없고 채무이행지체로 인한 법적 불이익과 이자가 발생하는 경제적 불이익을 면하는 효용만을 누릴 뿐이기 때문에, 모럴해저드가 더 낮을 것이다.

둘째, 여신(카드사로부터 소비자에게로의 적극적 금전의 이동)이 보장사고의 발생시점 및 급부제공시점보다 선행하고, 소비자는 이미 제공

면 개인회원의 신용카드이용한도는 신용등급이 1등급에서 6등급 이내인 경우 회원에 대해서는 월 가처분 소득의 300% 이내에서, 7등급 이하인 회원에 대해서는 월 가처분 소득의 200% 이내에서 개인별 심사결과에 따라 이용한도가 정하지고, 신용등급 1등급에서 4등급 이내인 회원에 대해서는 신용카드업자가 자체적으로 정한 기준에 따른 월 가처분소득의 일정 배율 이내에서 개인별 심사결과에 따라 이용한도를 부여할 수 있다(신용카드 발급 및 이용한도 부여에 관한 모범규준 제8조 제1항 제1호, 제2호). 가처분 소득이란 신용카드 신청 고객의 연소득에서 연간 채무원리금상환액을 차감한 금액이다(신용카드 발급 및 이용한도 부여에 관한 모범규준 제2조 제1호). 그런데 2014년 국내 가구의 연간 임금소득 평균은 2,918만원, 저소득층을 제외한 평균 임금소득은 3,916만원, 사업소득 평균은 988만원이고(한국보건사회연구원, 한국복지패널조사 「가구의 연간 근로소득 평균」), 가계부채비율은 GDP 대비 약 5.9%이다.

190) 정재욱/여윤희, "생명보험 언더라이팅 시 개인신용정보의 활용 효과 분석", 『금융연구』 제25권 제1호, 2011, 25-54면.

받은 여신액 이상의 보상금을 수령할 수 없다.[191] 이는 보험상품의 구조
와는 다른 점이고, 이러한 특징은 채무면제·채무유예상품의 소비자의
모럴해저드 가능성을 보험소비자의 그것보다 낮춰주는 요소로 작용할
것이다.

3) 미국 논의

보험계약상 피보험자의 권리는 피보험자의 이익의 범위 내로 제한된
다는 것이 종래의 일반적인 논의였다.[192] 그러나 이것은 절대적인 명제
가 아니며, 피보험자의 이익의 가치를 초과해서 보험보상(recovery)이 이
루어지는 경우도 있다고 한다.[193]

Delk v. Markel American Insurance Company에서 미국 오클라호마주 대
법원은 "공동임차인의 피보험이익은 당해 재산에 대한 공동임차인의 이
익으로 제한되는 것이 일반적 명제이지만, 피보험이익에 대한 사실상의
기대 어프로치(factual expectation approach)를 공동임차인의 피보험이익
이 적절하게 제한될 수 있는 특정한 상황에서는 부보된 재산에 대한 공
동임차인의 분산된 이익(fractional interest)을 초과하는 보험보상을 인정
하는 것으로 간주할 수 있다"고 판시했다.[194] 이 판결은 보험보상이 피

---

191) 이에 비해 신용보험상품 가운데는 최소 월 대출상환금을 초과하는 금액을 지
급하는 상품도 있다.

192) 피보험자의 이익이 부보목적물의 전체가치에 미치지 못한다면, 피보험자의
권리는 목적물의 가치가 아니라 피보험자의 이익의 가치에 의해 제한된다는
것이 일반론이었다(Ann Burns v. California Fair Plan, 152 Cal. App. 4th 646, 651
at 653(quoting Davis v. Phoenix Ins. Co., 111 Cal. 409, 415 (Cal. 1896)).

193) Evan B. Sorensen/Kenne J. Zielinski, "The Insurable Interest Doctrine: What is it?
And What Does It Mean?", Tressler LLP, 2013, p.11.

194) Delk v. Markel Am. Ins. Co., 81 P.3d 629, 637-38 (Okla. 2003)에서는 "법원은 재산
에 대한 피보험이익의 척도는 '피보험자가 손실의 발생(loss)에 의해 손상될
(damnified) 범위'임을 강조한 후(citing OKLA. STAT. tit. 36 § 3605 (2001)), 손해

보험자의 피보험이익의 가치로 제한된다는 일반적 명제에 대해 명확한 예외를 인정한 사례이다.[195]

3. 검토

지금까지 국내시장에서 동 상품 소비자의 모럴해저드가 공식적으로 보고된 바가 없다. 오히려 카드사의 불완전판매와 보상금지급거절이 계속해서 보고되고 있다. 카드사의 철저한 사후적 언더라이팅 실무 역시 소비자의 모럴해저드를 억제한다. 그러므로 실손보상법리를 보험에 비해 더 완화해서 적용할 필요가 있다.

IV. 급부의 특수성

1. 문제점

우리 보험업법의 적용대상인 보험상품은 (ⅰ) 위험보장을 목적으로, (ⅱ) 우연한 사건의 발생에 관하여, (ⅲ) 금전 또는 금전 이외의 급여를 지급할 것을 약정하고, (ⅳ) 그에 대한 대가를 지급할 것이라는 개념요소로 이루어져 있다(보험업법 제2조 제1호).

기존 채무를 면제하거나 유예하는 것처럼 급부실행시점에 현실적인

보상(indemnification)은 '피보험자가 경제적으로 타격을 입은(economically impacted) 범위'에 의해 측정된다'고 설명하고, "목적물의 전체 가치에 미치지 않는 보험계약상의 한도까지만 보상해서는 완전한 보상이 되지 않는다고 하면서, 보험보상은 공동임차인의 파편적 소유권 이익(fractional ownership interest)을 초과할 수 있다"고 판시했다.

195) Evan B. Sorensen/Kenne J. Zielinski, "The Insurable Interest Doctrine: What is it? And What Does It Mean?", Tressler LLP, 2013, p.12.

금전의 이동을 수반하지 않는 급부의 이행도 '금전 또는 그 밖의 급여를 지급할 것'이라는 요건의 「지급」에 해당하는지가 문제된다.

또, 채무면제 또는 채무유예라는 급부의 특수성으로 인해 보험의 손해보상성이라는 요건이 결여되는 것은 아닌지도 생각해보자.

2. 외국의 법리

1) 미국

미국의 판결례 중에는 채무면제계약이 손해보험의 손해보상성 요건을 충족한다고 본 사례도 있고 충족하지 않는다고 본 사례도 있다(제3장 참조).

미국 법원은 할부매매채권자가 '채무를 면제'하는 것은 적극적 금전지급을 수반하지는 않지만 '금전을 지급'하는 것과 마찬가지라고 보아 손해보상성을 인정했다.[196] 하지만 충돌손해포기약정상품(collision damage waiver, CDW)상 차량 임대인이 채무를 면제하기로 하는 약정은 임대인 자신의 손실로 수용하는 의미이지 임차인의 손해를 보상하는 의미로 해석될 수 없다고 판시했다.[197]

1924년에 메사추세츠주 법원 판결인 Osgood 판결에서는 손해보상성이 보험계약의 요건이라고 설시하고, 할부매매계약과 함께 체결된 채무면제계약에 의해 할부매매업자가 채권을 취소하는 것은 적극적 금전 이전을 수반하지는 않지만 금전을 지급하는 것과 다름없기 때문에 손해보상성 요건이 충족되고, 따라서 사안의 채무면제계약이 보험계약에 해당한다고 판시했다.

그러나 2015년 웨스트버지니아주 법원 판결인 Safe-Guard 판결에서는 "제3자가 대출채권자에게" 손해를 보상하기로 하는지 아니면 "대출채권

---

196) *Attorney General v. C. E. Osgood Co.*, 144 N.E. 371, 372 (1924).
197) *Hertz Corporation v. Corcoran*, 137 Misc. 2d 403, 520 N.Y.S.2d 700 (1987).

자가 대출채무자(차량매수인)"에게 직접 보상을 제공하는지에 따라 손해
보상성과 보험성이 달라진다고 판시했다.[198]

Corcoran 판결 역시 보험은 손해보상이라는 개념에 기초하고 있다는
점에서 출발하지만, "권리를 자발적으로 '포기'하는 것을 손해를 보상한
다는 의미로 해석할 수는 없다'고 판시하였다는 점에서, "'채권을 취소'
하는 것이 금전을 지급하는 것과 동일"하다고 본 Osgood 판결과는 관점
을 달리 한다. 계약의 당사자가 누구인지에 따라 판단을 달리한 Safe-
Guard 판결의 기준을 Corcoran 사례에 적용하면, 렌탈계약의 당사자인 렌
트카 회사와 소비자가 CDW계약의 당사자이기 때문에 손해보상성과 보
험성이 부정될 것이다. Safe-Guard 판결과 Corcoran 판결은, 주계약과 채
무면제계약의 당사자가 일치한다면, 손해보상성과 보험성에 관해 동일
한 결론을 도출한다. 그러나 Corcoran 판결은 "포기"의 개념에 대한 분석
을 중심으로 손해보상 요건 충족여부를 판단하였다는 점에서 Osgood 판
결 및 Safe-Guard 판결과 차별화된다.

또, 누구도 그 스스로에 대해 손해를 보상할 수는 없고, 단지 자신의
손해를 수용할 수 있을 뿐이기 때문에, 원고인 Hertz사가 소비자로부터
받은 수수료로 자신의 손해를 보상하는 것으로 볼 수는 없고 단지 자신
의 손실로 수용하는 것이라고 판시한 부분은 손해보상의 의미를 보다
명확히 규명한 것으로서, 국내 신용카드사의 채무면제상품의 보험성 논
의에도 참고할 수 있을 것으로 보인다.

한편, 주 보험청의 유권해석 중에는 채무면제·채무유예계약은 대출
자가 차입자에게 배상하거나 금원을 지급하지 않기 때문에 동 상품이
보험으로 규제되어서는 안 된다고 본 사례가 있다.[199]

---

198) *State of West Virginia ex rel. Safe-Guard Products Intern., LLC v. Thompson*, 235
    W.Va. 197 (2015).
199) OIC WV Informational Letter No. 171 (WV INS BUL), 2009 WL 2914237 (WV INS BUL).

2) 일본

일본에서도 현금급부 뿐 아니라 현물급부도 보험급부로 인정한다.
상해·질병보험계약에서 피보험자가 상해 또는 질병에 의해 일정 정도
이상의 장애 상태가 된 경우에 그 시점 이후의 보험료의 지불의무를 면
제한다고 하는 「이후의 보험료 불입 면제 급부」가 보험금 지급 이외의
보험급부의 일종으로 설명되고 있다.[200]

3. 국내의 논의

채무면제·채무유예계약은 보험과의 외적 유사성에도 불구하고 손해
보상성을 가지지 않아 손해보험과 구별된다는 견해가 있다. 이 견해는
이 계약상의 급부가 우연한 사고와 인과관계를 가지는 손해의 보상이
아니고 채무의 면제나 유예라는 점에서 급부와 관련하여 손해보상성을
가지지 않아 손해보험과 구별된다고 주장한다.[201]
한편, 우리 대법원은 적극적 금전의 이동을 수반하지 않는 채무의 면
제 또는 유예가 보험상품의 개념요소인 '금전의 지급'이나 '그 밖의 급여'
에 해당하는지 및 그러한 급부의 특성으로 인한 손해보상성 충족 여부
에 대해 판시한 사례가 없다.

4. 검토

생각건대 채무의 면제는 채무의 변제와 마찬가지로 채무소멸의 원인
이고, 경제적 측면에서도 이미 발생한 적극적 금전지급의무를 면제해주
는 것은 적극적 금전지급과 다를 바가 없다. 따라서 채무 면제는 보험의

---

200) 山下友信, 「保險法」 初版, 有斐閣, 2005, 483頁.
201) 정경영, 위의 논문, 157, 166면.

요건인 금전의 지급에 해당한다. 채무의 유예는 법적으로는 이행지체책임의 발생을 저지하고 신용등급의 하락을 방지하며, 경제적으로는 이자 상당액수의 경제적 이익을 제공하는 것과 동일하므로, 일정한 액수의 금전을 지급하는 것과 다름없다.

따라서 채무면제·채무유예계약상의 '채무의 면제'와 '채무의 유예'는 보험업법 제2조 제1호의 '금전의 지급'에 해당한다. 즉, 보험의 요건으로서의 보험금 지급에 해당하기 때문에, 급부의 특수성으로 인해 손해보상성 요건 충족을 방해하지 않는다.

따라서 채무면제·채무유예상품계약의 내용상 보장사건의 발생으로 인해 입은 손해의 액수와 상이한 급부가 제공되고, 적극적인 금전 지급 대신 채무의 면제 또는 채무의 유예라는 형태의 급부가 이루어진다고 하더라도 실손보상법리에 반하지 않고, 보험의 요건인 손해보상성이 충족된다.

제5절 수지상등원칙과 급부·반대급부균등원칙

Ⅰ. 문제점

어떠한 계약이 보험계약으로서 인정받기 위해서는 우연한 사건을 발생을 조건으로 하는 계약당사자의 보험급부의 지불약속과 그에 대한 대가로 계약상대방이 금전을 출연할 것이 요구되는 이외에도, 수지상등의 원칙과 급부·반대급부 균등 원칙에 부합할 것이 요구된다는 점에 대해 종래에는 대체로 의견의 합치가 있었다.[202] 이러한 입장에서는 채무면

---

202) 山下友信, 前揭書, 2005, 7頁.

제·채무유예계약이 수지상등원칙과 급부·반대급부 균등 원칙을 충족하
지 않는 구조의 계약이라면 보험계약성이 부정될 것이다. 그러나 파생계
약과 보증계약 등 수지상등원칙과 급부·반대급부 균등 원칙 구비 여부
에 따라 보험계약성이 결정되지 않는 계약도 있기 때문에 종래의 관점
에 대해서는 다시 생각해볼 필요가 있다. 이러한 문제의식을 가지고 채
무면제·채무유예계약이 보험계약에 해당하는지를 생각해보기로 한다.

II. 수지상등의 원칙과 급부·반대급부균등원칙

수지상등원칙이란 보험료로 출연된 금전의 「총액」과 보험금 총액이
같아지도록 미리 보험료와 보험금의 급부를 설정하는 것을 말한다. 보험
자의 보험금 지급이라는 급부는 우연한 사실의 발생에 달려있기 때문에
사전에 100%로 예측할 수 없지만 통계학적 방법을 이용해서 예측해서
보험료를 정할 수 있다. 이는 보험료 출연을 하는 계약당사자가 다수인
것을 전제로 한다.[203] 급부·반대급부 균등 원칙이란 「개개의 보험계약」
에 있어서 각 보험계약자가 지불해야 할 보험료의 액수는 그가 보험사
고 발생 시에 받을 보험금액의 기댓값과 같아야 한다는 원칙[204]으로, 보
험계약자가 지불해야 할 보험료가 각 보험계약자에게 우연한 사실이 발
생할 확률, 즉 보험료가 개별 당사자의 위험의 정도에 따라 산정되어야
한다는 것을 의미한다.[205]

다시 말해, 수지상등의 원칙은 다수의 보험계약자와 보험단체의 존재
를 전제로 하는 원칙인데 비해 급부·반대급부 균등 원칙은 개별 보험계
약에서 지켜져야 하는 원칙이다.

---

203) 山下友信, 上揭書, 7頁.
204) 양승규, 앞의 책, 102-103면.
205) 山下友信, 前揭書, 7-8頁.

수지상등의 원칙에 의해 산출된 액수는 급부·반대급부 균등 원칙의 적용으로 인해 조정된다. 이 단계에서 요구되는 것이 보험계약자의 고지의무와 위험변경·증가 통지의무이다. 보험계약을 청약한 자가 고지하여야 할 사항은 보험사고의 발생과 책임발생의 개연율에 영향을 미치는 사항이다.

III. 신용위험을 담보하는 보험의 특수성

채무면제·채무유예계약이 보험계약에 해당되는지를 수지상등의 원칙 및 급부·반대급부균등원칙과 관련해서 검토하기 전에 동 계약과 유사한 경제적 기능을 가진다고 여겨지는 신용보험 및 보증보험을 먼저 검토해 보자.

보증보험과 신용보험 계약자가 고지 및 통지하여야 할 사항에 대해서 보험업감독업무시행세칙 [별표 12]의 채무이행보증보험 표준약관과 신용보험 표준약관에서 상세히 규정하고 있으나,206) 일반적인 손해보험

---

206) 계약자 또는 그 대리인은 청약 시 청약서(질문서 포함)에서 질문한 사항에 대하여 알고 있는 사실을 반드시 사실대로 알려야 한다(채무이행보증보험 표준약관 제9조, 신용보험 표준약관 제9조). 계약 체결 후에는 ① 청약서의 기재사항을 변경하고자 할 때 또는 변경이 생겼음을 알았거나, ② 주계약의 채무자나 채권자가 변경되었거나, ③ 주계약 또는 법령상 의무의 금액, 기간 등 회사의 보험금 지급의무 발생에 중대한 영향을 미치는 사항이 발생한 때 계약자 또는 피보험자는 지체 없이 서면으로 회사에 알리고 보험증권(보험가입증서)에 확인을 받아야 한다(채무이행보증보험 표준약관 제10조 제1항, 신용보험 표준약관 제10조 제1항). 보험회사는 1개월 이내에 승인 여부를 결정하여 보험료를 증액시키거나 일부 반환할 수 있으며(동조 제2항), 계약자 또는 피보험자가 제1항에 따라 변경사실을 알리지 않거나 회사의 승인을 받지 못한 경우에 회사는 주계약 또는 법령상의 의무를 변경시킴으로써 증가된 손해는 보상하지 않는다(동조 제3항); SGI 서울보증보험사에서 판매하는 각종 보증보험약관에서도 동일한 조항을 두고 있다. 질문표의 내용에 대해서는 회사가

이나 인보험과는 달리 채무자의 채무불이행으로 인한 채권자의 손실위험, 즉 신용위험을 담보하는 보증보험과 신용보험에서는 보험자의 수지상등과 개별 보험계약당사들의 급부·반대급부를 균등하게 맞추기 위해서 보험청약자에게 보험사고의 발생과 책임발생의 개연율에 영향을 미치는 사항을 「고지」하도록 하는 것이 가능한지 의문이 있을 수 있다.

보증보험에서의 보험사고는 인위적인 사고(보험계약자의 채무불이행)라는 점과 보험사고가 발생해도 손해가 생기지 않는 경우[207]가 있다는 점에서 다른 보험과 구별되는 특징이 있다.[208] 아마도 보증보험의 보험계약자가 고지하여야 할 사항은 신용이나 자력에 대한 내용일 것이다. 그런데 보험계약자의 신용이나 자력 등은 주관적 사유로서 수시로 변화하는 속성을 지니고 있기 때문에 이를 보험계약자에게 정확하게 고지하는 것이 가능한지에 대해 의문이 제기되고 있다. 또 보험계약자의 고의 또는 과실에 의한 채무불이행을 보험사고로 하므로 보험계약자에게 변제 자력이 있음에도 채무불이행이라는 보험사고는 얼마든지 발생할 수 있다는 점에서 보험계약자의 신용이나 자력보다는 보험계약자인 채무자의 채무이행의사에 의해 보험사고 발생여부가 결정되므로 보험계약자의 신용, 자력은 고지사항인 중요사항으로 볼 수 있는가 하는 의문이 있다고 한다.[209]

생각건대 보증보험을 비롯한 신용위험을 담보하는 보험계약에서는 보험사고의 발생이 채무자의 신용과 자력 뿐 아니라 채무이행의사에 의해 좌우되며, 신용과 자력 자체도 수시로 변동할 뿐만 아니라 채무이행의사라는 변수 때문에 낮은 신용과 변제자력의 부족과 보험사고의 발생

공개하고 있지 않아서 찾을 수 없었다.

207) 예컨대 입찰보증보험에서 피보험자가 같은 금액으로 다시 계약을 체결한 경우를 들 수 있다.

208) 정찬형, 「상법강의(하)」 제18판, 박영사, 2016, 772면.

209) 정경영, "보증보험 판례의 조망적 고찰", 『보험법연구』 제4권 제1호, 한국보험법학회, 2010, 111-112면.

간의 상관성이 약하다. 채무이행의 "의사"는 분명 보험사고의 발생과 책임발생의 개연율에 영향을 미치는 사항이기 때문에 고지의무의 대상이 되어야 할 것이지만 개인의 내심의 주관적 의사의 고지에 객관적 신뢰성을 부여하기 힘들다는 문제점이 있다. 따라서 위의 견해는 타당하다고 생각되고, 보증보험과 신용보험 및 채무자의 채무불이행을 보험사고로 하는 보험에서는 개별계약에서의 급부·반대급부 균등과 보험단체의 수지상등을 맞추기 위해 고지의무 및 위험변경·증가 통지의무 이외에 다른 계약법적 장치가 필요하다고 본다.

IV. 채무면제·채무유예상품의 경우

채무면제·채무유예상품의 수수료 요율은 모든 소비자에게 동일하고 수수료 액수는 여신금액에 비례한다. 다시 말해 수수료의 액수를 결정하는 요율이 각 소비자의 우연한 사실이 발생할 확률과 위험에 따라 정해지지 않는데, 이것은 급부·반대급부균등원칙이 동 계약에 적용되지 않는다는 것을 의미한다.[210] 위험에 대한 언더라이팅이 이루어지지 않고, 이 상품 판매로 얻는 신용카드사의 수익이 지나치게 높다는 통계자료를 보더라도 수지상등의 원칙에 의해 수수료 액수와 보상금 액수가 산정되지 않고 있다는 것을 알 수 있다.

---

210) 국내 신용카드사가 제공하고 있는 상품 약관에서는 상품가입자는 상품의 가입 신청 시 「회사가 질문하는 병력사항」 등에 대하여 반드시 사실대로 알릴 것을 규정하고 있고(KB 국민카드 채무면제·채무유예상품[일반형]약관 제12조, KB 국민카드 채무면제·채무유예상품[실속형]약관 제12조.) 회사는 이를 토대로 상품가입을 승인하거나 거절하고 있지만, 수수료율에 차등을 두고 있지는 않다. 또 약관에서는 가입 가능한 연령을 만 20세 이상 만 70세 이하로 규정하고 있을 뿐, 이 범위 내의 연령이라면 연령에 따른 수수료율에 차등을 두고 있지는 않다.

우리 보험계약법에서 보험계약자의 고지의무와 위험변경·증가 통지의무를 두고 있는 것으로 보아, 우리 법제는 수지상등원칙과 급부·반대급부 균등 원칙을 보험의 요소로 본다.[211) 그러나 두 원칙이 적용되는 계약구조를 가진 보증계약은 보험계약이 아니라는 점과 수지상등과 급부·반대급부 균등이 달성되지 않는 계약을 모두 도박이라고 볼 수 없다[212)는 점을 고려하면, 이 두 원칙은 보험계약의 필수불가결한 요건은 아닐 것이다.[213) 그렇다면 채무면제·채무유예계약의 수수료와 보상금이 수지상등원칙과 급부·반대급부 균등 원칙에 따라 산정되지 않는다고 하더라도 그것만으로 보험이 아니라고 볼 수는 없을 것이다.

제6절 소결

이상으로 살펴본 바와 같이, 채무면제·채무유예계약은 주계약상 차입자의 채무불이행위험을 주계약상 신용공여자에게 이전하는 계약이고, 이전하려는 채무불이행위험은 부보가능한 위험이다. 위험의 분류와 사전적 언더라이팅, 위험의 크기에 비례한 요율산정이 이루어지지 않는다는 점에서 위험단체가 형성되었는지, 그것을 통한 위험의 분산이 이루어졌는지에 대해 검토해 볼 필요가 있었다. 검토 결과 이러한 요건이 충족되는 것으로 파악되었다. 한편 동 계약을 자가보험으로 이해하는 견해도 제시되고 있지만, 계약의 내용과 이전되는 위험이 무엇인지를 확정하고,

---

211) 이는 일본 보험법의 입장에 대한 설명이기도 하다(山下友信, 前揭書, 8頁).
212) 파생상품을 고려하면 그러하다.
213) 山下友信, 前揭書, 8頁에서도 이들 출연액수가 개별 당사자의 위험의 정도에 따라 산정되어야 한다는 구조가 있어야 비로소 보험이 되는 것인지에 대해서는 논의의 여지가 있다고 한다.

미국법원이 제시한 자가보험과 보험을 구별하는 기준을 적용해 본 결과 동 계약을 자가보험으로 볼 수 없다는 결론에 이르렀다.

전통적으로 보험의 기술적인 측면으로 꼽혀왔던 대수의 법칙 등은 금융공학의 발전과 새로운 리스크 측정기술의 개발로 인해 보험의 절대적인 요건이 아니게 되었다. 보험계리원칙에 대해서도 논란이 있고, 판단적 요율산정 등 요율산정의 방식도 다양할 수 있기 때문에, 채무면제·채무유예상품의 수수료 산정방식이 전통적 보험료 산정방식과 다르다는 점만으로 보험성을 부정할 수 없다.

동 계약은 보장사건의 발생으로 인해 카드소비자가 입은 손해의 액수만큼을 보장하지 않는다는 점과, 보험료를 지급하는 것과 같이 금전을 지급하는 대신 이미 발생되어 있는 채무를 면제해주거나 유예해주는 급부의 특수성으로 인해, 보험의 실손보상법리에 어긋나는 것이 아닌지를 검토해보았으나, 보험의 영역에서도 실손보상법리는 완화되는 추세이고, 채무면제·채무유예계약의 경우에는 운용상의 특수성 때문인지 소비자의 모럴해저드가 보고되지 않고 있으므로, 동 법리를 적용할 필요성이 줄어든다. 또한, 적극적 금전 지급과 소극적 채무면제는 경제적 효과 면에서 동일하고, 채무의 변제와 면제는 채무의 소멸원인이라는 점에서 법적 효과가 동일하므로, 급부의 특수성 측면에서도 손해보상성이라는 보험의 요건은 충족되는데 무리가 없다.

마지막으로 동 상품의 수수료 산정시 수지상등원칙과 급부·반대급부 균등 원칙이 적용되지 않는다는 사실만으로 보험성을 부정할 수는 없음을 살펴보았다. 따라서 채무면제·채무유예계약은 보험적 위험처리방식을 갖춘 보험이며, 우리 「보험업법」 제2조 제1호에서 제시하는 요건을 구비하고 있다.

제5장
채무면제·채무유예계약에 대한 보험규제

제1절 서

제4장에서 검토한 바와 같이 채무면제·채무유예계약을 보험적 위험 처리방식을 구비한 보험으로 볼 수 있다고 하더라도, 곧바로 현행법상의 보험규제를 적용할 수 있는 것은 아니다. 본 장에서는 채무면제·채무유예상품이 「보험업법」이 정하는 보험상품인지와 신용카드사가 동 상품을 취급하는 것이 「보험업법」상의 보험업에 해당되는지를 검토한다. 이어서 현행 「보험업법」 및 동 시행령의 개정 없이는 동 상품에 대해 보험규제를 할 수 없다면, 법령 개정을 통해서라도 보험규제를 적용하여야 할 필요성이 있는지를 검토해보기로 한다.

채무면제·채무유예계약이 「보험업법」상의 보험업 요건 및 제2조 제1호 본문이 말하는 보험계약의 요건을 충족하고 있다고 하더라도, 동 계약에 대해 보험규제 법을 적용하는 것이 적절하지 않을 수 있다. 보험규제에는 비용이 수반되기도 하거니와,[1] 보험규제법 이외의 규제체계로 규율하는 것이 법체계적 측면에서 보다 바람직한 경우가 있을 수 있기 때문이다. 이를 위해 보험규제법의 적용대상인 보험이 무엇인지에 대한 논의를 살펴보고, 해답을 찾아보기로 한다.

---

[1] 우리 보험업법의 규제를 받는 보험 및 보험회사에 해당하게 되면, 적격성을 갖춘 사업자만이 규제당국의 허가를 받아 보험자로 영업할 수 있고, 보험자가 진입규제, 건전성규제, 행위규제 등을 위반하는 경우 처벌을 받는다(한기정, "보험업의 개념에 관한 연구", 『보험법연구』 제9권 제2호, 한국보험법학회, 2015, 2면).

제2절 보험업법상의 보험업

Ⅰ. 서

신용카드사에 대해 보험규제를 적용하기 위해서는 신용카드사가 채무면제·채무유예상품을 취급하는 것이 보험업법상의 보험을 「업」으로 하는 것에 해당해야 한다. 보험업법상 보험업에 해당된다면, 신용카드사로서는 법에 규정된 물적·인적 요건을 갖추어 보험종목별로 금융위원회의 허가를 받아야 하고(보험업법 제4조 제1항) 금융위원회는 허가에 조건을 붙일 수 있으며(제4조 제7항), 무면허로 보험업을 영위하면 중대한 형사벌(5년 이하의 징역 또는 5천만 원 이하의 벌금)의 대상이 되기 때문에(제200조 제1호), 보험규제의 영역에서 '보험업 정의' 및 '허용되는 보험종목'에 관한 논의는 민감한 문제이다.

Ⅱ. 보험업

1. 보험업법상 보험업 규정의 특징

'보험업'이란 '보험상품의 취급과 관련하여 발생하는 보험의 인수, 보험료 수수 및 보험금 지급 등을 영업으로 하는 것'으로서 생명보험업, 손해보험업 및 제3보험업을 말한다(제2조 제2호). 보험업의 취급대상이 되는 '보험상품'이란 위험보장을 목적으로 우연한 사건 발생에 관하여 금전 및 그 밖의 급여를 지급할 것을 약정하고 대가를 수수(授受)하는 계약(제2조 1호 본문)으로서 생명보험상품, 손해보험상품, 제3보험상품을 말하며(제2조 1호 가 내지 다목), 생명·연금·화재·해상·자동차·보증·책임·권리·

비용·날씨·상해·질병·간병보험 등이 생명·손해·제3보험상품에 해당한다 (시행령 제1조의2 제2항 내지 제4항). 「국민건강보험법」에 따른 건강보험, 「고용보험법」에 따른 고용보험 등은 동법의 적용대상인 보험상품에서 제외된다(법 제2조 1호).

우리 보험업법은 보험업 자체를 보험상품과 별개의 개념표지를 사용하여 독자적이고 일반적인 방식으로 정의하는 방식 대신, 보험업 정의에 앞서 보험상품을 정의하고 구체적인 보험종목을 열거한 후, 이와 같은 '보험상품'을 취급·인수·영업으로 하는 업무를 보험업이라고 정의한다.[2]

---

2) 보험업에 대한 정의조항은 2003년 법 개정으로 신설되었고, 보험상품에 대한 정의규정은 2010년 법 개정으로 신설되었다. 신설된 보험상품 정의규정에 따라 보험업에 대한 조항도 기존의 "보험업이라 함은 사람의 생사에 관하여 약정한 급여의 제공을 약속하거나 우연한 사고로 인하여 발생하는 손해의 보상을 약속하고 금전을 수수하는 것 등을 업으로 행하는 것으로 생명보험업·손해보험업 및 제3보험업을 말한다."라는 조문에서 "보험업이란 보험상품의 취급과 관련하여 발생하는 보험의 인수(引受), 보험료 수수 및 보험금 지급 등을 영업으로 하는 것으로서 생명보험업·손해보험업 및 제3보험업을 말한다."로 개정하였다. 2003년 이전 보험업법에서는 보험업에 대해 정의하지 않았기 때문에, 첫째, 보험회사의 핵심 업무인 보험업에 대한 정의의 부재로 인하여 금융권별로 핵심 업무를 제외한 업무를 제외한 업무의 상호겸영을 허용하는 금융겸업화정책을 추진하는 데 있어서의 어려움과, 둘째, 실제로 보험업을 영위하면서도 영위주체가 보험회사가 아니라는 이유로 보험업법상의 감독과 규제를 받지 않는 공제 등 유사보험과 보험 간의 감독의 형평성에 대한 문제가 제기되었다. 또한 직·간접적으로 보험업에 대한 정의조항을 두고 있는 선진 외국과의 국제적 정합성을 제고하여 국제통상협상 및 협력과정에서 불필요한 마찰의 소지를 제거할 필요성이 제기되어, 2003년 법 개정시 보험업에 대한 정의조항을 신설하였다. 2010년 법 개정으로 보험업에 대한 정의가 세분화되었다. 2007년 제정되어 2009년에 시행된 자본시장과 금융투자업에 관한 법률로 인하여 보험상품이 투자상품에 해당하는지가 문제될 수 있어, 보험상품과 투자상품이 다름을 명확히 하기 위해 보험상품에 대해 먼저 정의를 하고 보험업에 대한 정의를 하는 형태로 입법이 이루어진 것이다.
이러한 경위로 신설된 보험업법 제2조와 제4조의 위임을 받아 보험업법 시행령 제1조의 2와 제8조에서는 구체적인 보험종목을 열거하고 있다.

보험업법상 보험업의 개념 규정(제2조 제2호)에 대해 통설은 보험업에 대한 완전한 정의가 아니라 논란의 여지가 없는 일부 보험요소를 기술한 것이므로 보험업의 개념은 상당부분 해석에 의존한다고 한다.[3] 법원은 실질주의 기준에 따라 어떠한 사업이 실질적으로 보험업에 해당하는 것이면 그 사업의 명칭이나 법률적 구성형식을 묻지 않는다고 보았다.[4]

2. 보험업 요건 충족 여부

이러한 법규정의 특성을 고려하면, 어떠한 금융상품을 취급하는 것을 보험업이라고 보기 위해서는 우선 당해 금융상품이 보험업법상의 보험상품일 것이 요구되고, 취급기관이 그 금융상품을 취급하는 것이 '보험의 인수(引受), 보험료 수수 및 보험금 지급'에 해당하는 동시에 '그것을 영업으로 하는 것'에 해당해야 한다.

첫 번째 문제부터 살펴보면, 채무면제·채무유예상품은 보험업법 시행령이 열거하는 보험상품이 아니다. 동법 시행령 제1조의2 제3항 4호의 보증보험의 일종으로 볼 수 있을지가 문제되나, 보증보험의 보험사고는 "채무자의 채무불이행"인데 비해, 채무면제·채무유예계약의 보장사고는 채무자의 채무불이행이 아니라 "채무자의 사망, 상해 등 여신채무에 대한 변제를 곤란하게 하는 사고"이므로, 양자는 그 내용을 달리하는 계약이다. 따라서 현행 보험업법 시행령의 해석론상 동 상품은 보증보험의 일종이라고 해석하는 것은 가능하지 않다.

두 번째 문제로, 신용카드사가 채무면제·채무유예상품을 당사 신용카드소비자에게 신용카드계약과 연계해서 판매하는 것이 보험업법상의 보험업을 하는 것에 해당된다고 볼 수 있을지를 생각해보자. 위에서 살펴본 보험업에 관한 보험업법 규정형식의 특성을 고려하면 보험상품에

---

3) 한기정, 앞의 논문, 2면.
4) 한기정, 위의 논문, 3면.

대한 동법 시행령의 개정 없이 이를 보험업으로 보는 것은 가능하지 않다. 그러나 앞서 살펴보았듯이 동 계약은 보험업법이 정하는 보험의 개념 요소를 구비하는 계약이기 때문에, 채무면제·채무유예상품을 보험상품으로 규정하는 법령 개정이 불가능한 것은 아니므로, 법령 개정을 전제로해서 보험업 요건 충족여부를 가정적으로 검토해보자.

Ⅲ. 소결

생각건대, 신용카드사가 동 상품을 소비자에게 판매함으로써 소비자의 채무불이행위험을 이전받는 것은 '보험의 인수'에 해당하고, 카드이용대금의 일정비율만큼의 액수를 수수료로 수령하는 것은 '보험료 수수'에 해당하며, 약정된 보장사건이 발생하여 채무자가 급부를 청구하면 채무를 면제하거나 유예해주는 것은 '보험금 지급'에 해당한다고 볼 수 있다.

보험업의 '영업성'요건과 관련해서는, 영업이란 영리를 목적으로 하는 상행위를 계속적이고 반복적으로 하는 것을 의미하며, 영리성이 없거나 일회적 또는 간헐적 상행위는 영업으로 보기 어렵다.[5] 참고로 미국 법원은 이와 관련해서 당해 채무면제조항을 주계약에 포함시키는 주된 이유가 매도인의 이윤창출인 경우에 이 요건 충족을 인정한다.[6] 그런데 국내 통계자료를 보면 카드사는 상품이 국내시장에 도입된 이래로 10년 넘게 영리를 목적으로 계속적이고 반복적으로 이 상품을 매매해왔고 수익을 얻고 있다. 또 동 상품을 판매하는 주된 이유는 신용카드사의 이윤창출에 있는 것으로 보인다. 따라서 영업성 요건도 충족된다.

이상의 논의를 정리하면, 채무면제·채무유예상품은 현행 보험업법상의 보험상품이 아니지만, 동법이 정하는 보험계약의 요건을 구비하고 있

---

5) 성대규/안종민, 「한국보험업법」, 개정판 2판, 두남, 2015, 69면.
6) *Douglass v. Dynamic Enters. Inc.*, 315 Ark. 575 (1994).

으며, 신용카드사가 동 상품 취급행위 역시 보험상품에 대한 시행령 개정을 전제로 한다면 보험업 요건을 구비하고 있기 때문에, 보험업법과 시행령 개정을 통해 채무면제·채무유예상품에 대해 보험업법을 적용하는 것은 가능하다.

제3절 보험규제가 적용되는 보험이란

채무면제·채무유예상품과 이를 취급하는 여신전문금융업자에 대해서 반드시 보험규제법인 보험업법을 적용해야 하는지를 생각해보자. 어떠한 계약이 보험계약이라고 해서 반드시 보험규제를 적용해야 하는 것은 아니다. 보험적 요소를 가진 계약 가운데에는 보험업법이 적용되는 계약과 그렇지 않은 계약이 있다. 보험규제의 대상인 보험을 결정짓는 기준을 살펴보고, 그러한 기준들의 타당성을 따져본 후에 가장 적합한 기준을 채무면제·채무유예계약에 적용해보기로 한다.

Ⅰ. 보험정의 기준

이 기준은 법률상 보험의 정의나 일반적·추상적 보험의 정의를 기준으로 보험규제법상 보험인지를 판단하는 기준이다. 보험규제의 적용범위를 가장 넓게 보는 기준이며, 보험계약법상 보험의 정의와 보험규제법상 보험의 정의를 동일하게 파악하는 기준이다.

미국에서는 주보험법에 아예 보험정의규정을 두고 있지 않은 주도 있고, 정의규정을 두고 있는 주법에도 지나치게 광의로 정의되어 있거나 일반적인 내용으로 채워져 있어서, 보험의 정의만으로 어떠한 계약이 보

험인지 여부를 판단하기 어렵기 때문에, 보험정의 기준을 채택한 판례는 발견하기 어렵다.[7]

보험정의 기준에 대해서는, ① 모든 계약은 매도인으로부터 매수인에게로 위험을 이전시킨다는 점에서 위험의 요소를 포함하고 있으므로, 위험의 이전과 분산을 요소로 하는 보험의 일반적·추상적 정의는 불완전하며, 이 때문에 규제정책을 수립하거나 구체적 분쟁사안을 해결하는데 있어서 의미를 가지지 못하고, ② 보험의 정의에 대한 해석이 자의적이거나 서로 모순되는 경우도 있어 신뢰할 만한 기준이 못되고, ③ 위험을 이전하고 분산한다는 이유만으로 보험계약이라고 보는 것은 당초 보험규제법이 규제대상으로 염두에 두지 않았던 거래까지로 보험규제를 확장시킴으로써 불필요한 규제를 유발한다고 비판하는 견해가 있다.[8]

미국법원은 보험에 대한 불완전한 정의를 극복하고 어떠한 계약 및 영업이 보험규제의 영역에 속하는지를 판단하기 위해 다양한 시도를 해왔고, 그 결실로 보험의 정의에만 기대는 것보다는 규제영역에 대한 더 정확한 결정을 가능하게 하는 여러 가지 기준을 개발했다.[9]

II. 보험용어 기준

이 기준은 계약서에 '보험'이라는 용어가 사용되었는지 여부를 기준으로 보험규제여부를 결정하는 기준이다. 그러나 이 기준은 규제범위를

---

7) Sue. E. Myerscouch, "Service Contracts : A Subject for State Insurance or Federal Regulation - Do Consumers Need Protection from the Service Contract Industry", *4 S. Ill. U. L. J. 587*, 1979, pp.598-599.

8) Jan Hellner, "The Scope of Insurance Regulation : What is Insurance for Purpose of Regulation?", *The American Journal of Comparative Law*, Vol. 12, No. 4, 1963, p.500; Sue. E. Myerscouch, *Id.* pp.598-601.

9) "Note, Insurance Burial Associations-Definition of Insurance", *15 N.C.L. Rev. 417*, 1937.

좁게 파악하는 결과를 초래한다는 점에서 타당하지 않다. 이 기준의 가장 큰 단점은 보험규제를 광범위하게 회피할 수 있는 길을 열어줌으로써,[10] 규제범위를 좁게 파악하는 결과를 초래한다는 것이다.

미국의 판례와 주요 문헌에서는 어떠한 계약이 보험계약인지 여부는 그 「계약의 목적, 효과, 내용, 중요성」에 의해 결정되는 것이지 계약에서 사용된 「용어」에 의해 반드시 결정되는 것은 아니고, 심지어 계약에서 반대되는 문구가 포함되어 있더라도 그 계약은 보험이 될 수 있다고 설명한다.[11] 이는 계약의 보험성을 판단하는 일반적인 법칙으로 받아들여지고 있다.[12] 뉴욕주 항소심 법원에 따르면 보험계약의 내용은 다른 이름을 부여한다고 해서 다른 어떤 것으로 바뀌지는 않는다고 한다.[13]

우리 대법원도 어떠한 계약이 보험이라는 용어 또는 명칭을 사용하지 않았다는 사정만을 중시해서 보험규제에서 배제해서는 안 된다고 설시하거나,[14] 보험사업의 범위는 그 사업의 명칭이나 법률적 구성형식에 구애됨이 없이 그의 실체 내지 경제적 성질을 실질적으로 고찰하여 판단하여야 한다고 설시하여,[15] 보험용어 기준 채택을 거부하고 있다.

---

10) Jan Hellner, op. cit., p.500; See N.Y. INS. LAW § 1101(b)(1) where it is stated that: Except as otherwise provided in this subsection, any of the following acts in this state, effected by mail from outside this state or otherwise, by any person, firm, association, corporation or joint-stock company shall constitute doing an insurance business in this state and shall constitute doing business in the state within the meaning of section three hundred two of the civil practice law and rules. (e) doing or proposing to do any business in substance equivalent to any of the foregoing in a manner designed to evade the provisions of this chapter.

11) 29 AmJur., Insurance, § 5, p.436; Ware v. Heath, Tex., 237 S.W.2d 362; A.G. Ops. 58-160, 59-53.

12) State of Hawaii Department of Attorney General, Opinion No. 61-76, July 20, 1961(1961 WL 129222).

13) People v. Roschli, 275 N.Y.26, 29, 9 N.E. (2d) 763.

14) 대법원 2013. 4. 26. 선고 2011도13558 판결.

15) 대법원 1990. 6. 26. 선고 89도2537 판결.

Ⅲ. 당사자 의사 기준

이 기준은 당사자의 의사를 기준으로 손해보상 등 보험요소를 당사자의 의사에서 확인할 수 있다면 보험이라고 판단하는 기준이다. 그러나 당사자의 내심의 의사를 파악하는 과학적인 방법이나 분쟁당사자가 모두 수긍할 수 있는 방법이 있는 것이 아니기 때문에 법적 안정성을 해칠 우려가 있다는 지적이 있다. 또, 계약서와 약관에서 판매자의 의사는 쉽게 확인할 수 있지만 구매자의 의사는 확인하거나 입증하기 어렵다는 한계가 존재한다. 이러한 한계 때문에 이 기준을 채택한 미국 판례는 찾아보기 어렵다고 한다.[16]

Ⅳ. 통제범위 기준

이 기준은 보험은 계약당사자가 통제할 수 없는 위험의 발생에 대해서만 담보한다는 기준, 즉 보험사고의 우연성을 요구하는 기준이다.[17] 미국에는 통제범위 기준을 지지하는 다수의 판례가 존재한다.[18]

이 기준에 관한 논의에서 가장 문제가 되는 것은 통제범위에서 벗어나는 위험이 무엇인가 하는 것이다. 이 기준에 따르면 사망위험을 보장하는 것은 언제나 계약자의 통제범위를 벗어나며 당연히 보험규제의 대상이 된다.

---

16) Sue. E. Myerscouch, op. cit., pp.601-602.

17) Jan Hellner, op. cit., p.500.

18) 통제범위 기준을 채택해서 계약의 보험성을 판단한 대표적인 판결로는 *State ex rel. Duffy v. Western Auto Supply Co.*, 134 Ohio 163 (1938), *Ollendorff Watch Co. v. Pink*, 279 N.Y. 32 (1938), *Griffin systems, Inc. v. Ohio Department of Insurance*, 61 Ohio St.3d 552 (1991) 등이 있다.

V. 주된 목적 기준

이 기준은 계약의 내용을 전체적으로 살펴서 계약의 주된 목적이 보험인지 여부에 따라 보험성을 판단하는 기준이다. 이에 의하면 보험의 요소가 일부 포함되어 있는 계약이라고 하더라도, 보험요소가 그 계약의 주된 목적이 아니라 부수적(incidental)인 수준에 머문다면, 즉, 그 계약상 채무자의 채무가 보다 큰 계약목적에 부수하는 것에 불과하다면, 보험규제의 대상인 보험이 아니다. 그러나 그 계약의 주된 목적이 채권자에게 보상(indemnify)해 주는데 있다면 그 계약은 보험규제의 대상이 되는 보험이다.[19]

1. 적용 사례

Jordan v. Group Health Ass'n 사례[20]에서 법원은 위험의 분산이나 이전이라는 부수적 요소가 존재할 것이라는 사실이 모든 다른 요소들을 압도해서는 안 된다고 하면서, 만약 위험의 분산과 이전에만 초점을 맞춘다면 보험계약, 보상계약(indemnity arrangement), 그 밖의 다른 유형의 법률계약 및 경제적 기능 간의 구별이 희미해지는데, 문제된 계약이 우연한 사건의 발생을 조건으로 하는 물품판매계약 및 서비스 계약인 경우에 특히 그 경계가 희미해진다고 했다. 또, 보험법의 목적이 위험을 인수하거나 분배하는 모든 계약을 규제하는 데에 있지 않다는 점은 명백한데, 위험의 분산과 이전에만 초점을 맞추는 관점은 실질적으로 모든 계약을 보험계약으로 파악하게 되는 결과에 도달한다고 하였다. 따라서 위험요소에만 주목하는 것은 오류이며, "위험관련성이나 위험인수"가 "계약의 주된 대상 및 목적인지"에 따라 판단해야 한다고 하면서, 주된

---

19) Jan Hellner, op. cit., p.502.
20) 71 App.D.C.38, 107 F.2d 239 (1939).

목적 기준을 적용했다.

또, 이 기준을 채택한 대표적인 판결로는 Transportation Guarantee Co. v. Jellins 판결[21]이 있다. 이 사건 Transportation Guarantee Co.는 트럭보유 자로부터 일정 금액을 지급받고 트럭이 양호한 운행능력을 지닌 상태에 놓여있도록 유지, 관리할 의무를 부담하는 계약을 체결했다. 계약내용에는 ① 주차공간의 제공, 자동차세 지급, 정기적인 세차와 도색의무와 ② 자동차에 손상이 생긴 경우의 수리의무가 포함되었다. 캘리포니아주 대법원은 ①의 의무는 우연한 사고의 발생을 조건으로 하지 않기 때문에 보험이 아니라고 판시했으나, ②의 의무에는 "보험요소가 있으나 계약 전체에서 차지하는 비중이 작다"는 점을 고려할 때 계약의 주된 목적이라고 볼 수 없으므로, 이 계약은 보험계약에 해당하지 않는다고 판시했다.

Rayos v. Chrysler Credit Corp. 판결[22]에서는 자동차 제조사의 품질보증서비스계약이 보험계약에 해당되는지가 문제되었는데, 계약상 계약자에게 자동차 제조사가 지정한 중개인을 통해서만 수리를 받아야 한다는 제한이 부과되어 있기 때문에, 계약의 주된 목적이 "손해보상에 있는 것이 아니라 수리서비스의 제고에 있다"고 보아, 보험계약이 아니라고 판시되었다.

한편, "매출비중"을 주된 목적 판단기준으로 삼은 사례도 있다. Electronic Realty Assoc. v. Lennon 판결[23]에서는 Electronic Realty Assoc.가 가정용 설비의 하자보수를 보증하는 이 사건 사업으로 얻는 수수료는 전체 사업의 매출의 20%에 불과하기 때문에 주된 사업이라고 인정하기 어렵다고 판시했다.

보다 직접적으로 채무면제계약에 대한 보험규제 여부가 문제된 사안에서, 미국 법원은 은행이 체결한 채무면제계약이 은행의 대출업무에

---

21) 29 Cal.2d 242 (1946).
22) 683 S.W.2d 546 (1985).
23) 94 Misc.2d 249 (1978).

"부수(incidental)"하는 것일 뿐이라는 이유로 보험규제의 대상인 보험계약이 아니라고 판시한 바 있다(앞의 제3장 참조). 주 보험청도 채무면제계약이 대여자의 재정관련서비스에 부수하는 것이고 이윤창출의 핵심적인 부분이 아니기 때문에 보험이 아니라고 결정한 바 있다.[24]

이상과 같이 주된 목적 기준에서는 계약의 주된 목적을 판별하는 기준이 문제되는데, 미국법원은 전체 사업에서 보험보장이 차지하는 비중, 계약의 구조, 매출액 등 다양한 기준을 적용했다.

2. 유용성에 대한 의문

소매할부계약과 연계되어 체결된 채무면제계약이 주 보험법에 의해 규제되는 보험이라고 판시한 Attorney General v. C. E. Osgood Co. 판결[25]에서 메사추세츠주 대법원은 할부매매계약상의 채무면제계약에 기해 채권자가 채무를 면제하는 계약 조항이 주된 비즈니스에 부수하는 것인지 주된 목적인지는 보험성을 판단하는데 있어서 중요하지 않다고 보았다

또, 워런티계약의 보험성이 문제된 Home Warranty Corp. v. Caldwell 판결[26]에서도 주된 목적 기준이 계약의 보험성을 판단하는 유용한 기준인지가 논의되었다. 이 사건 계약은 "건설업자가 워런티 기준에 미달되는 하자책임을 부담하기로 하는 내용"의 주택소유자 워런티계약(Home Owners Warranty Program, 이하 'HOW Program')이다. 본 사안에서 연방항소법원은 이 사건 계약의 보험성 여부는 주된 목적 기준만으로는 판단할 수 없다고 보았다. 이를 판단할 수 없다고 보았다. 주된 목적기준은 수 개의 계약이 결합된 계약의 보험성을 판단하는 데에는 유용하지만,

---

24) West Virginia Office of the Insurance Commissioner, Interpretive Letter, January 8, 2008(Not. of Rem. ¶11; 1/8/2008 Ins. Comm. Letter, Not. of Rem., ex. 1).

25) 249 Mass. 473, 477, 144 N.E. 371, 35 A.L.R. 1037 (1924).

26) 585 F.Supp. 443 (1984).

본 사안의 HOW Program의 Risk Retention Insurance Policy가 보험에 해당하는지를 판단하는 데에는 적합하지 않다고 한다.[27]

위 판시와 같이 주된 목적 기준은 복합계약에서 주된 계약을 구분하기에는 유용하지만, 개별계약이 위험보장적 성격을 가지고 있는지 다시 말해 보험보장에 해당하는지를 판단하는 기준으로는 실효성이 떨어진다는 단점이 있다.[28] 또, 보험규제의 대상이 되는 보험계약의 범위를 너무 광범위하게 파악하는 문제점이 있다는 지적도 있다.[29]

3. 우리 대법원 판결

1) 대법원 2014. 5. 29. 선고 2013도10457 판결

보험업 허가를 받지 않고 긴급의료지원서비스를 제공하는 영업을 영위하는 것이 보험업법 위반인지가 다투어진 이 사례에서, 법원은 영업 전체의 주된 목적이 보험이 아닌 경우에도 이를 보험업으로 취급할 것인지를 다루었다.

---

27) *Home Warranty Corp. v. Caldwell*, 585 F.Supp. 443 (1984).

28) *Jim Click Ford, Inc. v. City of Tucson*, 154 Ariz. 48 (1987)에서 소송당사자인 City of Tucson은 Jellins 판결을 인용하며 이 사건 계약에 주된 목적 기준을 적용할 것을 주장했지만, 아리조나주 항소법원은 이 사건계약에 주된 목적 기준을 적용해서 이 계약의 주된 목적 또는 유일한 목적이 위험보장인지를 살펴보았다. 그러나 위험보장이 보험보장인지 여부에 대해서는 주된 목적 기준 대신 보험 정의기준을 적용했다. 즉, 어떠한 계약의 유일한 목적이 위험보장인지를 판단하는데 있어서는 주된 목적 기준이 유용하지만, 주된 목적 기준으로 그러한 위험보장계약이 보험계약에 해당하는지를 판단할 수는 없다고 본 것이다.

29) Doyal Mclemore, "Consumer Warranty or Insurance Contract? A View Towards a Rational State Regulatory Policy", *51 Ind. L.J. 1103*, 1976, p.1109에서는 이 기준에 따를 경우 상당히 다수의 워런티 계약이 보험규제의 대상이 될 것이라고 지적한다.

이 사건 1심 판결은 전체 영업 가운데 당해 서비스(SMP 서비스)[30]가 차지하는 비중(건수 및 사용료 측면)이 낮다는 근거를 들어, 당해 서비스가 대상영업의 주된 목적이 아니라 부수적 성격을 띠므로, 당해 서비스 계약은 보험업법을 적용할 수 있는 보험상품에 해당한다고 볼 수 없다고 판시했다.[31]

그러나 2심 판결은 SMP 서비스가 대상영업의 주된 목적이라고 보았다. 2심법원은 가입자가 피고인 회사와 계약을 체결하는 주된 목적이 의료시설이 낙후된 지역에서 질병과 사고로부터 직원을 보호하기 위한 긴급 안전대책 마련에 있는 점 등으로 고려하면, 비록 서비스 제공건수가 적더라도 SMP 서비스는 피고인 회사의 영업의 주된 목적이라고 보아야 한다고 판시했다.[32]

한편 대법원 판결은 SMP 서비스가 보험급부가 아니라고 보았기 때문에 SMP 서비스가 '대상영업의 주된 목적인지'에 대해 판시하지 않았다. 다만, SMP 서비스가 '보험급부에 해당하는지' 여부를 판단함에 있어서 주된 목적에 입각한 접근을 했다.[33] 즉, SMP 서비스가 보험급부에 해당하려면 그 '주된 목적'이 '경제적 손해를 전보'하는 것이어야 하는데, SMP 서비스는 그러한 주된 목적이 흠결되어 있다고 판시했다.

---

30) 이 사건 서비스 계약은 가입자로부터 모든 서비스 비용을 미리 지급받아 약정된 서비스를 제공하는 SMP 방식과, 의료상담서비스에 대해서는 가입자로부터 미리 비용을 지급받고, 이송 및 송환서비스에 대해서는 심각한 의료상태가 발생한 회원에게 서비스를 먼저 제공하고 사후에 그 비용을 지급받는 AMP 방식으로 체결되었다. 이 중에서 주요 판단 대상이 된 계약조항은 SMP 방식의 계약 가운데 미리 비용을 받고 사고가 발생하는 경우 이송 및 송환서비스를 제공하기로 하는 계약조항이다.

31) 서울중앙지방법원 2013. 1. 17. 선고 2011고단6363 판결.

32) 서울중앙지방법원 2013. 8. 13. 선고 2013노541 판결

33) 한기정, 앞의 논문, 2015, 12면.

2) 판례평석

SMP 서비스가 대상영업의 주된 목적인지의 문제와 SMP 서비스의 주된 목적이 경제적 보상인지의 문제는 상이한 문제이므로, 1심·2심 판결과 대법원 판결이 주된 목적기준을 적용한 대상이 상이하기는 하지만, 대법원 판결은 기본적으로 '주된 목적 기준'에 찬성한 태도를 취한 것으로 보인다.[34]

이 기준이 어떠한 계약이 보험규제의 대상이 되는 보험계약인지를 판단하는 기준으로서 적합한지에 대해서는, 실무상 이 기준은 보험사업에 해당성을 판단하는 유용하고 적절한 기준이라고 보는 입장,[35] 보험업법이 규정하는 보험상품의 개념요소로서의 위험보장의 목적은 단지 경제적 가치 있는 급부의 제공으로 손해가 보전되는 측면이 있다는 이유만으로 쉽게 인정하여서는 안 되고, 그러한 경제적 위험보장의 목적이 대상영업의 주된 목적인지에 따라 판단하여야 한다고 보아 주된 목적기준의 적합성을 인정하면서도, 보험상품적 요소의 비중이 전체계약에서 차지하는 비중이 낮다는 이유로 보험성을 부정하는 것은 바람직하지 않다고 하는 입장,[36] 계약의 보험 해당여부를 판단하는 하나의 기준으로 위험보장 목적을 위 판결과 같이 이해하는 것이 바람직하고 하면서 계약상 경제적 위험보장 목적이 주된 목적이 아닌 경우에는 보험업법상의 보험상품에 해당하지 않는다고 보아야 한다는 입장[37]과 같이, 동 기준의

---

34) 한기정, 위의 논문, 28면.
35) 한창희, "해외긴급의료지원서비스사업의 무허가보험사업성-대법원 2014. 5. 29. 선고 2013도10457 판결-", 『법과 기업 연구』 제5권 제1호, 서강대학교 법학연구소, 2015, 153면.
36) 김선정, "무허가 보험업의 판단기준 - 대법원 2014. 5. 29. 선고 2013도10457 판결", 『월간생명보험』 Vol.432, 2015, 55, 57면.
37) 김진오, "보험업법이 규정하는 보험상품의 개념요소로서 '위험보장의 목적'을 판단하는 기준 대상판결 : 대법원 2014.5.29. 선고 2013도10457 판결 : 공2014하,

적합성을 긍정하는 견해가 있다.

이에 반해, 그러나 복잡하게 얽힌 실제 사안에서 위험보장의 목적이 주된 목적인지 아닌지를 판단하기는 쉽지 않다는 점, 즉 어느 정도가 되어야 주된 목적인지 그 기준이 없다는 점을 지적하는 견해도 있다.[38] 이 입장에서는 경제적 위험보장의 목적이 '주된 목적'이 아니라 하더라도, 즉 부수적인 목적으로 경제적 위험보장을 목적으로 하는 경우라 하더라도, 이를 규제할 필요성은 여전히 있다고 한다. 다시 말해 허가 없이 '보험업'을 영위할 경우 형사처벌 위험이 있으므로, 이를 회피하기 위하여 경제적 위험보장의 목적을 부수적인 목적으로 한다고 주장하면서 주된 목적을 다른 것으로 만들어 낼 수도 있는바, 이러한 경우에도 여전히 규제할 실익이 있다는 것이다.

또, 보험 요소가 존재하기만 하면 언제나 보험업으로 규제해야 하는 것은 지나치고,[39] 보험 요소가 주된 목적이 아니라고 해서 언제나 보험업으로 규제하지 않는 것도 지나치기 때문에,[40] 주된 목적 기준보다 규제필요성 기준이 더 적합한 기준이라는 견해도 있다.[41]

1364", 『BFL』 68호, 서울대학교 금융법센터, 소화, 2014, 67면.

38) 강현구, "보험상품의 판단기준에 대한 고찰 - 대법원 2014. 5. 29. 선고 2013도 10457 판결을 중심으로 -", 『보험법연구』 제10권 제1호, 한국보험법학회, 2016, 116면.

39) 김선정, "무허가 보험업의 판단기준 - 대법원 2014. 5. 29. 선고 2013도10457 판결", 월간생명보험, Vol.432(2015.2.), 55면; 한기정, "보험업의 개념에 관한 연구", 『보험법연구』 제9권 제2호, 한국보험법학회, 2015, 29면.

40) 김선정, 위의 논문, 55면.

41) 한기정, 앞의 논문, 29면.

VI. 규제필요성 기준

1. 출발점

이 기준은 보험정의적 접근방식(definitional approach)이나 다양한 기준적 접근방식(test approach)이 아니라, 규제의 필요성을 기준으로 구체적 사안에서 문제되는 계약에 대해 보험규제를 부과할 것인지 여부를 결정하자는 기준이다. 다시 말해, 특정한 사안의 계약에 대해 보험규제를 부과할 것인지에 대한 사법적 판단 기준으로 보험규제의 '목적'을 제시하는 이론이다.[42] 이 견해는 '우연한 사고 및 위험의 이전·분배'라는 관점보다는 '보험규제의 이유와 목적'의 관점에서 접근한다.[43] 이 기준에 의하면 보험의 요소를 갖춘 계약이라고 해서 반드시 보험규제를 적용해야 하는 것은 아니고, 보험규제의 목적을 고려하여 필요하다고 인정되는 경우에만 보험규제를 적용한다. 이 기준은 보험규제의 대상인 보험인지에 관한 기존의 기준들이 규제의 정책적 목적을 간과하였기 때문에 규제대상을 잘못 파악하고 있다는 문제의식에서 출발하였다.

2. 해로움을 제거할 필요성

규제필요성 기준은 보험계약법상의 보험계약과 보험규제법상의 보험을 별개로 이해한다. 미국의 문헌과 판례에서는 보험계약법의 관점, 파산결정의 관점, 조세부과의 관점에서 보험은 다르게 정의될 수 있다고 보고,[44][45] 영국의 문헌에서도 규제의 관점에서는 보험의 통상적인 정의

---

42) Doyal Mclemore, "Consumer Warranty or Insurance Contract? A View Towards a Rational State Regulatory Policy", *51 Ind. L.J. 1103*, 1976, p.1111.

43) 한기정, 앞의 논문, 22면.

44) Jan Hellner, op. cit., p.494.

가 적절하지 않다고 서술하고 있다.[46] 규제필요성 기준은 이와 같이 보험을 단일·불변의 개념으로 정의할 수 없으며 보험의 정의는 맥락에 따라 다르게 이루어지는 것이 합리적이라는 입장과 일맥상통한다.

보험을 규제하는 이유는 보험자가 부담하는 보험금지급채무의 가치가 미래의 이행에 달려 있는데, 정보력 등이 약한 보험계약자가 그 가치를 측정하기 어렵기 때문에 보험자로부터 불공정한 취급을 받을 가능성이 높고,[47] 보험이 공공성을 띠기 때문이라고 한다.[48] 이러한 이유에서, 보험자의 불완전판매, 업무처리능력의 미흡, 지급능력의 부족, 불공정한 보험료 등과 같은 「해로움을 제거할 필요」가 있는데, 이것이 보험규제의 목적이라는 것이다.[49] 규제필요성 기준은 위와 같은 해로움이 나타나는 경우에만 보험으로 규제하는 것이 바람직하다는 입장이다.[50]

---

45) *McMullan v. Enterprise Financial Group, Inc.*, 247 P.3d 1173 (2011)도 정책적 목적으로 규제가 완화되어 있다는 사정은 보험계약법상의 보험계약인지를 판단하는 기준이 되지 않는다고 설시했다. 즉, 규제정책적 목적과 보험계약법상의 보험의 정의는 관계가 없다.

46) Birds는 보험규제의 관점에서는 피보험자의 청구권에 관한 기술적 논의는 의미가 없고 보험급부가 경제적 가치를 가져야 하는 것도 아니라고 하면서, 보험자가 실질적 급부를 지속적으로 제공하고 있다면, 보험규제의 대상인 보험자가 될 수 있다고 주장한다(John Birds, *Bird's Modern Insurance Law*, Sweet&Maxwell, 2013, pp.7-14)

47) Keyvan Samini, "Third Party Extended Warranties and Service Contracts : Drawing the Line between Insurance and Warranty Agreements", *54 Ohio St. L. J. 537*, 1993, p.539.

48) Kenneth E. Spahn, "Service Warranty Associations : Regulating Service Contracts as "Insurance" under Florida's Chapter 634", *25 Stetson L. R. 597*, 1996, p.607; Appleman, *Insurance Law and Practice*, 1982, § 10321.

49) Doyal Mclemore, op. cit., p.1111은 보험규제를 통해 금지하려는 해로움에는 부적격 보험자의 출현, 보험자의 지급능력의 부족, 불공정한 보험료 산정, 기망적 행위 등이 포함된다고 한다.

50) 한기정, 앞의 논문, 22면.

3. 세부적 기준

규제필요성 기준 이론을 지지하는 Hellner는 "위험의 인수 및 분배가 있는지 여부를 묻는 대신에 특별하고 복잡한 기술에 대한 수요가 있는지를 물어야 한다. 급부에 대한 대가로서 보험료를 받는지를 묻는 대신에, 급부의 가치가 측정하기 어려운지를 물어야 한다. 위험이 우연적 사고로 발생하는지를 묻는 대신에, 특정한 기금을 모아서 유지할 필요가 있는지를 물어야 한다. 나아가, 사기로부터의 보호하거나 또는 급부를 공정하고 동등하게 취급할 필요가 있는지, 급부가 사회적으로 중요한 것인지 등을 물어야 한다."고 주장했다.[51]

4. 미국 법원의 입장

GAF Corporation v. County School Board of Washington County 판결[52]에서 연방 항소법원은 규제필요성의 관점에서, 보험요소가 소량인 경우에는 보험규제를 통해서 제거해야 할 해로움이 나타난다고 보기 어렵기 때문에 보험업으로 보지 않는다고 판시하였다.

5. 우리 판결

위 대법원 2014. 5. 29. 선고 2013도10457 판결 사안의 2심 법원은 SMP 서비스가 개념적 측면에서는 보험업에 해당한다고 하더라도 규제목적적

---

51) Jan Hellner, op. cit., p.533. 이에 찬성하는 견해로는, Mclemore, op. cit., p.1124, Myerscouch, op. cit., p.610 등이 있다; 규제필요성 관점에서 계약의 보험성을 판단한 미국 판결로는 *West & Co. Of La., Inc. V. Sykes*, 257 Ark. 245 (1974), *GAF Corporation v. County School Board of Washington County*, 629 F.2d 981 (1980), *Truta V. Avis Rent A Car System, Inc.*, 193 Cal. App. 3d 802 (1987) 등이 있다.
52) 629 F.2d 981 (1980).

관점에서 보험업으로 규제할 필요성이 있는지에 대해 설시하였다.[53] 법원은 피고인 회사가 환자의 이송과 송환에 있어 금원을 지급하는 것이 아니라 전 세계적인 인적, 물적 설비를 갖춘 모기업을 통하여 이송 및 송환서비스를 제공하므로, "보험료 산정의 적정성, 보험재정의 건전성 유지를 위한 감독기관의 관리, 감독의 필요성이 일반 보험회사에 비해 적다"고 하면서 보험업으로 규제할 필요성이 없다고 보았다. 이른바 규제필요성 기준을 적용한 판시이다.

VII. 검토

보험정의 기준은 보험에 대해 완전한 정의가 없다는 점에서 구체적인 사안에서 계약의 보험성을 판단하는 유의미한 기준이 되기 어렵다. 보험용어 기준은 보험규제를 광범위하게 회피할 수 있는 길을 열어준다는 점에서 부적절하다. 당사자 의사 기준은 당사자의 의사를 명확히 파악하기 어렵고 법적 안정성을 해칠 우려가 있다는 점에서 부적절하다. 통제범위 기준은 통제범위를 확정하기 어렵다는 문제점이 있다.

주된 목적 기준은 전체사업에서 보험보장사업이 차지하는 비중 및 매출액과 같이 기술적인 항목을 기준으로 삼기 때문에 개별 사안별로 계약의 보험성 판단에 일관성이 떨어질 수 있다. 또, 주된 목적이 무엇인지를 판단하는 것이 용이하지 않고,[54] 어떠한 계약이 다른 계약에 수반되는지에 따라 계약의 손해보상성을 결정하는 것은 타당하지 않아 보인다.[55] 무엇보다도 보험 요소가 부수적 목적이라고 해도 영업의 전체

---

53) 서울중앙지방법원 2013. 8. 13. 선고 2013노541 판결; 1심법원과 대법원은 이 문제를 다루지 않았다.
54) 강현구, 앞의 논문, 116면.
55) Myerscouch, "Service Contracts : A Subject for State Insurance or Federal Regulation

규모가 큰 경우에는, 보험 요소가 상대적 비중은 작더라도 규제필요성 관점에서 결코 경미하다고 보기 어렵기 때문에, 이 경우에는 보험 요소가 주된 목적이 아니라고 해도 보험규제를 통해서 제거해야 할 해로움을 내포하고 있다고 볼 수 있으므로 보험규제를 적용하는 것이 바람직할 것이다.[56]

따라서 주된 목적 기준은 개별 계약을 보험으로 규제해야 할 것인지에 대해 일관되고 합리적인 해답을 도출할 수 있는 기준이 아니다.

생각건대, 어떠한 계약이 보험규제법의 적용대상이 되는 보험계약에 해당하는지를 판별하는 기준으로서는 규제필요성 기준이 가장 적합하다고 본다. 왜냐하면, 모든 계약은 계약당사자 간에 위험을 이전하는 분배하는 요소를 포함하고 있지만, 이들 계약을 보험규제의 대상에 포섭시키는 것은 가능하지 않을 뿐 아니라 포섭해야 할 필요성도 없다. 보험계약법의 적용대상인 보험계약의 가장 핵심적인 요소는 위험의 이전과 분배이지만, 보험규제법은 행정적 강제와 형사벌을 포함하고 있기 때문에 위험을 이전시키고 분배하는 계약이라는 것만으로 보험업법을 적용하기에는 불충분하고 그러한 규제를 해야만 하는 이유가 필요하다. 이러한 규제를 정당화하기 위해서는 당해 계약에 제거해야 할 해로움이 내포되어 있어야 한다고 보는 것이 합리적일 것이다. 또, 우리 보험업법에서는 보험종목별로 차등적인 자본금 요건을 두고(보험업법 제9조), 단종보험대리점과 금융기관보험대리점에 대해 별도로 규제하는 등(보험업법 제91조, 제91조의2), 이미 일부 규정에서 규제필요성 기준을 도입한 것으로 보인다. 이러한 보험업법의 입장 역시 규제필요성이론을 뒷받침한다.

따라서 채무면제·채무유예계약이 보험의 핵심적인 요소를 구비한 보험이라고 하더라도 보험업법의 규제를 받는 보험에 해당하는지를 판별

- Do Consumers Need Protection from the Service Contract Industry", *4 S. Ill. U. L. J.* 587, 1979, pp.607-608.
56) 한기정, 앞의 논문, 29면.

하기 위해서는 규제필요성 기준을 적용해서 채무면제·채무유예계약에 보험규제를 통해서 제거하여야 할 해로움이 내포되어 있는지를 검토해 보아야 할 것이다. 이를 위해 먼저 보험규제 일반에 대해 살펴본 후, 구체적으로 보험에 적용되는 건전성 규제와 영업행위 규제를 당해 계약에 적용할 필요성이 있을지를 살펴보자.

제4절 채무면제·채무유예계약에 대한 보험규제 필요성

I. 보험규제 개관

보험계약 이외의 다른 계약들도 위험을 인수, 공유, 분배한다.[57] 그럼에도 유독 보험계약에 대해 강한 규제가 적용되는 이유는 무엇일까? 다시 말해, 이른바 '보험'이라는 요건을 충족하는 위험이전계약은 그렇지 않은 위험이전계약에 비해 왜 보다 강한 규제를 받는가?

보험규제는 다양한 형태로 이루어지기 때문에 위 질문에 대한 한 가지 확실한 대답은 없다.[58] 다양한 설명 중 공통적인 설명은 보험자와 보험계약자 간의 정보비대칭[59] 등에서 기인하는 시장의 불완전성 때문이라는 설명이다. 보험시장 이외의 시장에서도 이러한 이상적인 조건이 충족되지 않기는 매 한가지이지만, 보험시장에서는 정보비대칭을 비롯한 다양한 이유로 인해서 그 괴리가 더욱 크다.[60]

---

57) Todd M. Henderson, "Credit Derivatives are Not Insurance", *16 Conn. Ins. L.J. 1*, p.5.

58) Kenneth S. Abraham/ Daniel Schwarcz, *Insurance Law and Regulation Cases and Materials*, 6th ed., Foundation Press, p.107.

59) 보험계약자의 보험자에 대한 정보우위와 보험자의 보험계약자의 정보우위를 모두 포함된다.

60) Kenneth S. Abraham/ Daniel Schwarcz, op. cit., p.107에서는 보험자와 피보험자

보험규제의 근거로 제시되는 "보험계약자가 보험자와 동일한 협상력
을 가지지 못하고, 보험은 대부분의 보험계약자(보험상품구매자)가 그
계약내용을 이해할 수 없을 정도로 복잡한 비즈니스이며, 대부분의 보험
상품에서 보험료납입시점과 보험금지급시점 간의 기간이 길며, 보험사고
의 발생으로 보험금을 지급하게 되는 장래 시점의 보험금 지급이 불확실
하다는 것" 등은 다른 비즈니스에도 적용된다. 그러나 보험은 다른 비즈
니스와 달리 이러한 여러 가지 특성을 모두 가지고 있기 때문에 다른 비
즈니스에 비해 강도 높은 규제를 하는 것이 정당화된다고 한다.[61]

보험의 공익적 성격 역시 강한 보험규제를 뒷받침한다.[62] 보험의 특
별한 공익 개념은 20세기 초반 유럽과 미국의 생명보험자들이 보험사업
에 대한 면세를 주장하면서 제시한 것이다.[63] 이에 대해 미국 법원은 일
찍부터 보험이 '공익'의 영향을 받는다고 보고, 화재보험요율에 대한 주
정부의 규제권한을 인정하는 판시를 내렸고,[64] 보험과 공익과의 특이한
관계(peculiar relation to the public interest)[65]는 보험의 정당화 근거가 된
다고 설시했다.[66]

심지어 보험을 '공공사업(public utility)'으로 인식해야 한다는 주장도
제기되었으나,[67][68] 그러나 이들은 보험을 공공사업으로 취급하기 위한

모두 완벽한 정보를 보유하고 완전히 이성적이며, 보험계약들이 오직 보험계
약자와 보험자에게만 영향을 미치고, 보험회사들이 보험시장에 자유롭게 진
입·철수할 수 있다면 보험규제를 할 필요성이 없을 것이라고 한다.

61) Spencer L. Kimball, "The Purpose of Insurance Regulation: A Preliminary Inquiry in
the Theory of Insurance Law", 45 MINN. L. Rev. 471, 1961, p.523.

62) 양승규, 「보험법」 제5판, 삼지원, 2005, 41, 56면.

63) H. Roger Grant, INSURANCE REFORM: CONSUMER ACTION IN THE PROGRESSIVE
ERA, The Iowa State University Press, 1979, p.69.

64) German Alliance Insurance Co. v. Kansas, 233 U.S. 389 (1914), at 408.

65) Id. at 411.

66) Leah Wortham, "Insurance Classification: Too Important to be Left to Actuaries", 19
University of Michigan Journal of Law Reform and Legislation 349, 1985, p.393.

67) 미국법원은 California Auto Ass'n Inter-Insurance Bureau v Maloney, 341 U.S. 105

기초에 대한 포괄적인 논의 및 보험산업의 본질에 관한 이론적 프레임워크를 제공하지는 못한 것으로 평가된다.[69] 이처럼 보험의 본질을 공공사업으로 파악하는 시각에 대해서는 컨센서스가 형성되지 않았지만, 보험의 공익성은 여전히 보험규제를 뒷받침하는 근거로 제시되고 있다.[70]

　보험규제는 보험회사의 판매관행(marketing practices)을 통제함으로써 보험자의 과도한 판매(overreaching)를 방지하고, 보험자의 지급능력(solvency)을 보장하며,[71] 보험요율을 합리적이고 공정하게 책정하는 것을 목표로 한다.[72] 우리 보험업법은 보험업을 경영하는 자의 건전한 경영을 도모하고 보험계약자, 피보험자, 그 밖의 이해관계인의 권익을 보호함으로써 보험업의 건전한 육성과 국민경제의 균형 있는 발전에 기여하는 것을 목표로 설정하고 있다(「보험업법」 제1조).

　이와 같은 목적을 지닌 보험규제는 정보나 의사를 개선함으로써 시장실패를 직접적으로 교정할 수 있으나, 규제 그 자체로 비싼 비용이 들고 불완전하기 때문에, 규제의 효율성과 비용의 중요성에 대한 고려가

(1951), *Aetna Cas. & Sur. Co. v. O'Connor*, 207 N.Y.S.2d 679, 170 N.E.2d 681(1961) 등의 사안에서 보험을 공공사업처럼 보기 시작했다.

68) 보험이 공공사업 및 강한 규제를 받는 산업들과 같은 특성들을 다수 가지고 있다는 관점의 지지자들은 보험이 공익(public interest)의 영향을 받는다고 주장하면서, 보험가격 뿐 아니라 보험판매조건(terms)과 컨디션(condition)에 대해서도 공익에 기여하는 규정을 적용할 것을 주장했다(Robert Pear, Senate Democrats Lay Out a Plan to Regulate Health Insurance Premiums, N.Y. TIMES, Apr. 21, 2010, at A15("'Water and power are essential for life,' Mrs. Feinstein said. 'So they are heavily regulated, and rate increases must be approved. Health insurance is also vital for life. It too should be strictly regulated so that people can afford this basic need.'").

69) Leah Wortham, op. cit., p.394.

70) 양승규, 앞의 책, 41면.

71) 특히, 보험자의 경솔한 투자와 기금관리로 인해 보험계약자가 피해를 보는 것을 방지한다.

72) Robert E. Keeton, *Basic Text on Insurance Law*, West Pub. Co., 1971, p.554.

이루어져야 한다.[73]

II. 채무면제·채무유예상품에 대한 보험규제의 필요성

1. 규제비용

위에서 살펴본 바와 같이 강도 높은 보험규제를 채무면제·채무유예
상품에 적용하기 위해서는 보험규제의 목적을 달성할 필요성이 인정되
어야 하는데, 그 중 하나의 이유는 보험규제는 상당한 비용을 수반한다
는 것에서 찾을 수 있다.

선도계약, 옵션계약, 신용스왑계약, 주식발행계약을 비롯한 다수의 계
약은 보험과 유사한 기능을 가지고 있다. 만약 어떠한 계약이 일정부분
보험의 기능을 수행하거나 보험의 일부 요소를 가지고 있다고 해서 보험
규제를 적용해야 한다면, 시장에서 체결되는 상당수의 계약 및 새로운
비전형계약에 대해 일일이 보험성을 검토해야 하게 되고 이는 상당한 비
용을 수반하기 때문에,[74] 이러한 비용이 보험규제를 통해 얻게 되는 상
품구입자에 대한 지급보장 등의 효용을 과도하게 넘어설 우려가 있다.

구체적으로 살펴보면, 금융상품에는 "대체가능성"이 있기 때문에 규
제자들이 어떠한 금융상품시장의 일부분에 대한 컨트롤을 제한하면, 투
자자들은 규제받는 금융상품과 동일한 위험-수익 조합(the same mix of
risk and return)을 가진 규제받지 않는 금융상품으로 옮겨갈 것이다.[75]

실제로 1980년대 이후 미국 은행업계의 대출거래시장에서는 신용보

---

73) Kenneth S. Abraham/Daniel Schwarcz, op. cit., p.107 참조.

74) Todd M. Henderson, "Credit Derivatives are Not Insurance", *16 Conn. Ins. L.J. 1,*
2009, pp.10-12.

75) *Id.* p.12.

험에 대한 보험규제를 피하기 위한 목적에서 채무면제상품이 널리 보급되었다. 국내 신용카드업계가 판매하는 채무면제·채무유예상품에 대해 보험규제를 적용하게 되면, 신용카드업계가 동 상품과 동일한 위험-수익 구조를 가진 금융상품을 개발해서 이용할 개연성이 존재하고, 그 경우 새롭게 고안된 금융상품의 보험성 및 보험규제 적격성에 대한 검토가 이루어질 것이고 그로 인한 비용이 소요될 것이다. 또, 그 상품에 대한 규제가 이루어지면 또 다른 상품이 고안되어 시장에서 이용될 것이고, 같은 문제가 계속해서 반복될 것이다.

따라서 동일한 위험-수익 구조를 가진 각기 다른 금융상품을 동일하게 규제할 것인지에 대한 법적 검토는 상품 자체의 성격, 규제의 필요성 등의 다양한 각도에서 신중하게 이루어져야 한다.

2. 공익성

채무면제·채무유예상품에 가입할 수 있는 자가 신용카드상품에 가입하는 것이 가능한 비교적 양호한 신용도를 가진 자로 국한되고, 전업계 신용카드사의 신용카드이용계약자로 제한된다는 점에서, 일반 보험계약에 비해 광범위한 위험 분산을 통해 공동체를 보호하는 공익성이 적을 것으로 보인다. 또, 보장사건 발생시 신용카드 잔존채무가 존재하지 않으면 어떠한 보상도 받지 못하는 점, 당해 계약체결로 조성한 기금이 산업자본의 자금원으로 이용된다고 보기는 어려운 점 등, 일반 보험상품과의 차이점을 고려해 볼 때, 동 상품에 대한 강한 보험규제를 뒷받침할 정도의 공익성이 있다고 보기는 어렵다. 이를 반박하기 위한 실증자료나 증거도 발견되지 않는다.

3. 사후적 언더라이팅의 문제

1) 서

국내의 채무면제·채무유예상품의 판매, 보상을 비롯한 상품운용실무를 보면, 상품판매시점 이전에 잠재적 소비자의 생명, 신체, 비자발실업의 '위험'에 대한 언더라이팅이 이루어지지 않는다. 또, 상품수수료가 신용카드이용액수에 비례해서 책정되도록 설계되어 있는데, 이러한 계약내용과 사전적 언더라이팅을 하지 않는 실무는 무관하지 않은 것으로 보인다. 현재 국내 신용카드사는 소비자가 급부를 청구하면 비로소 언더라이팅을 하는 사후적 언더라이팅에 의해 상품을 운용하고 있다. 사전적 언더라이팅은 부분적으로만 이루어지고 있는 것으로 보인다.

사후적 언더라이팅의 문제점은 소비자는 비용만 지불하고 사고 발생시 보상을 받지 못할 위험이 높은 반면, 판매자는 사전적 언더라이팅에 의했더라면 판매를 거절하였을 소비자로부터 상품 가격만큼의 수익은 누리면서 급부청구시점에 급부제공을 거절함으로써 이익도 얻을 수 있다는 데에 있다.

이러한 소비자 권익 침해를 사전적으로 방지하고 사후적으로 해결하기 위해 보험규제를 적용할 필요성이 있을지를 생각해보자.

2) 약관, 서식 및 판매실무

국내 신용카드사가 판매하고 있는 채무면제·채무유예상품의 약관에서는 ① 면책조항에 상품가입일로부터 과거 3년 이내의 진단이나 치료를 받은 질병이 직접적인 원인이 되어 발생한 보장사고는 보장에서 제외된다는 것과,[76] ② 상품 가입 신청시 회사가 질문하는 병력사항 등에 대해 알릴 의무를 규정하고 있다.[77] 이러한 위험에 대한 고지의무를 정한 규정은 생명보험, 상해보험, 질병보험 등의 보험 약관의 내용과 유사한 것으로서, 위험에 따른 분류 및 언더라이팅을 예정하고 있는 것으로 생각될 수 있다. 그러나 상품가입이 가능한 연령을 만 20세 이상 만 70세 이하로 규정하고 있을 뿐, 개인별로 수수료율에 차등을 두고 있지 않은 약관규정을 보면, 위험에 따른 분류나 언더라이팅을 예정하고 있지 않는 것으로 보인다.

또, 판매실무를 보면, 상품의 판매가 카드소비자의 자발적이고 적극적인 의사에 의한 청약에 의해 이루어지기 보다는 카드사 콜센터 직원의 적극적 권유로 이루어지는 점(outbound 방식에 의한 판매), 소비자가 동 상품의 보장내용은 물론이고 상품가입여부조차 알지 못한 경우가 많다는 점을 고려하면(불완전판매), 상품가입시 소비자의 위험에 따른 사전적 분류 및 사전적 언더라이팅이 실효적으로 이루어지고 있다고 보기는 어렵다. 상품 수수료율이 가입자의 위험의 크기가 아니라 카드이용대금에 비례해서 산정된다는 점도 상품판매자의 사전적 언더라이팅 유인을 약화시키는 원인이 될 수 있다.[78]

다른 한편, 보상금 청구시에 소비자가 제출하여야 하는 사고사항 서식을 보면 병력고지란이 마련되어 있다.[79] 이 서식을 통해 카드사는 상품가입시점에 소비자의 위험에 따른 언더라이팅을 통해 선택적으로 가입을 승인하거나 거절하는 대신, 계약상 약정된 우연한 사고가 발생한 후 소비자가 채무의 면제나 유예를 신청하면 비로소 기존의 병력 유무 등 각 소비자의 위험에 따라 보상을 거절하는 방식으로 실무를 운용하고 있는 것으로 보인다.[80]

---

76) KB 국민카드 채무면제·채무유예상품[일반형]약관 제11조.
77) KB 국민카드 채무면제·채무유예상품[일반형]약관 제12조; KB 국민카드 채무면제·채무유예상품[실속형]약관 제12조.
78) 상품판매자는 상품판매시 언더라이팅 절차를 생략함으로써 비용을 줄일 수 있다.
79) KB 국민카드 채무면제·채무유예상품 보장청구서 중 사고사항 서식.
80) 2010년부터 2012년 사이에 금융감독원에 접수된 채무면제·채무유예상품에 대

3) 사후적 언더라이팅의 의의와 문제점

(1) 의의

전통적인 언더라이팅은 보험청약시점에 이루어진다.[81] 시간순서로 나열하면, "언더라이팅 - 보험계약체결 - 보험사고 발생 - 보험금 청구"순이다. 이에 반해 사후적 언더라이팅의 경우 보험계약자로부터 정보를 수집해서 언더라이팅 결정을 하는 것이 보험금 청구시까지로 미루어진다.[82] 다시 말해서, 보험자는 보험금이 청구되기 전까지는 피보험자의 위험에 따른 보험적격성 평가를 하지 않는다.[83]

비록 보험증서 발행 전에 보험자가 보험청약자에게 언더라이팅을 위한 정보를 요청하는 것이 가능하다고 하더라도, 보험자는 보험금 청구 전까지 정보를 계속해서 취합(follow up)하지 않고, 보험금이 청구된 이후에야 그것을 보험보장에서 배제시킬 수 있는지를 판단하기 위해서 피보험자에게 추가적인 정보를 요구한다.[84] 즉, 보험자는 불량위험이라는 이유로 계약체결을 거절하지 않고 보험금이 청구될 때까지 기다렸다가 그 보험계약이 애초에 체결되지 않았어야 한다는 근거에서(구체적으로는 "부실고지"를 근거로)[85] 보험보장을 거절하려고 한다.[86]

한 유형별 소비자 민원발생 현황을 보면, 신용카드사가 소비자의 병력 사전고지 미이행을 사유로 하여 보상을 거절한 것에 대한 불만이 전체 민원의 3.5%, 보상금지급불만을 이유로 하는 민원의 15.4%%를 차지한다(금융감독원 2013. 2. 19. 자 정례 브리핑 자료, 「금융소비자에게 불합리한 카드사 채무면제·채무유예상품[DCDS] 개선 및 미지급 보상금 환급 추진」, 9면). 이는 동 상품의 보상금 지급시점에 사후적 언더라이팅이 이루어지고 있다는 사실을 뒷받침한다.

81) Thomas C. Cady/Georgia Lee Gates, "Post Claim Underwriting", *102 W. Va. L. Rev. 809*, 2000, p.812.

82) *Lewis v. Equity Nat'l Life Ins. Co.*, 637 So. 2d 183, 188-89 (Miss. 1994) at 186.

83) *Wesley v. Union Nat'l Life*, 919 F. Supp. 232, 235 (S.D. Miss. 1995) (explaining the Mississippi Supreme Court's definition of Post Claims Underwriting in Lewis).

84) *Meyer v. Blue Cross & Blue Shield*, 500 N.W.2d 150,153 (Minn. Ct. App. 1993).

85) Franklin D. Cordell, "The Private Mortgage Insurer's Action for Rescission for Mis-

(2) 문제점

사후적 언더라이팅은 보험자로 하여금 사후 논리(post hoc rationale)[87]로 보험계약을 취소하는 것을 가능하게 하고, 그 결과 보험자는 보험계약의 순차적 특성(sequential character)에 기인하는 피보험자의 취약성을 이용할 수 있게 된다.[88] 이러한 "기회주의"를 통해 보험자는 절대로 보험금을 청구하지 않을 피보험자로부터 보험료 수입을 얻을 뿐 아니라 보험금 청구여부가 의문스러운 보험계약으로부터 발생하는 수익도 수령한다.[89]

비유하자면 보험자는 신뢰할만한 예측을 전제로 한 계몽된 형태의 도박을 하는 것이 아니라, 도박의 승률을 고정시킴으로써 보험이라는 내기에서 이길 수 있게 되는 것이다. 왜냐하면 사후적 언더라이팅은 보험자가 "불확실한 이벤트"를 "확실한 이벤트"로 변형할 수 있게 해주기 때문이다.[90]

4) 미국 논의

채무면제·채무유예상품과 관련한 사후적 언더라이팅에 대한 국내의

---

representation: Limiting a Potential Threat to Private Sector Participation in the Secondary Mortgage Market", *47 WASH. & LEE L. REV. 587*, 1990, p.598.

86) *Ingalls v. Paul Revere Life Ins. Group*, 561 N.W.2d 273, 285 (N.D. 1997); *Provident Indem. Life Ins. Co. v. James*, 506 S.E.2d 892, 894 (Ga. Ct. App. 1998); *Dixie Ins. Co. v. Mooneyhan*, 684 So. 2d 574, 589 (Miss. 1996) (McRae, J. concurring in part and dissenting in part).

87) 사후 논리(post hoc rationale)란 먼저 있었던 사건을 이유로 드는 근거 제시 방식을 의미한다.

88) Thomas C. Cady/Georgia Lee Gates, "Post Claim Underwriting", 102 W. *Va. L. Rev. 809*, 2000, p.810.

89) Franklin D. Cordell, op. cit., p.598.

90) Thomas C. Cady/Georgia Lee Gates, op, cit., p.818.

조사와 연구는 보이지 아니하므로, 채무면제·채무유예상품의 판매와 운용이 사후적 언더라이팅에 의해 이루어진다는 사실에 근거해서 동 상품에 대해 보험규제를 하는 것이 타당한지에 대한 답을 찾기 위해, 미국의 논의를 살펴보기로 한다.

(1) 채무면제·채무유예상품과 전통적 보험상품의 차이점

신용보험과 채무면제·채무유예상품은 소액신용계약[91]과 연계되어 판매되기 때문에 전통적 보험계약보다는 수익의 흐름이 낮다. 이 때문에 언더라이팅, 마케팅, 서류작업절차가 간소화되어 있다.[92]

특히, 채무면제상품은 가격책정을 위해 계리적으로 가변적인 특징들(성별, 연령, 건강상태, 흡연습관 등)을 고려하지 않고서 발전해왔다. 신용보험과 채무면제·채무유예상품의 회계규모가 작기 때문에 상품공급자들은 소비자에 대해 신중하게 언더라이팅하는데 돈을 투자하려고 하지 않으며 투자할 수도 없다.[93]

실무상 채무면제·채무유예상품의 마케팅 역시 지나치게 단순화되어 상품과 상품가격책정에 대한 적절한 설명조차 이루어지지 않고 있다. 그 결과 소비자로서는 동 상품 구매의 함의를 적절히 고려하지 못하거나, 그들이 무엇을 구매했는지, 그 상품계약이 어떻게 작동하는지를 전혀 이해하지 못하기도 한다. 이런 상황에서 소비자들은 스스로 자신의 재정계

---

91) 자동차 신용, 가구, 가전, 소액현금대출업계의 소액신용계약.

92) 유경원, "저소득층의 보험접근성 제고를 위한 소액보험(Microinsurance) 활성화 방안", 『보험동향』 제54호, 보험연구원, 2010, 31면 등.

93) Thomas A. Durkin (now retired) and Gregory Elliehausen of the Federal Reserve Board's Division of Research and Statistics, "Consumers and Debt Protection Products: Results of a new Consumer Survey", Federal Reserve Bulletin, December 2012, Vol. 98, No. 9., p.2; 이 보고서는 2012년 미국 전역의 소비자를 대상으로 채무보호상품(신용보험, 채무면제·채무유예상품)에 대해 조사한 결과를 기록한 조사보고서이다.

획니즈가 무엇인지, 그리고 그들이 가입하는 상품이 무엇인지를 판단해야 한다.

⑵ 간소화된 事前的 언더라이팅과 역선택 문제

신용보험과 채무면제·채무유예상품의 경우에는, 상품의 낮은 현금흐름과 짧은 계약기간 때문에, 통상적으로 대출자는 소비자에게 보장을 원하는지 여부만을 질의한다. 소비자가 보장을 원하는 경우에는 두 번째 질문으로서 소비자의 연령을 질의한다. 이들 상품에서는 성별, 연령, 계리적 사망률, 건강특징에 따른 가격차별이 존재하지 않는 것이 일반적이다.94) 가격차별의 부존재가 의미하는 것은, 이들 상품이 남성, 고령자, 건강이 좋지 않은 자들(표준 미달체), 특정한 라이프 스타일을 가진 자들(예컨대, 흡연자)에게 상대적으로 더 매력적이라는 것이다.95) 단, 이로 인해 역선택이 야기될 수 있다.

채무보호계약의 작은 사이즈와 역선택 문제는 '생산비용을 감축하기 위해 판매를 단순화하자'는 주장을 이끌어냈다.96) 비용절감을 위해 사전적 언더라이팅을 통해 개별 소비자를 차별하지 않는 획일적(one-size-fits-all)인 채무보호상품이 고안되었다. 법규 역시 불공정한 차별이나 체리 피킹(cherry picking)을 방지하기 위해 획일적인 접근방식(the one-size-fits-all approach)을 취했다. 지금은 65세 또는 70세와 같은 대강의 연령제한처럼 소비자 간의 아주 제한된 차별화만이 허용되고 있다.97)

---

94) 단, 65세 또는 70세 이상의 고령자는 신용생명에 가입할 수 없다는 제한이 있어왔다. 주(州)에 따라 연령기준이 65세인 곳도 있고 70세인 곳도 있다.

95) Thomas A. Durkin (now retired) and Gregory Elliehausen of the Federal Reserve Board's Division of Research and Statistics, "Consumers and Debt Protection Products: Results of a new Consumer Survey", Federal Reserve Bulletin, December 2012, Vol. 98, No. 9, p.3.

96) *Id.* p.3.

97) *Id.* p.4.

(3) 신용보험의 낮은 손해율과 사후적 언더라이팅

신용보험을 판매하는 보험자들은 사전적 언더라이팅보다는 사후적 언더라이팅을 한다.[98] 그런데 신용보험은 이미 낮은 손해율을 보이고 있다.[99] 신용생명보험의 통상적인 손해율은 41.6%인데,[100] 이는 NAIC의 권고한 보험자의 최소손실률(60%)[101]을 훨씬 하회하는 수치이다.[102] 단체신용생명보험의 낮은 손해율은 사후적 언더라이팅과 관련 있다고 보고되고 있다.[103][104]

신용보험의 낮은 손해율과 단체보험의 특히 낮은 사업비를 고려하면, 신용보험자는 사전적 언더라이팅을 거절함으로써 비용을 더 줄일 필요

---

98) Thomas C. Cady/Georgia Lee Gates, op. cit., p.819.

99) 미국보험시장에서 신용보험은 손해율(loss ratio)이 특히 낮다고 보고되는 보험 종목이다. 신용생명보험의 통상적인 손해율은 41% 정도이다.

100) "What Price Insurance?", *CONSUMER REPORTS*, July 1999, p.6.

101) Kathleen Keest, "The Cost of Credit: Regulation and Legal Challenges", The National Consumer Law Center, 1996. A loss-ratio as low as 50% may, however, be acceptable in credit insurance policies. *See, e.g.*, 114 W.V.C.S.R. 114-6-1 (stating a loss-ratio of 50% is acceptable for credit policies subject to the Insurance Commissioner's approval before issuance).

102) 어떠한 보험종목의 손해율은 피보험자에게 지급된 보험금에 대한 보험료 비율을 계산해서 산정된다. 손해율이 높다는 것은 보험료의 대부분이 피보험자에게 보험금으로 지급되었다는 것을 의미하므로 피보험자로서는 잘 구매한 것이다. 반대로, 손해율이 낮을수록 보험가격이 과도하게 높게 책정되어 있는 것이고 보험자가 얻는 수익은 더 크다.

103) *Union Sec. Life Ins. Co. v. Crocker*, 667 So. 2d 688 (Ala. 1995), *vacated and remanded by BMW of North America v. Gore*, 517 U.S. 559 (1996).

104) 앨라배마주 법원에 따르면 한 신용생명보험자의 보험료 수입이 약 4,000만 달러에 이른다고 한다. 법원은 또한 하나의 대출기관을 통해 보험자가 판매한 신용생명보험의 손실률은 1988년 20.6%, 1989년 21.1%, 1990년 16.3%, 1991년 17.0% 이라고 하였다(*Union Sec. Life Ins. Co. v. Crocker*, 667 So. 2d 688 (Ala. 1995), at 693). 놀랍게도 몇몇 주에서 보고된 신용생명보험의 손실률은 10%나 15%로 매우 낮았고 어떤 해에 어떤 신용생명보험상품의 손실률은 한 자릿수를 기록하기도 했다.

성이 거의 없다. 따라서 신용보험자가 사후적 언더라이팅을 하는 것은 이미 높은 수익 마진을 더 확대할 목적에서이다.[105]

(4) 미국 법원의 입장

미국 법원은 몇몇 사안에서 사후적 언더라이팅의 불공정성에 대해 심리하였는데,[106] 미시시피주 대법원은 사후적 언더라이팅이 명백하게 불공정하다고 선언했다.[107]

첫째, 법원은 사후적 언더라이팅을 과도한 수익을 유지하기 위해 사행계약의 노름패(the odds of the aleatory contract)를 고정시키려는 보험자의 노력으로 인식했고, 보험자가 보험상품의 판매가능성과 수익을 늘리기 위해 언더라이팅을 포기해놓고 나중에 "스스로가 만들어 놓은 무지의 베일"[108] 뒤로 숨는 것은 명백히 불공정한 것이라고 설시했다. 요컨대, 조사하는데 실패한 보험자의 불평을 이제 와서 들어줄 수 없다는 논리이다.[109]

둘째, 법원은 보험보장에 대한 피보험자의 합리적 기대가 보험계약체결시 이루어질 수 있었던 사전적 언더라이팅을 불필요하게 억제하고 불합리한 사후적 언더라이팅을 하는 보험자에 의해 좌절되어서는 안 된다고 보았다. 그렇게 된다면 보험관계에서의 공적 남용이 초래될 것이라고 설시했다.[110]

---

105) Thomas C. Cady/Georgia Lee Gates, op. cit., pp.820-821.

106) *See Gardner v. League Life Ins. Co.*, 210 N.W.2d 897 (Mich. Ct. App. 1973); *Lewis v. Equity Nat'l Life Ins. Co.*, 637 So. 2d 183 (Miss. 1994); *US Life Credit Life Ins. Co. v. McAfee*, 630 P.2d 450(Wash. Ct. App. 1981); *Reserve Life Ins. Co. v. McGee*, 444 So. 2d 803 (Miss. 1983).

107) *Lewis v. Equity Nat'l Life Ins. Co.*, 637 So. 2d 183 (Miss. 1994), p.189.

108) *Caves*, 481 So. 2d at 768.

109) Robert Works, *Coverage Clauses and Incontestable Statutes: The Regulation of Post-Claim Underwriting, 1979 U. ILL. L.F. 809*, pp.813, 837.

110) *Reserve Life Ins. Co. v. McGee*, 444 So. 2d 803, 811 (Miss. 1983).

5) 검토

앞서 살펴보았듯이 국내 신용카드사가 카드소비자에게 판매하고 있는 채무면제·채무유예상품은 카드사의 부수업무로서 카드사에게 큰 수익을 안기고 있다. 그런데 사후적 언더라이팅에 의존하는 실무처리로 인해 이러한 수익이 배가되고 있다. 그러나 사후적 언더라이팅으로 인해 카드사의 수익이 높아진다는 사실만으로 동 상품에 보험규제를 적용하는 것이 곧바로 정당화되지는 않는다. 왜냐하면 현행 보험업법에는 사후적 언더라이팅을 금지하는 규정이 없기 때문에, 채무면제·채무유예상품의 판매실무가 사후적 언더라이팅에 의존하고 있다는 이유로, 그로 인한 문제를 사전적으로 예방하거나 사후적으로 문제를 해결하기 위해 보험업법을 적용할 필요성이 있다는 논리는 성립할 수 없기 때문이다.

미국의 소비자 신용생명보험의 손실률이 낮고 보험자에게 큰 이익을 가져다주는 사업[111]이라는 사실만으로 상품판매를 금지하거나 상품의 보험성을 부인하지 않는 것처럼, 국내의 채무면제·채무유예상품이 신용카드사의 '고수익 상품(cash cow)'라는 것을 근거로 판매를 금지하거나 동 상품의 보험성을 부정할 수는 없을 것이다. 이 문제는 사후적 언더라이팅 자체로 범위를 좁혀서, 상품판매자가 사후적 언더라이팅을 통해 소비자의 부실고지를 이유로 보장을 거부하지 못하도록 하는 방식 등으로 해결하는 방안 등으로 해결하는 것이 보다 바람직할 것이다. 미국의 경우에는 사후적 언더라이팅이 문제된 사례를 선의의무(good faith, bad faith) 또는 공정한 거래 원칙(fair dealing)과 같은 계약법의 일반 법리를 적용하거나, 질문 고지 룰(inquiry notice rule)[112] 또는 불법행위의 법

---

111) Thomas C. Cady/Georgia Lee Gates, op. cit., p.821에서는 신용생명보험의 낮은 손실률은 그것이 보험자에게 극도로 이익이 되는 사업이라는 것을 보여준다고 한다.

112) Inquiry Notice Rule은 객관적으로 보아 합리적인 보험자라면 성실한 사후적 조

리113)를 적용해서 해결하고 있다.

국내법적으로도 신용카드사가 채무면제·채무유예계약 체결시 불완전한 사전적 언더라이팅 절차만을 거치고, 소비자가 보상금을 청구한 이후에야 사후적 언더라이팅을 통해 소비자가 부실고지 하였다는 이유 등을 내세워 보상금(특히 큰 액수의 보상금)114) 청구를 거절하는 문제는 보험법을 적용하는 방식으로만 해결될 수 있는 것이 아니다. 사후적 언더라이팅 문제는 소액의 소비자 신용보험 등 소수의 보험종목에서도 발견할 수 있는 것으로서, 현행 보험업법에 의하더라도 명문의 해법이 존재하지 아니하기 때문이다. 그렇다면 우리도 계약법상의 신의성실원칙과 불법행위법리를 통해 이 문제를 해결하거나 여신전문금융업법에 별도의 규정을 신설하는 방식으로 사후적 언더라이팅에 의한 부당한 소비자의 권익 침해 문제를 해결할 수 있다고 본다.

4. 결어

사후적 언더라이팅 실무로 인해 소비자가 보험자로부터 받을 수 있는

사를 통해 정보를 찾을 수 있도록 피보험자가 합리적인 완전한 대답을 하였다면 부실고지나 은폐가 없는 것으로 보는 룰(tool)이다(Kenneth S. Abraham/ Daniel Schwarcz, *Insurance Law and Regulation Cases and Materials*, 6th ed., Foundation Press, 2015, p.25). 미국의 모든 법원이 이 룰을 채택하고 있는 것은 아니고, 채택하는 경우라고 할지라도 청약서에 "의심스러운 정보(suspicious information)"가 포함된 경우에만 이 룰을 적용한다(*See e.g. Chawla v. Transamerica Occidental Life Ins. Co.*, 440 F.3d 639 (4th Cir. 2006)).

113) *Hailey v. Cal. Physicians' Serv.*, 158 Cal. App. 4th 452 (2007)는 "inquiry notice rule" 보다 한 걸음 더 나아가 보험계약자는 사후적 언더라이팅에 기초해서 자신의 보험자에게 가해나 감정적 고통에 대해 불법행위손해배상청구를 할 수 있다고 판시했다.

114) Thomas C. Cady/Georgia Lee Gates의 연구에 의하면, 특히 큰 액수의 보험금이 청구된 이후, 보험회사들은 피보험자의 부실고지를 근거로 보험금 지급을 거절하기 위해서 보험청약서의 부정확성을 열심히 살핀다.

부당한 취급 등의 해로움을 제거할 필요가 있는지를 살펴보았으나, 이러한 해로움은 보험규제로 해소할 수 있는 성질의 것이 아니고, 계약법 일반이론이나 별도의 법체계로 해소하는 것이 바람직하다고 생각된다.

여신전문금융업법상의 규제에 비해 강도가 높은 보험규제는 규제비용을 수반하기 때문에 강화된 기준으로 규제의 필요성을 따져보아야 할 것이다.

이하에서는 보험규제를 세분화해서, 지급능력규제필요성, 요율규제필요성, 판매규제필요성이 인정되는지를 차례로 검토해보자.

제5절 지급능력규제의 필요성

I. 서

규제필요성 기준에 따르면 채무면제·채무유예상품을 취급하는 신용카드사에게 보험사의 지급능력에 관한 보험업법상의 규제를 적용하기 위해서는 신용카드사의 지급여력 부족으로 인해 채무면제·채무유예계약상의 채무를 이행하지 못할 위험이 존재하여야 한다.

보험회사의 재무건전성에 대한 보험규제는 보험회사의 지급여력과 책임준비금에 관한 규제와 보험요율에 관한 규제로 구성되어 있다. 이 중에서 채무면제·채무유예상품의 취급과 관련한 신용카드사의 재무건전성 논의를 함에 있어서는, 상품 수수료율 규제필요성은 절을 바꾸어 따로 논의하기로 한다. 왜냐하면 채무면제·채무유예상품의 경우에는 지급여력 및 책임준비금 규제에 관한 논의는 채무면제와 채무유예라는 급부의 특성과 함께 논의되어야 할 특성이 있으며, 수수료율 규제 논의는 '수수료율'에 관한 민원만 하더라도 전체 민원의 상당부분을 차지한다는 점에서 양자를 같이 논의하는 것보다는 따로 논의하는 것이 보다 적절할 것으로 보이기 때문이다. 본 절에서는 지급여력과 책임준비금에 대한 보험규제를 지급능력규제로 명명하여 지급능력규제의 필요성에 대해서만 논의해보기로 한다.

II. 보험회사에 대한 지급능력규제

보험계약자에 대한 보험금 지급을 보장하기 위한 지급능력규제는 보험규제에서 가장 중요한 부분이라고도 볼 수 있다.[115] 소비자에 대한 보험금 지급을 보장하기 위해 충분한 지급여력을 유지하도록 보험회사에게 엄격한 규제가 가해지는데 이는 다른 금융계약과 구별되는 「보험계약의 특수성」과 「보험회사 지배구조의 특수성」 때문이다.

1. 보험업법

우리 보험업법은 보험회사의 재무건전성에 대해 사후적·포괄적으로 규제한다. 보험회사는 보험금 지급능력과 경영건전성을 확보하기 위해 자본의 적정성, 자산의 건전성, 경영건전성 확보에 필요한 사항에 관하여 재무건전성 기준을 지켜야 하고(보험업법 제123조 제1항), 이를 위반한 경우 금융위원회는 자본금 또는 기금의 증액명령 등 필요한 조치를 할 수 있다(동법 동조 제2항). 보험회사는 지급여력비율을 100분의 100이상으로 유지하여야 하고,[116] 보유자산을 건전성 기준에 의하여 정기적으

---

115) Kenneth S. Abraham/Daniel Schwarcz, op. cit., p.113 등 다수의 문헌.

116) 지급여력비율이란 지급여력금액을 지급여력기준금액으로 나눈 비율이다. 지급여력금액이란 기본자본과 보완자본의 합계액에서 차감항목과 자회사 자본부족의 합계액을 차람한 금액을 말하고, 지급여력기준금액이란 보험업을 영

로 분류하고 일정한 대손충당금을 적립하여야 한다. 또한, 보험영업, 자산운용 등 업무전반에 대한 위험관리, 유동성 및 재보험의 관리에 관하여 금융위원회가 정하는 기준을 충족하여야 한다.[117]

2. 규제의 근거

1) 보험계약의 특수성으로 인한 당사자 위험

보험계약자와 피보험자는 보험자로부터 보험금을 전액 받지 못할 위험을 보유한다. 이를 '당사자 위험'이라고 한다. 보험은 다른 유형상품과는 달리 보험계약자는 상품가격을 즉시 지불하지만 보험계약자는 손실을 야기하는 사건이 장래에 발생한 경우에 보험금을 지불하겠다는 보험자의 약속만을 받을 뿐이다(先보험료수입 後보험금지급).[118] 보험계약체결시와 보험계약자가 보험금을 지급받는 시점 사이의 시간적 간격은 길고, 보험자의 지불약속은 그 시점에 보험자에게 경제적인 이행능력이 있는 경우에만 값어치가 있다.[119] 다시 말해 보험사업은 신용업무의 성격을 지니고 있다.[120] 만약 시장이 완벽하게 작동된다면 보험계약자는 보험자의 재정적 건전성의 중요성을 알 수 있고 재정적으로 건전한 보험사업자로부터만 보험을 구매할 수 있겠지만,[121] 현실세계에서의 시장은 불완전하다. 따라서 보험자에게 충분한 액수의 책임적립금의 적립을 요구하고 자

위함에 따라 발생하게 되는 위험을 금융위원회가 정하는 방법에 의하여 금액으로 환산한 것을 말한다(성대규/안종민, 「한국보험업법」 개정판 2판, 두남, 2015, 44면).

117) 성대규/안종민, 위의 책, 44, 538-542면.
118) Kenneth S. Abraham/Daniel Schwarcz, op. cit., p.113; 김성태, 앞의 책, 70-71면에서는 이러한 보험의 특성을 "무형의 미래재"라고 표현한다.
119) Todd M. Henderson, op. cit., p.19.
120) 조해균, 「최신보험경영론」 전정판, 박영사, 2011, 571면.
121) Kenneth S. Abraham/Daniel Schwarcz, op.cit., p.113.

산운용방식을 규제하는 등 엄격한 자본규제를 한다. 이처럼 당사자 위험은 보험규제를 정당화하는 핵심적인 근거이다.[122]

2) 보험회사 지배구조의 특수성

보험회사는 특이한 지배구조를 지니고 있다. 지배구조문제는 보험회사의 역(逆)생산 사이클 및 집중된 채권자(보험계약자)의 부재 때문에 발생한다.

우선, 소비자가 보험료를 지불하고 나서 몇 년이 지난 후에야 보험회사가 상품을 생산(즉, 보험금을 지급)하는 역생산 사이클 때문에 보험계약자는 피드백을 제대로 할 수 없다. 또, 위험의 가격을 책정하는 시기와 위험의 발생으로 인한 손실을 보상하는 시기 간의 비연결성으로 인해 폰지 사기에서와 같이 새로운 보험계약자를 모집해서 기존의 보험계약자에 대한 채무를 상환하고, 이를 위해 신 보험계약자에게 매력적인 보상을 제공하게 된다.[123]

다음으로, 보험회사가 지나치게 높은 위험을 인수하는 등 과도하게 위험한 전략을 사용하는 것을 막을 수 있는 집중된 이익을 가진 채권자가 존재하지 않는다. 이것은 대리인 문제(agency problem)의 일종으로 보험회사 이외의 보통의 회사에서도 발생하는 문제이기는 하지만,[124] 보험회사의 경우 자금조달의 상당부분을 일반채권자가 아닌 보험계약자로부

---

122) Todd M. Henderson, "Credit Derivatives are Not Insurance", *16 Conn. Ins. L.J. 1*, p.19.

123) *Id.* p.5.

124) 이러한 회사의 소유자·경영자와 채권자 사이의 이해충돌문제가 발생하는 원인 중의 하나는 위험이 높을수록 기대되는 보상이 크고 성공하는 경우 그 수익은 보너스·스톡옵션·회사의 가치 상승의 형태로 회사 소유자와 경영자에게 돌아가는 반면에, 위험이 실현되어 손실이 발생하면 채권자도 위험을 감수해야 하기 때문이다.

터 조달하는데,[125] 각 보험계약자들은 보험자의 자산에 대해 극히 작은 부분을 차지하기 때문에, 채무자의 재정건전성과 경영실적을 정기적으로 모니터하고 다양한 구제책 행사할 수 있는 일반 채권자들[126]과 달리 이러한 방식으로 스스로를 보호할 수 없어서,[127] 다른 회사에 비해 보험회사 측의 위험한 투자행위를 억제하기가 더욱 어렵다.

이처럼 보험회사에 대한 엄격한 자본규제가 보험회사 지배구조의 특수성에 기인하는 측면이 크기 때문인지, "보험계약이 보험계약 아닌 계약과 다르게 취급되고 보험법이 별개의 법으로 존재하는 주된 이유는 보험으로서의 본질 때문이 아니라 보험증권이 「보험회사」에 의해 발행되기 때문"이라고 설명되기도 한다.[128]

---

125) 이것은 역생산 사이클 때문에 가능하다. 예컨대, 미국 미네소타 보험사는 차입금 없이 창업자본금 5만 달러만으로 100만 달러어치 보험상품을 판매했는데, 이것은 보험금 지급 시기 이전 시점에 보험계약자로들로부터 95만 달러를 받았기 때문에 가능한 것이었다. 이는 보험회사 이외의 회사에게는 불가능한 것이다.

126) *See generally*, Saul Levmore, "Monitors and Freeriders in Commercial and Corporate Settings", *92 Yale L.J. 49*, 1982.

127) 이는 전통적인 집단소송문제와 동일선상에 있다. 즉, 다수의 보험계약자들은 보험자의 과도한 위험인수행위를 감시함으로써 얻는 이익을 모든 보험계약자들과 공유해야 하지만 그 비용은 감시행위를 하는 보험계약자 개인이 부담하게 되므로 보험계약자에게는 감시를 할 인센티브가 없다. 또, 보험계약자들은 투자목적이 아닌 재정보호목적으로 보험을 구입하기 때문에 보험자의 재정위험을 이해하고 감시하는 것이 용이하지 않다(Guillaume Plantin/Jean-Charles Rochet, *When Insurers Go Bust: An Economic Analysis of the Role and Design of Prudential Regulation*, Princeton University Press, 2007.

128) Todd M. Henderson, op. cit., p.22.

Ⅲ. 채무면제·채무유예계약의 경우

1. 당사자 위험의 부재

다른 금융기관에 대한 규제보다 강화된 규제인 보험규제를 채무면제·채무유예계약을 체결한 신용카드사에 적용하기 위해서는, 강화된 보험규제의 첫 번째 근거인 당사자 위험이 채무면제·채무유예계약에도 존재하여야 한다.

보험사고·보장사고의 발생으로 인해 피보험자·보험수익자와 카드소비자가 누리는 경제적 효용이 동일하다고 해서, 채무면제·채무유예계약에 대해 보험규제를 하는 것이 정당화되는 것은 아니다. 왜냐하면 보험규제를 뒷받침하는 가장 중요한 근거인 "당사자 위험"이 채무면제·채무유예계약에도 존재한다는 것이 입증되어야 하기 때문이다.

국내 판매 상품은 모두 기한이 정해져 있지 않고 채무액이 확정되어 있지 않은 방식(open end credit)이며, 수수료의 납입이 일시불이 아닌 정기불, 전기납의 방식이므로, 소비자가 가지는 당사자 위험이 보험계약에 비해 낮을 수 있는 계약구조이다.

또, 신용카드이용계약에 따른 신용채무의 성립이 채무면제계약에서 약정된 보장사고의 발생보다 시간적으로 앞선다. 계약에 따른 대출의 실행이 보장사고의 발생시점보다 앞서기 때문에, 대출이 실행된 시점 이후에 카드사가 도산하더라도 채무면제계약상 카드사의 채무불이행위험은 존재하지 않는다. 대출이 실행되기 이전 시점에 카드사가 도산한다면 여신 자체가 이루어지지지 않을 것이기 때문에 채무면제를 내용으로 하는 채무의 불이행 가능성은 없다.

따라서 채무면제라는 급부의 특성상 보험금 지급과는 달리 카드소비자에 대해 급부를 이행하지 못할 위험은 존재하지 않는다. 강한 강도를 가진 보험규제는 보험회사의 피보험자(보험수익자)에 대한 지불불능을 방지하기 위해 요구되므로, 채무면제상품에 대해서는 이러한 정당화 근거가 결여되어 있다.

이와 관련해서는 "설사 채무면제계약이 차입자의 일부 위험을 은행으로 이전한다고 하더라도 은행에게 투자위험을 부담시키거나 차입자에 대해 금전을 지급할 것을 요구하지 않고, 「차입자 사망시에 채무가 소멸되는 것이 전부」이므로 州보험규제의 전통적 관심사인 「지불불능방지」는 채무면제상품을 선택하는 차입자의 관심사항이 아니라"고 설시한 미국의 판결을 참고해 봄직하다.[129] 채무면제·채무유예계약은 사고가 발생하면 금융회사가 소비자로부터 받을 채권을 포기하는 것이기 때문에 금융회사의 지급능력과는 무관하다는 견해[130] 역시 동일한 맥락의 논의라고 생각된다.

2. 약화된 역생산 사이클

국내 시장에서 소비자는 채무면제상품과 채무유예상품의 수수료를 일시에 지급하지 않고 매달 지불하기 때문에, 일시에 보험료를 납부하는 보험상품이나 보험료납부기간과 보장기간의 차이가 큰 보험상품에 비해서 가격지불시기와 손실보상시기 간의 비연결성이 약하다. 또, 수수료를 먼저 지불하고 사고가 발생하면 급부를 제공하는 선수입 후지급 구조를 가지고 있다는 점에서는 보험계약과 동일하나 그 중간 단계에서 여신제공이 이루어지기 때문에 기간의 비연결성이 약하다.

그리고 보장사고 발생시 받게 되는 보상금은 보장사고 발생시점까지의 잔존 채무액인데 신용카드약관에 따르면 무한정 대출금을 상환하지

---

129) *First National Bank of Eastern Arkansas v. Commissioner of the Insurance Department for State of Arkansas*, 907 F.2d 775 C.A.8 (Ark.), 1990.

130) 이상제, 「채무면제·채무유예 금융 서비스의 정책 과제」, 한국금융연구원 보고서, 2006, vii면.

않고 신용카드여신을 이용하는 것은 불가능하기 때문에, 단기간 동안 이용한 대출금만큼의 보상금밖에 받을 수 없다. 따라서 수수료 지불 시점과 보상금 수령 시점 간의 기간이 보험에 비해 현저히 짧다. 이는 보험회사와 같은 역생산 사이클의 특성이 약하다는 것을 의미한다.

따라서 채무면제·채무유예계약에 대해서는 역생산 사이클이라는 특성으로 인한 보험규제의 필요성은 적다.

3. 보험회사와 상이한 자본조달구조 및 지배구조

1) 장기 회사채 위주의 자금조달로 인한 집중된 채권자의 존재

국내 전업 신용카드사들은 대부분의 자금조달을 장기 회사채 발행을 통해서 한다.[131] 2015년 말 7개 전업카드사의 평균 회사채 조달비중[132]은 80.3%, 회사채 평균만기는 약 4년 내외로 장기성 자금 위주의 비교적 안정적인 조달구조를 확보하고 있다. 이는 금리 변동에 따른 영향력 축소와 유동성 관리능력 제고 등을 위해 만기구조를 장기화하는 가운데, 금리 인하가 지속되면서 과거 해외 ABS 발행 등을 통해 얻을 수 있었던 금리절감효과 또한 감소함에 따른 것이라고 한다.[133]

---

131) 2012년 법 개정으로 사채발행 특례조항이 폐지되기 전까지 여신전문금융회사는 자기자본의 10배까지 사채를 발행할 수 있었다. 수신을 할 수 없기 때문에 타인으로부터 자금을 조달하여 여신하여야 하는 업무의 특성을 감안한 규제체계였다. 그러나 여신전문금융업자가 타인의 자금을 지나치게 많이 조달하여 외형 성장을 추구함으로써 개인 카드 부채증가가 사회적인 문제로 등장하였고, 여신전문금융업자가 부실해질 경우 채권을 보유한 금융회사가 동반 부실 우려가 있었기 때문에 2012년 법개정으로 특례를 폐지했다(성대규/안종민, 앞의 책, 490면). 그러나 특례규정이 폐지된 이후에도 수신을 할 수 없는 여신전문금융회사의 특성상 여전히 회사채를 통한 타인자금조달 비중이 높다.

132) 회사채 조달비중 = 회사채 / 총차입금

133) 2014년 12월 말 기준 자료의 내용도 평균 회사채 조달비중이 80.7%라는 것만

관계회사차입금은 지주사로부터 6,000억 원을 조달한 신한카드가 유일하며, 하나카드와 우리카드를 제외한 전업카드사들은 총 조달의 10%~20% 상당을 유동화차입금(ABS)으로 조달하고 있다. KB국민카드의 경우 팩토링 영업자금의 대부분을 ABS로 조달하므로, Peer그룹 대비 ABS 조달 비중이 다소 높다.[134]

2) 채권자의 위험관리 인센티브

신용카드사의 대출채권이 대규모로 상환불능이 된다면 예금 인출 사태까지는 아니라도 신용카드라는 지불 수단에 대한 신뢰도가 훼손되어 금융시장 교란요인으로 작용할 수 있기 때문에, 신용카드사의 위험추구행위와 건전성은 규제대상이 된다. 그러나 신용카드사에 대한 건전성 감독은 예금 취급기관인 은행에 비해 현저히 약한데 이는 신용카드사가 대출을 위한 자금을 마련하기 위해 채권을 발행한 것과 관련이 되어 있다.[135]

여신을 위한 자금 마련을 위해 신용카드사들은 통상 카드채와 같은 채권을 발행하고 이를 이용하여 카드 사용자들에게 신용, 즉 대출을 제공한다. 그런데 채권의 경우 채권자가 채무자의 위험을 관리할 유인이 크다고 여겨진다. 즉 은행과 같이 요구불 예금을 기초로 대출을 하는 금융기관에 비해서 카드사의 위험에 대한 감독은 약한데 이는 바로 채권자가 채무자인 신용카드사가 떠안는 위험을 감독할 유인 크기 때문이다.[136]

제외하고는 모두 동일하다(KIS 한국신용평가, 「KIS 신용카드 분석보고서 2015」, 2015. 7., 17면).

134) 2014년 12월 말 자료의 내용도 신한카드가 지주사로부터 7000억 원을 조달하였다는 점, KB국민카드의 ABS 조달 비중이 27%라는 것만 제외하고는 모두 동일하다(KIS 한국신용평가, 「KIS 신용카드 분석보고서 2015」, 17면).

135) 이인호/박민선, "국내 신용카드 산업의 역사와 현황", 『한국경제포럼』 제8권 제3호, 2015, 20면.

136) 이인호/박민선, 위의 논문, 21면.

이러한 주장에 대해서는 2002년에서 2004년 사이에 발생한 신용카드
대란 과정에서 신용카드사가 발행한 카드채에 투자한 채권자들이 신용
카드사의 과도한 위험 부담에 대해 적극적으로 개입하고 관리한 증거는
발견되지 않았다는 반론도 있다.[137] 그러나 대부분의 자금조달을 일반
채권자가 아니라 다수의 보험계약자들이 지불하는 보험료로 하는 보험
회사와 달리, 신용카드회사는 채무면제·채무유예상품을 구입하는 소비
자가 지불하는 수수료로 대출자금의 대부분을 충당하지는 않는다. 신용
카드회사의 채권자들은 위험보장 목적을 가진 보험계약자와 달리 투자
목적을 가지고 회사에 돈을 빌려주기 때문에, 원금손실을 감수하려는 의
사가 보험계약자에 비해 현저히 낮다. 또한 투자 금액의 크기도 각 보험
계약자에 비해 평균적으로 크기 때문에 보험계약자가 보험회사의 자산
및 위험추구행위를 감독하려는 유인에 비해 큰 감독유인을 가진다고 볼
수 있다.

실제로 2015년 말 현재 7개 전업카드사 전반의 자본적정성은 안정적
인 수준이고, 유동성 커버리지도 우수한 수준이다.[138]

---

137) 이인호/박민선, 위의 논문, 21면.
138) 2015년 말 7개 전업카드사 평균 조정자기자본비율과 레버리지는 각각 26.6%
와 4.0배이다. 레버리지 규제한도가 6배임을 감안하면 카드사 전반의 자본적
정성은 안정적인 수준으로 판단된다. 각 카드사별로도 대부분 조정자기자본
비율은 20~40%, 레버리지는 3~5배 내외의 양호한 수준에서 관리되고 있다(KIS
한국신용평가, 「KIS 신용카드 분석보고서 2016」, 19면).
　전업카드사 전반의 유동성 Coverage도 우수하다. 2015년 말 현금 및 예치금,
즉시매도가능유가증권, 미인출약정한도 등을 감안한 즉시 가용 유동성 보유
액은 모두 90일 이내 만기도래 차입부채의 100%를 상회하고 있다. 또한, 여신
전문금융업법 및 감독규정상 100% 이상을 유지하도록 하고 있는 원화유동성
비율은 2015년 말 기준 전업카드사 대부분 300%를 상회(하나카드 299%)하며
안정적인 수준을 유지하고 있다. 한편, 신한, KB국민, 하나, 우리카드 등 은행
계열 카드사의 경우 그룹 내 비은행사업의 주축으로서 각 금융지주의 지원가
능성은 높은 수준으로 판단된다. 삼성, 현대, 롯데카드 등 기업계열 카드사
또한 해당 그룹이 우수한 신용도 및 재무여력을 바탕으로 각 카드사의 신용

IV. 결어

이상으로 살펴본 바에 따르면, 신용카드이용계약에 따른 신용채무의 성립시점과 채무면제계약에서 약정된 보장사고 발생시점 및 급부의무발생시점의 시간적 선후관계와 급부의 특성 때문에 당사자 위험이 존재하지 않는다. 또, 신용카드사가 생산하는 채무면제·채무유예상품은 보험상품과 달리 역생산 사이클이 약하고, 신용카드사의 위험을 관리할 수 있는 유인과 능력을 가진 집중된 채권자가 존재한다. 따라서 동 계약에는 신용카드사가 동 계약체결로 인해 부담하는 급부의무 불이행을 초래할 지급능력부족이라는 해로움은 존재하지 않는다. 따라서 지급능력 측면에서는 보험규제필요성이 존재하지 않는다.

제6절 요율규제와 판매규제의 필요성

I. 서

다음으로는 신용카드사의 채무면제·채무유예상품의 수수료율 및 상품 판매에 대해 보험규제가 적용될 필요성이 존재하는지를 살펴보자. 규제필요성 기준에 의하면 당해 계약에 과도하거나 불공정한 요율산정, 불완전 판매와 같은 해로움이 있어야 보험규제가 적용될 수 있을 것인바, 이러한 해로움이 존재하는지를 살펴보자.

국내 채무면제·채무유예상품 시장에서 과도한 상품수수료율과 불완전판매에 대한 소비자의 민원은 동 상품에 대한 소비자 민원의 상당 부

도를 견고하게 지지하고 있어 전업카드사 전반의 재무적 융통성은 매우 우수하다(KIS 한국신용평가, 「KIS 신용카드 분석보고서 2016」, 21면).

분을 차지한다(제1장 참조). 이에 금융감독원은 신용카드사에게 수수료율을 인하할 것을 수차례 권고하였고, 상품판매시 신용카드사의 설명과 소비자의 동의가 제대로 이루어지지 않은 계약에 대해 계약해지를 접수할 것을 권고했다.

그런데 현재 채무면제·채무유예계약을 취급하는 신용카드사에 적용되는 법률인 여신전문금융업법에는 채무면제·채무유예상품의 수수료율 산정 기준이나 수수료율 인하 기준, 청약 철회권, 설명의무 위반을 이유로 한 소비자의 계약해지권139) 등이 마련되어 있지 않다. 이는 위의 문제에 관한 현행법체계가 완비되어 있지 않다는 것을 의미한다. 이러한 맥락에서 보험업법상의 요율규제와 판매규제를 적용할 필요성이 존재하는지를 생각해보자. 만약, 규제필요성이 인정된다면 바람직한 규제내용과 규제방식에 대해서도 생각해보자.

Ⅱ. 요율규제

1. 서

국내 시장에서 채무면제·채무유예상품의 수수료가 과다하다는 지적이 계속되었지만, 여신전문금융업법에서는 채무면제·채무유예상품의 수수료율의 적정성 및 산정 방식 등에 대한 직접적인 규정을 두지 않고 있다.140) 이에 비해 보험업법에서는 보험요율에 관한 조항을 두고 있다. 채

---

139) 여신전문금융업법에서는 여신전문금융회사의 상품 설명의무(동법 제50조의11 제1항)와 설명한 내용을 이해하였음을 확인할 의무(동법 제50조의11)를 규정하고, 후자의 확인의무 위반시 과태료를 부과하는 규정을 두고 있을 뿐(동법 제72조 제2항 제2호), 설명의무 위반으로 인한 소비자의 계약해지권은 규정하고 있지 않다.

140) 다만, 여신전문금융업법과 동법 시행령에서는 계약이 해지된 경우의 연회비

무면제·채무유예상품 수수료율이 적정하지 않거나 소비자 간에 부당하게 차별적인 요율이 적용되는 등의 해로움이 존재하는지를 검토해보자.

2. 보험요율 규제

1) 보험업법

보험금 지급을 보장하기 위한 건전성 규제 중에서 지급능력에 대한 규제 뿐 아니라 「보험요율」에 대한 규제도 핵심적인 부분이다.

보험업법 개정으로 보험요율이 자유화되었지만, 보험업법에서는 보험료 과다·과소금지원칙, 차별금지원칙과 같은 원칙규정을 규정함으로써 보험요율의 자율화에 따라 야기될 수 있는 문제점을 방지하려고 하고 있다. 또, 보험요율 산출기관인 보험개발원에 의한 순보험료 산출과 금융위원회에의 신고제도와 같은 간접적인 통제는 여전히 존재한다.

우리 보험업법은 우선, 보험요율 산출 원칙에 대해 정하고 있다. 보험회사는 통계자료를 기초로 대수의 법칙 및 통계신뢰도를 바탕으로 보험요율을 산출하여야 하며, 보험요율은 지나치게 낮지도 높지도 않아야 하고,[141] 보험계약자 간에 부당하게 차별적이지도 않아야 한다(보험업법 제129조).[142] 종래 금융감독위원회의 규정에서 정하고 있던 보험요율 산

반환에 대한 규정(동법 제16조의5, 동법 시행령 제6조의11)과 가맹점수수료율에 관한 규정(동법 제18조의3, 제18조의4), 신용카드업자가 신용카드회원에게 각종 요율과 결제방법 등을 알려야 한다는 내용의 거래조건 주지의무(동법 제18조) 등을 두고 있을 뿐이다.

141) 보험요율은 소비자가 수령할 보험금에 비해 지나치게 높지 않아야 하고, 동시에 보험회사의 재무건전성을 크게 해할 정도로 낮지도 않아야 한다.

142) 미국의 보험요율규제도 이와 크게 다르지 않다(Kenneth S. Abraham/Daniel Schwarcz, *Insurance Law and Regulation Cases and Materials*, 6th ed., Foundation Press, 2015, pp.113-137).

출에 관한 원칙을 2003년 보험업법 개정시 법으로 격상시킨 이유는 정부의 규제가 폐지된 보험요율 자율화 시대를 맞이하여 보험회사의 보험가입자를 보호하고 보험회사의 재무건전성을 유지하며 보험가입자 간의 형평성을 유지하기 위한 것이라고 한다.[143]

다음으로, 보험요율 산출기관에 대해 정하고 있다. 보험요율 중에서 보험금의 지급에 충당되는 보험료(순보험료)를 결정하기 위한 요율인 순보험요율은 별도의 법인인 보험요율 산출기관에서 산출하도록 하고(동법 제176조 제1항, 제2항, 제3항 1호), 보험요율 산출기관은 순보험요율을 산출하여 금융위원회에 신고할 수 있는데(동법 제176조 제4항), 보험요율 산출기관이 신고한 순보험요율을 보험회사가 사용하는 경우에는 보험회사는 별도로 금융위원회에 신고할 필요가 없다(동법 제176조 제6항). 1999년에 법이 개정되기 전에는 부가보험료까지 보험요율 산출기관이 산출하도록 하였으나, 보험회사 간의 효과적인 보험가격 경쟁을 위해 순보험요율만을 보험요율기관이 산출하도록 법을 개정하였다.[144][145]

---

143) 보험요율 산출원칙을 법에서 정하게 된 이유는 정부의 규제가 폐지되고 보험요율이 자유화됨에 따라 보험회사가 통계적 기초 없이 지나치게 낮거나 높게 보험료를 책정할 우려가 높아졌기 때문이다. 지나치게 낮은 보험료는 보험회사의 재무건전성을 악화시킬 수 있고, 지나치게 높은 보험료는 보험가입자 보호에 문제를 야기할 수 있다. 또, 성별, 장애 등을 이유로 보험계약자 간에 보험료를 부당하게 차별하는 것은 보험에 대한 신뢰저하와 가입자 간의 형평에 문제를 야기할 수 있기 때문이다(성대규/안종민, 앞의 책, 596면).

144) 성대규/안종민, 위의 책, 701면.

145) 보험요율 산출기관은 순보험요율 산출 업무를 수행하기 위해서 관련 통계를 통합해야 하며 필요한 경우 보험회사에 자료제출을 요청할 수 있고, 이 경우 보험회사는 이에 따라야 한다(동법 제176조 제5항). 순보험요율은 산출의 기초가 되는 통계가 충분할수록 보다 정확하게 산출될 수 있기 때문에 개별보험회사보다는 보험과 관련된 통계를 많이 확보할 수 있는 위치에 있는 보험요율 산출기관이 보다 공정하고 합리적으로 산출할 수 있다(성대규/안종민, 앞의 책, 702면).

2) 논의

요율규제, 즉 가격규제는 독점가격 문제에 대한 확립된 접근방식이고,[146] 오래 전부터 보험규제 이용되었다.[147] 그러나 보험가격을 규제하는 것에 대해 비판적인 견해가 많다.[148] 비판적 견해를 취하는 대다수 문헌의 결론은 보험시장은 가격규제가 없더라도 충분히 경쟁적이기 때문에 가격규제는 보험가격을 실제로 낮추지 못한다는 것이다.

또, 현행법상 보험개발원이 순보험요율을 산출하는 것이 독점규제 및 공정거래에 관한 법률(이하 "독점규제법")이 금지하는 공동행위에 해당될 수 있다는 논의가 있다. 독점규제법상 공동행위는 2 이상의 사업자가 가격, 거래조건, 생산량, 출고량, 거래지역, 거래상대방 등을 합의하는 경우에 성립하고, 그러한 합의가 부당하게 경쟁을 제한하는 경우에는 금지된다(제19조 제1항). 보험료는 순보험료와 부가보험료로 구성되고, 순보험료는 과거의 통계자료에 근거한 순보험요율에 장래의 예측을 반영한 일정한 조정을 거쳐 산정되고, 순보험요율은 보험료의 가장 중요한 요소이기 때문에 이에 관한 합의는 독점규제법 제19조 제1항 제1호 또는 제2호에 해당될 수 있을 것이다.[149] 그러나 보험업법상 보험개발의 가장

---

146) Rick Geddes, *Public Utilities*, ENCYCLOPEDIA OF LAW & ECONOMICS, 1999(available at http://encyclo.findlaw.com/5940book.pdf).

147) Tom Baker/Peter Siegelman, "You want insurance with that? Using Behavioral Economics to Protect Consumers From Add-On Insurance Products", *20 Conn. Ins. L. J. 1*, Fall, 2013, p.52.

148) S. E. Harrington, *Effects of Prior Approval Regulation in Automobile Insurance*, in J. David Cummins ed., DEREGULATING PROPERTY-LIABILITY INSURANCE: RESTORING COMPETITION AND INCREASING MARKET EFFICIENCY 285, 2002에서는 가격규제가 비경쟁적 시장에서의 평균가격을 낮추는데 실패했음을 보여준다; Scott E. Harrington, "Insurance Rate Regulation in the 20th Century", *19 J. OF INS. REG. 204*, 2000은 가격에 대한 사전승인 규제는 경쟁시장에서의 보험 이용가능성을 확대해주지도 가격을 낮춰주지도 못한다는 것을 발견했다.

149) 이봉의, "보험산업의 특성과 카르텔 규제", 보험법의 현대적 과제(BFL 총서 7),

중요한 업무가 순보험요율의 산출, 검증 및 제공이라는 점에서 동 행위 자체를 독점규제법상 문제 삼을 수는 없다.[150] 다만, 암묵적으로 모든 보험회사가 이를 보험개발원이 산출한 순보험요율을 그대로 적용하여 보험료를 산정하거나 순보험요율의 적용시기와 방법 등이 다수의 보험 회사마다 일치하는 경우에는 독점규제법이 금지하는 카르텔이 성립할 소지가 있다고 한다.[151]

3) 규제필요성

금융감독원이 몇 차례 수수료율을 인하하는 조치를 하기 전의 채무 면제·채무유예상품의 수수료율은 과도하게 높았던 것으로 보인다. 소비 자에 대한 낮은 보상율[152]과 신용카드사의 높은 수익이 이를 뒷받침한 다. 대부분의 신용카드사는 동 상품 판매로 인수하는 위험을 헤지하기 위해 보험사의 CLIP 보험상품에 가입하였는데, 앞서 제1장에서 살펴본

서울대학교 금융법센터, 소화, 2013, 303, 311면; 이 견해와 같이 독점규제법은 더 효율적인 생산방식, 제품개발, 유통 및 서비스 제공 등을 통해 소비자에게 혜택을 부여하도록 시장환경을 조성하려고 노력하기 때문에 보험의 특성은 고려하되 기본적으로 보험업에도 독점규제법이 적용된다는 견해로는 최병규, "독점규제법과 보험의 관계 - 대법원 2010. 1. 14. 선고 2008두14739 판결에 대한 평석을 중심으로 -", 『서울法學』 제18권 제1호, 153면; 반면, 인보험에서는 객관적 통계수치를 공통의 근거로 가입자의 위험률 및 보험료율을 산정하고 보험인수 여부를 결정할 수밖에 없기 때문에 요율에 대한 공동행위도 어느 정도 부득이하다는 전제하에 보험사업에 대하여 획일적으로 독점규제법적 규제를 가하는 것은 적절하지 않다는 입장(김성태, 앞의 책, 802면)과, 보험업 에 관하여 공정거래위원회가 독점규제법의 규정에 따라 규제하려는 태도는 신중을 기하여야 한다는 입장(양승규, "보험료결정행위의 공동행위합의 추정 의 복멸", 『손해보험』 2005년 5월호, 손해보험협회, 2005, 68면)도 있다.

150) 이봉의, 위의 논문, 312면.
151) 이봉의, 위의 논문, 311-312면.
152) 정경영, 앞의 논문, 164면.

통계자료에 의하면 동 상품 수수료로 수령한 금액 대비 CLIP 보험료로 지출한 금액의 비중은 높지 않았다. 수수료율을 인하한 이후에도 그 차액이 꽤 커서, 신용카드사가 동 상품판매로 거두어들이는 수익은 적지 않다. 또, 금융감독원이 몇 차례 수수료 인하 조치를 하였다는 사실 그 자체도 시장에서 판매되는 동 상품의 수수료율이 실제로 과도하였다는 것을 보여주는 것이라고 생각된다.

소비자 간에 차별적 요율이 적용되는지에 대해서는, 상품수수료 산정 방식이 개별 소비자의 위험에 비례해서 책정되지는 않지만, 카드이용대금의 일정비율로 책정되므로, 사고가 발생한 경우 자신이 보상받게 되는 금전적 이익에 비례한 금액만큼의 가격을 지불하게 된다는 점에서, 부당하게 차별적인 것으로 보이지는 않는다.

그렇다면 동 계약에는 수수료율이 적정하지 않다는 해로움이 내포되어 있다. 규제필요성 기준을 적용하면 동 계약에 대해서는 보험요율규제를 하여야 할 필요성이 인정된다.

4) 보험요율규제 무용론 및 경쟁법적 관점에서의 검토

그러나 채무면제·채무유예계약에 보험요율규제를 적용하기 전에, 보험요율규제 무용론과 경쟁법 위반론을 채무면제·채무유예상품시장에 적용해보고, 보험요율규제를 적용하지 않아야 할 사유가 있을지를 생각해보자.

현재 국내 전업계 신용카드사가 취급하는 채무면제·채무유예상품시장이 가격규제가 불필요할 정도로 충분히 경쟁적인 시장인가? 채무면제·채무유예상품은 신용보험상품과 달리 독립적인 상품이 아니기 때문에, 특정 신용카드사와 신용카드이용계약을 체결한 소비자는 당해 계약상의 채무에 관해 다른 신용카드사의 채무면제·채무유예상품을 구매할 선택권이 없다. 역으로, 가격이 보다 저렴하거나 동일한 가격에 더 넓은 보장을 제공하는 채무면제·채무유예상품을 제공하는 신용카드사의 신용카드상품을 선택할 유인이 소비자에게 존재하지도 않는다. 왜냐하면 채무면제·채무유예상품은 카드이용계약의 부수적 계약일 뿐이고, 카드상품 선택기준으로서 카드 연회비와 무이자 할부 혜택 및 부가 혜택의 범위 등의 기준을 능가할 만큼 소비자가 관심을 가지는 대상이 아니기 때문이다. 동 상품의 존재와 보장내용에 대한 국내 소비자의 인식이 낮다는 통계는 이러한 사실은 뒷받침해준다(제1장 참조). 더구나 현재 국내에서 판매되는 채무면제·채무유예상품들은 수수료율과 보장내용 측면에서 차별화되어 있지 않다. 따라서 동 상품시장은 경쟁시장으로서의 요건을 결하고 있어 가격규제무용론이 적용될 수 있는 시장이 아니다.

다음으로, 경쟁법적 관점에서 생각해보자. 가격규제를 금지함으로써 다양한 가격의 상품이 시장에 나올 수 있다고 가정하더라도, 카드연회비 등 다른 기준에 의해 이미 선택한 신용카드이용계약상의 채무불이행위험에 대비하기 위해 가격이 낮은 다른 채무면제·채무유예상품을 선택할 수 있는 길은 막혀있기 때문에, 신용카드사로서도 채무면제·채무유예상품판매의 경쟁력 강화를 위해서 동 상품의 가격을 낮출 유인이 없다. 그러므로 가격규제를 하지 않는다고 해서 시장에서 자생적으로 상품 가격이 인하되거나 다양해짐으로써 동 상품시장이 경쟁시장이 될 가능성은 낮다고 본다. 그렇다면 동 상품에 대한 가격규제는 경쟁법이 보호하는 법익을 침해할 위험이 없다.

이와 같이 채무면제·채무유예상품시장에 대한 가격규제(요율규제)는 무용하지 않고 경쟁법에 위반될 소지도 없다. 따라서 동 시장에 대해 보험요율규제를 적용할 필요성은 인정된다고 하겠다.

5) 보험요율규제의 불충분성과 부적합성

그러나 위와 같은 필요성에도 불구하고 채무면제·채무유예상품시장에 대해 보험에 관한 요율규제규정을 그대로 적용하는 것이 채무면제·

채무유예상품의 수수료율을 적정한 수준으로 유지하기에 불충분하거나 부적합하여, 보험요율규제를 적용하는 대신 다른 내용과 방식으로 규제하여야 하는 것은 아닐지 생각해보자.

현행 보험규제의 내용을 살펴보면, 보험업법은 보험요율을 자유화하되 원칙규정과 간접적 통제 메커니즘만을 두고 있어, 이를 통해 채무면제·채무유예상품의 수수료율 부적정성이라는 해로움을 제거하기에는 불충분하다.

또, 채무면제·채무유예상품 수수료는 소비자의 위험을 기준으로 산정되지 않으며 상품계약시 언더라이팅도 이루어지지 않는다는 점에서 위험에 기반한 보험요율 산정 및 보험판매자에 의한 보험매수인 선택과는 차이가 있기 때문에, 위험에 대한 통계를 기반으로 하는 보험요율산출체계는 및 보험요율에 관한 보험업법상의 규제는 채무면제·채무유예상품 수수료율 산출에 부적합하다.

6) 규제 형식과 규제 내용

따라서 동 계약에는 요율에 관한 보험규제를 적용함으로써 제거해야 할 해로움이 존재하기는 하지만, 구체적인 내용이나 강도에 있어서는 현행 보험업법상의 그것과는 달라야 한다. 그렇다고 해서 명시적인 법적 근거 없이 금융감독원의 개별적인 조치로 이 문제에 대처하는 것도 바람직하지 않다. 영업행위 규제 규범은 국민의 권리와 의무에 직접적으로 영향을 미치기 때문에 법의 형식으로 존재해야 하는데,[153] 현재 국내시장에서는 신용카드사만이 채무면제·채무유예상품을 취급하고 있는 실정이고 금융감독원도 전업신용카드사에게만 동 상품의 취급을 허용한 바 있기 때문에, 현재로서는 여신전문금융업법에 요율규제조항을 두는 방

---

153) 한기정, "영국 통합금융업법상 보험법의 일반성과 특수성-행위규제를 중심으로", 보험개발원, 2005, 169면.

안이 타당하다고 본다.[154)]

요율규제를 어떠한 방향으로 설계할 것인지에 대해서는 수수료 대비 보상금 비율의 '최저한도'를 정하는 방안, 수수료율과 보상금을 소비자와 일반 대중들에게 '공시'하는 방안 등을 고려해봄직하다. 규제의 형식적 측면에서는, 법 시행령에 요율을 위임하는 형식으로 일률적으로 요율을 정해두는 방식, 최대요율 및 최소요율을 정해두는 방식, 소비자간 요율차별을 금지하는 방식, 순보험요율과 같이 참조요율산출기관을 따로 두는 방식 등을 생각해 볼 수 있다.

Ⅲ. 판매규제

1. 서

현행 여신전문금융업법에는 거래조건 주지의무(제18조), 설명의무(제50조의11), 광고규제(제50조의9, 제50조의10)가 규정되어 있다. 영업행위규제는 소비자 보호제도와 금융거래질서보호까지 포함하는 개념이고,[155)] 금융기관에 대한 영업행위규제로는 상품 내용 설명의무, 고지의무, 공시의무, 요청하지 않은 투자권유규제, 보험모집시의 적합성 원칙, 적정성 원칙, 광고규제 등이 있다는 것을 고려하면, 현행 여신전문금융업법에는 영업행위규제 중 극히 일부분만 규정되어 있다고 볼 수 있다.

신용카드사의 채무면제·채무유예상품 영업행위에 대해서는, 여신전

---

154) 정경영, 앞의 논문, 164면에서도 신용카드 채무면제·채무유예계약은 신용카드사와 신용카드회원간의 거래이므로 여신전문금융업법을 통한 규제수단을 사용하는 것이 바람직하다고 한다.

155) 한기정, "자본시장통합법 제정방안과 금융고객 보호제도의 선진화", BFL 제18호, 서울대학교 금융법센터, 소화, 2006, 17면.

문금융업법에 규정된 영업행위규제로 충분한 것인지, 아니면 보험업법 상의 보험규제를 적용해야 할지를 검토해보자. 보험규제를 적용하고자 한다면, 채무면제·채무유예계약에 보험규제를 통해 제거해야 할 불완전 판매라는 해로움이 존재해야 한다.

2. 규제필요성

텔레마케터 채널을 통한 신용카드사의 적극적 권유에 의해 상품을 판매하는 판매방식(outbound 방식)의 특성상 다수의 불완전 판매사례가 보고되고 있고, 동 상품에 대한 소비자의 불만사항 중에서 가장 큰 비중 을 차지한다(제1장 참조). 따라서 채무면제·채무유예계약에는 불완전판 매라는 해로움은 존재하는 것으로 볼 수 있고, 규제필요성 기준을 적용 하면 보험규제의 필요성이 인정된다.

3. 규제 형식

그런데 반드시 보험규제법으로 그 해로움을 제거하여야 하는지에 대 해서는 좀 더 생각해 볼 필요가 있다. 물론 규범의 형식은 '법률'의 형식 으로 존재해야 한다.156) 왜냐하면 판매규범은 영업규범의 일부분으로서 국민의 권리와 의무에 직접 영향을 미치는 사항이기 때문이다.157)

최근 법 개정으로 판매규제의 일부(설명의무, 광고규제)가 여신전문 금융업법에 편입되었는데, 이는 여신전문금융업과 관련된 불완전 판매

---

156) 다만, 그 중 기술적이고 시행적인 부분에 대해서는 시행령 및 그 하위규범에 위임하는 것이 바람직하다고 한다(한기정, "영국 통합금융업법상 보험업의 일반성과 특수성-행위규제를 중심으로-", 「정책연구자료 2005-1」, 보험개발원· 보험연구소, 2005. 2., 169면).
157) 한기정, "영국 통합금융업법상 보험업의 일반성과 특수성-행위규제를 중심으 로-", 「정책연구자료 2005-1」, 보험개발원·보험연구소, 2005. 2., 169면.

등 영업행위와 관련된 문제는 여신전문금융업법으로 규율하겠다는 입법
자의 결단으로 볼 수 있다. 현재 국내 신용카드사의 채무면제·채무유예
상품 취급에 대해서는 보험업법이 아닌 여신전문금융업법이 적용되고
있으므로, 동 상품에 관한 영업행위규제도 다른 법이 아닌 동법으로 규
율하겠다는 것이 입법자의 의사라고 해석된다. 규제비용 측면에서도, 보
험업법보다는 여신전문금융업법으로 해로움을 제거하는 것이 더 바람직
한 방향일 것이다.158)

4. 규제 내용

1) 여신전문금융업법

현행 여신전문금융업법에 규정되어 있는 여신거래조건 주지의무(제18
조), 설명의무(제50조의11) 및 광고규제(제50조의9, 제50조의10) 조항만으
로 채무면제·채무유예상품의 불완전 판매라는 해로움을 제거할 수 있을
지, 아니면 다른 종류의 영업행위 규제 규범이 필요할지를 생각해보자.

위 세 가지 조항은 금융상품판매자가 소지자에게 상품에 대해 정확
하고 충실히 고지해 줄 의무에 관한 것이라고 볼 수 있는데, 강화된 고
지규제만으로 소비자의 권익을 충분히 보장하기는 힘들다고 본다. 왜냐
하면 ① 규제자는 무엇이 고지될 필요가 있는 내용인지와 무엇이 충분한
고지를 구성하는지를 적절하게 구체화하는 고지체계를 디자인하는 것이

---

158) 다만, 현행 여신전문금융업법상의 판매규제규정은 불완전하다. 예컨대 동법
    은 거래조건 주지의무는 규정하고 있지만, 여신전문금융업자가 법 제18조의
    거래조건 주지의무를 위반한 경우의 법적 효과에 대해서는 침묵하고 있어 소
    비자 구제에 한계가 있다. 여신전문금융업법 개정으로 2012년에 도입된 광고
    규제와 2016년에 도입된 설명의무도 소비자에 대한 사후적 구제수단으로서는
    불충분하다. 따라서 여신전문금융업법으로 규제하기 위해서는 추가적인 규
    정의 신설이 필요하다.

거의 불가능하고, ② 고지의무자 중에는 그 규제를 신의성실하게 준수하려는 의지를 가진 자가 거의 없고, 설사 준수할 의지가 있더라도 거의 예외 없이 고지 강제규정을 해석하려하고 요구되는 데이터를 편집해서 가장 의미 있는 방법으로 알려주려고 하고, ③ 소비자는 고지 받은 정보를 무시하고(예컨대 계약조항을 읽지 않는다), 그 계약조항을 이해하지 못하거나 이해한다고 하더라도 적절하게 이용하지 못하는 경우가 대부분이기 때문이다.[159]

고지규제는 사람들이 삶의 모든 중요한 결정을 함에 있어서 관련 정보를 모두 취합하고 모든 가능한 결과 관련 가치를 검토해서 어떤 선택지가 그들의 선호를 가장 충족시켜 줄지를 결정한다는 잘못된 전제에 기반하고 있다.[160] 잘못된 가정에서 출발한 강제고지규제는 사람들의 결정을 향상시켜줄 수 없다고 한다.

또, 실제로 영국에서는 보증기간 유료연장서비스(extended warranties)에 대한 고지를 강화하는 영국 경쟁당국의 시도가 실패로 끝나기도 하였다. 2005년 4월 발효된 공시 강화 규제에도 불구하고 워런티 판매 수익은 여전히 높고 그 시장은 여전히 불공정하고 반경쟁적이라고 한다.[161]

위 논의와 영국의 규제 실패 사례를 고려하면, 국내 신용카드사의 채무면제·채무유예상품의 불완전 판매에 대해서 현행 여신전문금융업법상의 규제 조항만을 적용하는 것은 불충분하다고 본다. 추가적인 영업행위

---

159) Omri Ben-Shahar/Carl E. Schnieder, "The Failure of Mandated Disclosure", *159 U.PA.L.REV. 647*, 2011, pp.742-743.

160) *Id.* p.705.

161) Rupert Neate, OFT to look into extended warranties, THE DAILY TELEGRAPH, Apr. 15, 2011, Bus. Section at p.3; Evaluating the Impact of the Supply of Extended Warranties on Domestic Electrical Goods Order 2005, OFFICE OF FAIR TRADING, p.5-6, (October 2008), available at http://www.oft.gov.uk/shared_oft/reports/Evaluating-OFTs-work/oft1024.pdf); Tom Baker/Peter Siegelman, "You want insurance with that? Using Behavioral Economics to Protect Consumers From Add-On Insurance Products", *20 Conn. Ins. L. J. 1*, Fall, 2013, pp.46-48.

규제 규범이 필요하다고 본다.

2) 금융소비자 보호에 관한 법률

여신전문금융업법의 영업행위 규제규범이 불충분하기 때문에, 저자는 여신전문금융업법에 추가적인 조항을 두거나, 또는 타 법령으로 이를 규율하는 것도 방안도 제안했었다. 연구 당시에는 금융소비자보호법안이 국회에 상정되어 있었으나 빠른 법안 통과는 어려워보였던 상황이었다. 저자는 채무면제·채무유예상품의 영업행위규제를 비롯한 판매규제를 하기에 적합한 타 법령의 하나로 금융소비자보호법을 제안했었다.[162)]

그런데 그 후 동 법안에 대한 논의가 급물살을 타서 법안이 국회를 통과했고, 2021년 2월 현 시점에는 법 시행을 한 달 앞두고 있다. 이 법은 금융판매업자의 권유에 의해 계약이 체결되는 경우와 그렇지 않는 경우를 구분해서 전자의 경우에는 적합성 원칙(동 법률안 제16조)을 후자의 경우에는 적정성 원칙(제17조)을 정하고 있다. 설명의무 역시 금융판매업자가 계약체결을 권유한 경우와 그렇지 않은 경우로 나누어 후자의 경우에는 일반금융소비자가 요청하는 경우에만 설명의무를 부과하는 등 구체적인 절차와 내용 면에서 차이를 두고 있다. 또, 영업행위규제조항을 위반한 경우 소비자에게 계약해지권을 부여하여 영업행위규제의 실효성을 도모하고 있다.

채무면제·채무유예상품은 계약구조와 내용상 보험적 요소를 지닌 계약이기 때문에 금융소비자보호법상의 보장성 상품에 해당된다고 판단된다. 이 상품이 보험업법의 규제대상은 아니지만, 위험이전이라는 보험의 핵심적 요소를 지니고 있으며, 이 상품의 불완전판매로 인한 잠재적 피해의 성격과 크기는 보험상품과 크게 다르지 않을 것이기 때문에, 금융

---

162) 임수민, 채무면제계약의 보험성에 관한 연구, 서울대학교 박사학위논문, 2017.

소비자보호법이 정하는 보장성 상품에 대한 영업행위규제 조항을 적용하는 것이 타당하다고 본다.

다만, 곧 시행을 앞두고 있는 이 법과 시행령에서는 채무면제·채무유예상품을 직접적으로 언급하지 않기 때문에, 채무면제·채무유예상품을 판매하는 신용카드사에 대해서 보장성 상품에 대한 영업규제조항을 곧바로 적용한다면, 권리행사가 제약되는 수범자(금융회사) 입장에서는 불측의 피해를 볼 우려가 있다. 따라서 본서와 같이 동 상품의 보험성 및 보장성에 대해 명확하게 규명을 한 후에 금융소비자보호법 개정을 통해서 채무면제·채무유예상품이 동법의 보장성 상품에 해당한다는 점을 명확히 한 후에 규제를 하는 것이 타당하다고 본다. 이것은 권리와 의무에 관한 사항이기 때문에 법 규정 없이 시행령에 의해서만 규율을 하는 것은 타당하지 않다. 채무면제·채무유예상품이 보험업법이 적용되는 보험상품과는 다르기 때문에 더욱 그러하다.

5. 보다 강화된 규제의 필요성

더 나아가 동 상품은 주계약인 신용카드이용계약의 체결과 동시에 권유 및 체결이 이루어지는 경우가 많아, 소비자의 구매필요성과 구매의사가 불명확한 상태에서 계약이 체결될 소지가 일반적인 보험에 비해 더 높다. 따라서 금융소비자 보호에 관한 법률안에 규정된 보장성 상품에 대한 영업행위규제보다 강화된 규제가 필요하다고 볼 수도 있다.

영국에서는 PPI 보험(지급보장보험)과 GAP 보험과 같은 부가보험[163]의 불완전 판매로 인한 대규모 금융소비자 피해 문제가 발생하자,[164] 규

---

163) 부가보험과 채무면제·채무유예상품의 구조와 법적 성질은 다르지만, 판매대리인, 판매중개인, 상품판매시점, 방식 등 판매체계가 유사하다. 따라서 채무면제·채무유예상품의 판매규제에 관한 논의에 국한해서는 영국의 부가보험의 판매규제논의를 참조하는 것이 가능하고 적절하다.

제당국은 이에 대응해서 개혁안을 마련하였는데, 이 개혁안에서는 부가
보험상품을 규율하기 위한 최선의 방안은 「신용판매시점에는 PPI 상품
의 판매를 금지하고, 신용판매시점으로부터 7일(cooling off period)이 경
과한 후 판매를 허용」하는 것이라는 결론을 도출했다.[165] 부가보험에 의
한 즉각적인 보장은 진정으로 필요하지 않고, 소비자가 원한다면 다른
방법을 통해서도 부가보험을 살 수 있기 때문에,[166] 이 주장은 설득력이
있다고 생각된다. 부가보험과 마찬가지로 국내 신용카드회원도 신용카
드사와 여신계약을 체결하는 것과 동시에 반드시 채무면제·채무유예상
품에 의한 즉각적인 보상을 받아야 할 긴절한 필요성은 없을 것이고, 원
한다면 추후에라도 상품을 구매할 수 있기 때문에, 신용카드회원계약체
결 시점에는 채무면제·채무유예상품을 판매할 수 없도록 규제하는 방안
도 가능한 선택지라고 생각된다.

　다음으로, 영국에서는 철회기간 제도(cooling off)를 둔다고 하더라도,
철회기간이 경과한 후 소매매도인등 신용공여자가 보험판매를 통해 부당
한 이득을 취할 수 있는 방향으로 주상품의 판매를 구조화 수 있는 방법이
무수히 많기 때문에, 이 제도로는 소비자를 충분히 보호할 수 없으므로,
「소매매도인의 부가보험 판매를 완전히 금지」하자는 주장이 제기되고 있
다. 이 주장에 따르면 소매매도인의 부가보험판매는 금지되는 것이 바람직
할 것이지만, 만약 철회기간 경과를 조건으로 판매를 허용한다면, 영국

---

164) 영국에서는 PPI 보험과 GAP 보험과 같은 부가보험의 불완전판매로 인해 대규
　　모 금융소비자 피해가 발생하였다. 영국에서 PPI는 대개 신용생명보험과 신
　　용장애보험 신용비자발실업보험을 결합한 형태로 판매된다. 2011년 한 해 동
　　안 PPI의 불완전 판매와 관련하여 업계가 소비자에게 배상한 금액은 약 19억
　　파운드에 달한다.

165) U.K. COMPETITION COMMISSION, *MARKET INVESTIGATION INTO PAYMENT PROTEC-
　　TION INSURANCE*, Jan. 29, 2009, p.13.

166) Tom Baker/Peter Siegelman, "You want insurance with that? Using Behavioral
　　Economics to Protect Consumers From Add-On Insurance Products", *20 Conn. Ins.
　　L. J. 1*, Fall, 2013, pp.50-51.

금융당국이 제시하는 경쟁친화적인 공시요건과 보고요건이 요구된다고
한다. 다만, 모든 부가보험의 판매를 예외 없이 금지하는 것은 바람직하지
않고, 소비자 보호를 위해서는'자동차 보험을 가지고 있지 않은 소비자에
게 렌터카업체가 (채무면제계약의 일종인) 'damage waiver'나 'auto liability
protection'을 판매'할 수 있도록 허용할 필요가 있다고 한다.[167]

국내에서 판매되는 채무면제·채무유예상품에 대해서도 철회기간을
두는 방안과 신용카드사의 상품판매를 금지하는 방안을 생각해 볼 수
있다. 후자는 정책적 논의가 더 필요한 부분이므로 섣불리 결론내릴 수
없는 부분이다. 동 상품은 고위험 또는 자력부족으로 전통적인 보험상품
(생명보험, 상해보험, 질병보험)에 가입하지 못하는 자에게 위험에 대한
보장을 제공하는 순기능도 가지고 있다는 점, 소비자 권익이 부당하게
침해될 우려가 없는 한 금융상품의 다양화를 막을 이유가 없다는 점에
서, 채무면제·채무유예상품 판매를 무조건 금지하기보다는 판매를 허용
하되, 위에서 논의한 영업행위규제를 통해 소비자의 권익이 보호될 수
있도록 하는 것이 바람직하다고 본다.

마지막으로, 요청받지 아니한 상품매수권유행위를 금지할 것인지를
생각해보자. 우리 금융감독원은 판매자의 상품매수권유에 의해 채무면
제·채무유예상품을 판매하는 것을 금지하고, 매수권유 없이 소비자가 자
발적으로 채무면제·채무유예상품을 구매하는 것은 허용하는 방안을 논
의하고 있다. '보험상품'의 판매와 관련해서도 소비자가 선제적으로 요청
하지 않는 경우 보험회사나 보험모집인이 상품을 권유하는 것을 금지할
것인지의 문제가 있다. 그런데 보험상품은 고객이 스스로 자신의 수요를
파악하고 있는 은행상품 등 기타 금융상품과 달리 판매자에 의해 동기가
부여되는 특징이 있기 때문에,[168] 판매자에 의한 상품매수권유행위를 전

---

167) Id.
168) 최병규, 앞의 논문, 147면에서는 보험의 판매동기부여측면에 대해 "보험보호
라는 상품은 스스로 수요되어지는 것이 아니다. 즉 이 분야에서 주요과제가

면적으로 금지한다면 보험시장이 위축되고, 그 결과 소비자가 오히려 보험에 의한 위험보장을 받을 기회를 잃게 될 우려가 있다. 이처럼 동 제도의 도입으로 인한 효용에 비해 비용이 크기 때문에 보험판매규제로 요청받지 아니한 상품구입권유행위 금지규정은 두고 있지 않다.

그러나 보험상품과 달리, 신용카드사가 판매하는 채무면제·채무유예상품은 신용카드사의 주력 판매 상품도 주된 수입원도 아니기 때문에, 신용카드사가 구매를 적극적으로 요청하지 않는 카드회원에게 상품구입권유행위를 할 수 없도록 규제해서 이 상품 시장이 다소 위축된다고 하더라도 신용카드사의 존립이 위협받지는 않는다. 신용카드사에게 동 상품의 존재에 대해 소비자에게 알리고 적극적으로 상품매수청약을 한 경우에 내용을 고지할 수 있도록 허용하는 것만으로도, 소비자가 위험보장을 받을 수 있는 기회는 부당하게 박탈당하지 않을 것이다. 따라서 보험상품과 달리 채무면제·채무유예상품에 대해서는 요청받지 않은 금융상품 구입 권유행위 금지규정을 두는 방안도 생각해 볼 수 있을 것이다.

되는 것은 바로 고객으로 하여금 수요를 일깨우는 것(Bedarfserweckung)"이라고 설명한다.

결론

이상 살펴본 바와 같이 보험에 대한 일반적 정의가 존재하지 않기 때문에 위험을 보장하기 위한 신종계약이 출현한 경우에 그 계약이 보험계약인지를 보험의 정의에서부터 연역적으로 도출하기는 어렵다. 계약의 구조와 내용을 분석하여 보험의 핵심적인 개념요소를 구비하고 있는지를 따져보는 방식으로 그 계약의 보험성 여부를 규명할 수 있다. 그런데 그 계약이 보험의 핵심 요소를 구비하고 있다고 해서 현행 「보험업법」을 반드시 적용하여야 하는 것은 아니다. 보험에 관한 법규를 적용하기 위해서는 보험규제의 필요성이 있어야하기 때문이다.

본서에서는 보험성 논란이 있는 신종 금융상품계약 가운데 채무면제·채무유예계약이 현행 「상법」과 「보험업법」의 보험에 해당하는지 여부 및 국내 신용카드사가 채무면제·채무유예상품을 취급하는 것이 보험업을 영위하는 것에 해당하여 「보험업법」의 적용을 받아야 하는지에 대해 논의해보았다. 이 계약은 위험이전, 위험분산 등 보험의 핵심적 요소를 충족하기 때문에 「상법」 제638조와 「보험업법」 제2조 제1호 본문이 정하는 보험에 해당한다. 그러나 보험규제법인 「보험업법」을 적용하기 위해서는 보험규제의 필요성이 있어야 하는데, 채무면제·채무유예상품은 그 계약의 구조와 내용이 보험계약과 다르고, 이 상품을 취급하는 신용카드사의 자금조달방식과 지배구조가 보험회사와는 다르기 때문에 지급능력규제에 관한 보험규제를 적용할 필요성은 인정되지 않는다.

그러나 이 상품의 수수료율을 적절히 통제하고 불완전판매를 막기 위해서 요율규제와 판매규제는 필요하다. 그러나 「보험업법」상의 요율규제규정을 동 상품에 그대로 적용하는 것은 이 상품의 가격을 적절히 통제하기에는 불충분하고 부적합하다. 그러므로 여신전문금융업법이나 금융소비자보호법 등의 단행법에 이 상품에 대한 조문을 신설하는 방식으로 규제하는 것이 타당하다고 본다. 다음으로, 이 상품의 불완전판매를 시정하기 위해서는 「보험업법」상의 판매규제보다 강화된 규제가 필요하다. 그 방식은 요율규제의 경우와 마찬가지로 별도의 단행 법률로 규율하는 것이 법체계 정합적인 방식이라고 생각한다. 이것은 국민의 권리 의무에 직접적인 영향을 끼치는 것이므로, 감독기관의 내부규정이나 권고 등의 방식으로 해결할 사안이 아니라, 법과 시행령의 형태로 규제하여야 할 사안이라고 본다.

　새롭게 생겨나는 신종위험을 이전시키는 계약의 보험성 및 보험규제법 적용여부는 향후 지속적으로 발생할 문제로 예상된다. 이 문제를 해결하기 위해서는 보험과 보험 아닌 계약 사이의 경계를 나누는 명확한 기준 및 보험규제의 필요성에 관한 연구가 계속 이루어져야 할 것인데, 이것은 결국 보험계약이 무엇인가 하는 근본적인 문제에 관한 논의로 귀결될 것이다. AI의 등장, 예측하지 못한 전지구적 전염병 대유행 등 우리는 예측불허의 세상에 살고 있다. 위험은 무한히 진화하고 있고, 이미 사라졌다고 생각했던 단순한 위험에 무력하게 노출되기도 한다. 따라서 '보험이 무엇이며, 보험규제법의 영역은 어디까지인가, 보험규제법이 적용되지 않는다고 해서 인접한 금융규제법까지 적용되지 않아야 하는 것인가'라는 논의는 끊임없이 이어질 것이다. 본서의 연구가 이러한 논의에 작은 밑거름이 되기를 희망한다.

참고문헌

[국내문헌]

1. 단행본

김성태, 「보험법강론」, 법문사, 2001.
박세민, 「보험법」 제4판, 박영사, 2017.
성대규·안종민, 「한국보험업법」 개정판 2판, 두남, 2015.
손주찬, 「상법(하)」, 박영사, 1996.
양승규, 「보험법」제5판, 삼지원, 2005.
장덕조, 「보험법」 제3판, 법문사, 2016.
정찬형, 「상법강의(하)」 제18판, 박영사, 2016.

2. 학술논문

강현구, "보험상품의 판단기준에 대한 고찰 - 대법원 2014. 5. 29. 선고 2013도
    10457 판결을 중심으로 -", 『보험법연구』 제10권 제1호, 한국보험법학회,
    2016.
고재종, "채무면제 및 채무유예 서비스 상품에 대한 법적 규제", 『가천법학』 제8
    권 제4호, 가천대학교 법학연구소, 2015.
김선정, "무허가 보험업의 판단기준 - 대법원 2014. 5. 29. 선고 2013도10457 판결",
    월간생명보험, Vol.432, 2015.
_____, "미국에 있어서 채무면제 및 지급유예계약(DCDS)에 대한 연방규제의 전
    개", 『보험법연구』제9권 제2호, 한국보험법학회, 2015.
김용달, "언더라이팅과 위험관리 서비스 제고방안", 『방재와 보험』 Vol. 113, 2006.
김은경, "독일보험계약법 개정과 그 시사점", 『상사법연구』 제25권 4호, 한국상사
    법학회, 2007.

김진오, "보험업법이 규정하는 보험상품의 개념요소로서 '위험보장의 목적'을 판단하는 기준- 대상판결 : 대법원 2014. 5. 29. 선고 2013도10457 판결 : 공 2014하, 1364- ", BFL 제68호, 서울대학교 금융법센터, 소화, 2014.

박세민, "보험계약 및 약관 해석에 있어서 보험계약의 단체성과 개별성 원리의 조화 문제에 관한 소고", 『보험학회지』 제93집, 한국보험학회, 2012.

양승규, "보험료결정행위의 공동행위합의 추정의 복멸", 『손해보험』 (2005년 5월 호), 손해보험협회, 2005.

이현열, "보험단체론-보험의 본질을 중심으로-", 『보험학회지』 제103집, 한국보험 학회, 2015.

정경영, "보증보험 판례의 조망적 고찰", 『보험법연구』 제4권 제1호, 한국보험법 학회, 2010.

_____, "신용카드 채무면제·유예계약의 법률관계에 관한 소고", 『성균관법학』 제 28권 제1호, 성균관대학교 법학연구소, 2016.

정재욱/여윤희, "생명보험 언더라이팅 시 개인신용정보의 활용 효과 분석", 『금 융연구』 제25권 제1호, 2011.

최병규, "독점규제법과 보험의 관계 - 대법원 2010. 1. 14. 선고 2008두14739 판결 에 대한 평석을 중심으로 -", 『서울法學』 제18권 제1호.

한기정(편), 안재홍/양승현(집필부분), "개정 보험업법상 보험상품의 정의에 관련 된 이슈 검토", 보험법의 현대적 과제(BFL 총서 7), 서울대학교 금융법센 터, 소화, 2013.

한기정(편), 이봉의(집필부분), "보험산업의 특성과 카르텔 규제", 보험법의 현대 적 과제(BFL 총서 7), 서울대학교 금융법센터, 소화, 2013.

한기정, "보험업의 개념에 관한 연구", 『보험법연구』 제9권 제2호, 한국보험법학 회, 2015.

_____, "부동산 매매와 피보험이익에 관한 소고", 『서울대학교 법학』 제51권 제4 호, 2010.

_____, "자본시장통합법 제정방안과 금융고객 보호제도의 선진화", BFL 제18호, 서울대학교 금융법센터. 소화, 2006.

한창희, "카드채무면제유예서비스(DCDS)와 계약상 책임보험(CLIP)의 보험상품 성", 『손해사정연구』 제8권 제1호, 한국손해사정학회, 2016.

_____, "해외긴급의료지원서비스사업의 무허가보험사업성-대법원 2014. 5. 29. 선고 2013도10457 판결-", 『법과 기업 연구』 제5권 제1호, 서강대학교 법 학연구소, 2015.

3. 연구보고서 및 기타자료

KIS 한국신용평가, 「KIS 신용카드 분석보고서 2015」.

_____, 「KIS 신용카드 분석보고서 2016」.

김해식/서성민, "CDS와 DCDS, '동일위험, 동일규제'의 원칙 적용해야", 『KiRi Weekly』 (2010. 4. 26), 보험연구원.

박종희, "보험업법 개정안의 문제점 및 개선방안과 보험업 발전방향", 박종희 의원실 정책자료집, 2009.

유경원, "저소득층의 보험접근성 제고를 위한 소액보험(Microinsurance) 활성화 방안", 『보험동향』 제54호, 보험연구원, 2010.

이상제, 「채무면제·채무유예 금융 서비스와 정책 과제」, 한국금융연구원 보고서, 2006.

이인호/박민선, "국내 신용카드 산업의 역사와 현황", 『한국경제포럼』 제8권 제3호, 2015.

한기정, "DCDS의 법적 성격 등에 관한 법률자문"(미간행), 금융감독원 금융민원조정실.

_____, "영국 통합금융업법상 보험업의 일반성과 특수성-행위규제를 중심으로-", 「정책연구자료 2005-1」, 보험개발원·보험연구소, 2005.

[서양문헌]

"Note, Insurance Burial Associations-Definition of Insurance", *15 N.C.L. Rev. 417*, 1937.

"Note, The New York Stock Exchange Gratuity Fund: Insurance That Isn't Insurance", *59 Yale L.J. 780*, 1950.

"What Price Insurance?", CONSUMER REPORTS, July 1999.

Abraham, Kenneth S., "Four Conceptions of Insurance", *University of Pennsylvania Law Review*, Vol.161, No.3, 2013.

_____, *Distributing Risk: Insurance, Legal Theory and Public Policy*, New Haven: Yale University Press, 1986.

Abraham, Kenneth S./Schwarcz, Daniel, *Insurance Law and Regulation Cases and Materials*, 6th ed., Foundation Press, 2015.

Alsem, K. J./Antufjew, J./Huizingh, K. R. E./Koning, R. H./Sterken, E./Woltil, M.,

"Insurability of export credit risks", *SOM Research Report 03F07*, 2003.

Appleman, *Insurance Law and Practice*, 1982.

Arrow, KENNETH J., "Insurance, risk and resource allocation", in Arrow KJ (ed), *Essays in the theory of risk bearing*, North Holland, Amsterdam, 1970.

Athearn, James L., *Risk and Insurance*, Literary Licensing, LLC, 2012.

Avraham, Ronen et al., "Understanding Insurance Antidiscrimination Laws", *87 S. Cal. L. Rev. 195, 202*, 2014.

Baker, Tom, "Risk, Insurance, and the Social Construction of Responsibility" in Tom Baker and Jonathan Simon, *Embracing Risk: The Changing Culture of Insurance and Responsibility*(Chicago: University of Chicago Press, 2002), 2002.

Baker, Tom/Siegelman, Peter, "You want insurance with that? Using behavioral economics to protect consumers from add-on insurance products", *20 Conn. Ins. L.J. 1*, Fall, 2013.

Baker, Tom/Simon, Jonathan, "Embracing Risk", in Tom Baker/Jonathan Simon, *Embracing Risk: The Changing Culture of Insurance and Responsibility*, Chicago: University of Chicago Press, 2002.

Banks, Eric, *Alternative Risk Transfer-Integrated Risk Management through Insurance, Reinsurance, and the Capital Market-*, John Wiley & Sons, Ltd., 2004.

Barnett, Sivon & Natter, P.C. and McIntyre & Lemon, P.L.L.C., Debt Cancellation Contracts and Debt Suspension Agreements, AM. BANKERS ASS'N (May 23, 2012).

Berliner, B., *Limits of Insurability of Risks*, Englewood Cliffs: Prentice Hall, 1982.

Bickelhaupt, David L., *General Insurance*, Homewood, Ill. : R.D. Irwin, 1979.

Biener, Christian/Eling, Martin, "Insurability in Microinsurance Markets: An Analysis of Problems and Potential Solutions", *The Geneva Papers 37*, 2012.

Bruck/Möller, *Versicherungsvertragsgesetz*, Walter de Gruyter, 2009.

Burfeind, William F., "A New Sparkle for Credit Life", *Best's Rev. (Life-Health Ins. Ed.)*, July 1993.

Cady, Thomas C./Gates, Georgia Lee, "Post Claim Underwriting", *102 W. Va. L. Rev. 809*, 2000.

Comptroller of the Currency Administrator of National Banks, 「Insurance Activities」, Comptroller's Handbook, June 2002.

Cordell, Franklin D., "The Private Mortgage Insurer's Action for Rescission for Misrepresentation: Limiting a Potential Threat to Private Sector Participation in the Secondary Mortgage Market", *47 WASH. & LEE L. REV. 587*, 1990.

Crenshaw, Albert B., "Looking Twice at Credit Insurance: High Premiums, Low Payouts May Make Other Coverage a Better Deal", Wash. Post, Nov. 18, 1990.

Cummins, David J. /Freifelder, Leonard R., "A Comparative Analysis of Alternative Maximum Probable Yearly Aggregate Loss Estimators", Journals of Risk and Insurance, Vol. 45, 1978.

Dahlström, Kristina/Skea, Jim/Stahel, Walter R., "Innovation, Insurability and Sustainable Development: Sharing Risk Management between Insurers and the State." Geneva Papers On Risk & Insurance - Issues & Practice, Vol. 28, no. 3, 2003.

Dumas, Daniel, "Insurable Interest in Property Insurance Law", 18 R.D.U.S. 407, 423, 1988.

Durkin, Thomas A.(now retired) and Elliehausen, Gregory of the Federal Reserve Board's Division of Research and Statistics, "Consumers and Debt Protection Products: Results of a new Consumer Survey", Federal Reserve Bulletin, Vol. 98, No. 9., December 2012.

Emney, J., "The Spiral-2 years on", Address to the Insurance Institute, London, 16 October 1989.

Geddes, Rick, Public Utilities, ENCYCLOPEDIA OF LAW & ECONOMICS, 1999.

Gemperle, E. David/Rojc, J. Kenneth, "Auto Finance: Litigation and legislative developments impacting supplemental products, 66 Bus. Law. 495, 2011.

Grant, H. Roger, INSURANCE REFORM: CONSUMER ACTION IN THE PROGRESSIVE ERA, The Iowa State University Press, 1979.

Greene, Mark/Trieschmann, James, RISK AND INSURANCE, 5th ed., South-Western Publishing Co., U.S., 1981.

Gurley J/Shaw ES, Money in a theory of finance, Brookings Institution, Washington DC, 1960.

Harrington, S. E. /Danzon, P., "Rate Regulation, Safety Incentives, and Loss Growth in Workers' Compensation Insurance", Journal of Business, Vol. 73, 2000.

Harrington, S. E., "Effects of Prior Approval Regulation in Automobile Insurance", in J. David Cummins ed., DEREGULATING PROPERTY-LIABILITY INSURANCE: RESTORING COMPETITION AND INCREASING MARKET EFFICIENCY 285, 2002.

Harrington, Scott E., "Insurance Rate Regulation in the 20th Century", 19 J. OF INS. REG. 204, 2000.

Hellner, Jan, "The Scope of Insurance Regulation : What is Insurance for Purpose of

Regulation?", *The American Journal of Comparative Law*, Vol. 12, No. 4, 1963.

Henderson, Todd M., "Credit Derivatives are Not Insurance", *16 Conn. Ins. L.J. 1*, 2009.

Hofmann, Edgar, *Privatversicherungsrecht*, C.H.Beck, 1998.

Holmes, Eric Mills /Rhodes, Mark S., *Holmes's Appleman on Insurance*, 2d ed., 1996.

Holtom, R., "Restraints on Underwriting: risk selection, discrimination, and the law", National Underwriter Company, 1979.

IASB, *Insurance Contracts Draft Statement of Principles EXECUTIVE SUMMARY[Draft 25 September 2001]*.

IFRS, *Insurance Contracts Exposure Draft [Exposure Draft June 2013]*.

Jaffee, D.M./Russell, T., "Catastrophe insurance, capital markets, and uninsurable risks", Journal of Risk and Insurance 64(2), 1997.

Janssen, J., "Implementing the Kyoto mechanisms: Potential contributions by banks and insurance companies", *The Geneva Papers on Risk and Insurance—Issues and Practice 25(4)*, 2000.

John Birds, Birds' Modern Insurance Law, 9th ed., Sweet&Maxwell, 2013,

Karten, W.T., "How to expand the limits of insurability", *The Geneva Papers on Risk and Insurance—Issues and Practice* 22(4), 1997.

Keest, Kathleen, "The Cost of Credit: Regulation and Legal Challenges", The National Consumer Law Center, 1996.

Keeton, Robert E., *Basic Text on Insurance Law*, West Pub. Co., 1971.

Keeton, Robert E./Widiss, Alan I., *Insurance Law: A Guide to Fundamental Principles, Legal Doctrines and Commercial Practices*, West Publishing Co., 1988.

Kimball-Stanley, Arthur, "Insurance and Credit Default Swaps: Should Like Things Be Treated Alike?", *15 Conn. Ins. L.J. 241*, 2008.

Kimball, Spencer L., *Insurance and Public Policy*, University of Wisconsin Press, 1960.

_____, "The Purpose of Insurance Regulation: A Preliminary Inquiry in the Theory of Insurance Law", *45 MINN. L. REV. 471*, 1961.

Krogh, H. C., "Insurer Post-Insolvency Guaranty Funds", *Journal of Risk and Insurance*, Vol. 39, 1972.

Kulp, C.A., *CASUALTY INSURANCE*, 3rd ed., The Ronald Press, New York, 1956.

LEE R. RUSS & THOMAS F. SEGALLA, COUCH ON INSURANCE, 3d ed., 2008.

Levmore, Saul, "Monitors and Freeriders in Commercial and Corporate Settings", *92 Yale L.J. 49*, 1982.

Looschelders/Pohlmann, *Versicherungsvertragsgesetz*, Carl Heymanns Verlag, 2009.

Loshin, Jacob, "Insurance Law's Hapless Busybody: A Case Against the Insurable Interest Requirement", *The Yale Law Journal*, Vol. 117, Iss. 3, 2007.

Loubergè, Henry, "Development in Risk and Insurance Economics: The Past 40 Years", in George Dionne(ed.), *Handbook of Insurance*, 2nd ed., Springer, 2013.

MacGILLIVRAY & PARKINGT ON INSURANCE LAW, 7th ed., Michael Parkington General Editor, 1981.

Mclemore, Doyal, "Consumer Warranty or Insurance Contract? A View Towards a Rational State Regulatory Policy", *51 Ind. L.J. 1103*, 1976.

Meggitt, G., "Insurable interest-the doctrine that would not die", *Legal Studies*, Vol. 35, No.2, 2015.

Mehr, Robert I./Hedges, Bob A., *RISK MANAGEMENT IN THE BUSINESS ENTERPRISE*, Homewood, III., R.D. Irwin, 1963.

Mehr, Robert/Cammark, Emerson, *Principles of Insurance*, Irwin series in insurance and economic security, 1972.

Merkin, Robert, "Tort, Insurance and Ideology: Further Thoughts", *75(3) MLR 301*, 2012.

_____, *Colinvaux's Law of Insurance*, 9th ed., Sweet & Maxwell, 2010.

Merkin, Robert/Steele, *Jenny, Insurance and the Law of Obligations*, Oxford, 2013.

Miranda, M.J./Glauber, J.W., "Systematic risk, reinsurance, and the failure of crop insurance markets", *American Journal of Agricultural Economics 79(1)*, 1997.

Mitchum, JoClaudia, "THE DEATH OF CREDIT LIFE INSURANCE: MCCULLAR v. UNIVERSAL UNDERWRITERS LIFE INSURANCE COMPANY", *27 Cumb. L. Rev. 719*, 1996-1997.

Munch, P./Smallwood, D. E., "Solvency Regulation in the Property-Liability Insurance Industry: Empirical Evidence", *Bell Journal of Economics*, Vol. 11, 1980.

Nierhaus, F., "A strategic approach to insurability of risks", *The Geneva Papers on Risk and Insurance—Issues and Practice 11(2)*, 1986.

Omri Ben-Shahar/Carl E. Schnieder, "The Failure of Mandated Disclosure", *159 U. PA. L. REV. 647*, 2011.

Plantin, Guillaume/Rochet, Jean-Charles, *When Insurers Go Bust: An Economic Analysis of the Role and Design of Prudential Regulation*, Princeton University Press, 2007.

Reilley, Bob, "Debt cancellation: the preferred alternative to credit insurance", *ABA Banking Journal*, Vol. 93 Iss. 10, 2001.

Richard A. Posner, Economic Analysis of Law, 5th ed., 1998.

Riegel, Robert/Miller, Jerome S., *INSURANCE PRINCIPLES AND PRACTICES*, 5th ed.,

Prentice Hall, 1966.

Robert H. Jerry II/Douglas S. Richmond, *Understanding Insurance Law*, 5th ed., LexisNexis, 2012.

Rollo, Anthony/Seewald, Jeffrey R./ Plunkett, Daniel T., "UPDATE ON CREDIT INSURANCE ISSUES AND DEVELOPMENTS: AN INDUSTRY UNDER SIEGE", *58 Consumer Fin. L.Q. Rep. 238*, 2004.

Rollo, Anthony, "A Primer on consumer credit insurance", *54 Consumer Fin. L.Q. Rep. 52*, 2000.

Rollo, Anthony/Seewald, Jeffrey R. /Plunkett, Daniel T., "UPDATE ON CREDIT INSURANCE ISSUES AND DEVELOPMENTS: AN INDUSTRY UNDER SIEGE", *58 Consumer Fin. L.Q. Rep. 238*, 1996.

Rothschild, Michael/Stiglitz, Joseph E., "Equilibrium in Competitive Insurance Markets: An Essay on the Economics of Imperfect Information", *Quarterly Journal of Economics 90*, 1976.

Samini, Keyvan, "Third Party Extended Warranties and Service Contracts : Drawing the Line between Insurance and Warranty Agreements", *54 Ohio St. L. J. 537*, 1993.

Schmit, J.T., "A new view of the requisites of insurability", Journal of Risk and Insurance, Vol. 53, No. 2, 1986.

Sieg, Karl, *Allgemeines Versicherungsvertragsrecht*, 3. Aufl., Gabler, 1994.

Sorensen, Evan B./Zielinski, Kenne J., "The Insurable Interest Doctrine: What is it? And What Does It Mean?", Tressler LLP, 2013.

Spahn, Kenneth E., "Service Warranty associations : Regulating Service Contracts as "Insurance" under Florida's chapter 634", *Stetson Law Review*, Vol. 25, 1996.

Stapleton, Jane, "Tort Insurance and Ideology", *58 MLR 820*, 1995.

Swedloff, Rick, "Risk Classification's Big Data (R)evolution", *21 Conn. Ins. L.J. 339*, 2014-2015.

The English and Scottish Law Commission, *SUMMARY OF RESPONSES TO ISSUES PAPER 10: Insurable Interest*, April 2016.

U.K. COMPETITION COMMISSION, *MARKET INVESTIGATION INTO PAYMENT PROTECTION INSURANCE*, Jan. 29, 2009.

Vance, William R., *Handbook on the Law of Insurance*, 3rd ed., West Publishing Co., 1951.

Vermaat, A.J., "Uninsurability: A growing problem", *The Geneva Papers on Risk and Insurance—Issues and Practice 20(4)*, 1995.

Willett, Allan H., *THE ECONOMIC THEORY OF RISK AND INSURANCE*, Philadelphia :
    University of Pennsylvania Press, 1951.

Williams, C. A. Jr./Heins, R. M., *Risk Management and Insurance*, McGraw-Hill
    Publishing Company: New York, 1964.

Works, Robert, Coverage Clauses and Incontestable Statutes: The Regulation of
    Post-Claim Underwriting, *1979 U. ILL. I.F. 809.*

Wortham, Leah, "Insurance Classification: Too Important to be Left to Actuaries", *19
    University of Michigan Journal of Law Reform and Legislation 349*, 1985.

[일본문헌]

山下友信, 「保險法」初版, 有斐閣, 2005.

山下友信/竹濱修/洲崎博史/山本哲生, 「保險法」第3版 補訂版, 有斐閣アルマ, 2015.

山下友信(김원규 역), "日本의 保險業法의 現狀과 課題", 『상사법연구』 제22권 제
    5호, 한국상사법학회, 2004.

찾아보기

■ 임수민

서울대학교 법학부 졸업
법학박사(서울대학교)
(前) 법무부 상사법무과 사무관
(前) 국회 입법조사처 금융공정거래팀 입법조사관
(現) 충북대학교 법학전문대학원 조교수

채무면제계약의 보험성

초판 1쇄 인쇄 ┃ 2022년 03월 02일
초판 1쇄 발행 ┃ 2022년 03월 22일

지 은 이 임수민
발 행 인 한정희
발 행 처 경인문화사
편   집 박지현 김지선 유지혜 한주연 이다빈 김윤진
마 케 팅 전병관 하재일 유인순
출판번호 제406-1973-000003호
주   소 경기도 파주시 회동길 445-1 경인빌딩 B동 4층
전   화 031-955-9300 팩   스 031-955-9310
홈페이지 www.kyunginp.co.kr
이 메 일 kyungin@kyunginp.co.kr

ISBN 978-89-499-4958-1 93360
값 24,000원

ⓒ 임수민, 2022

서울대학교 법학연구소 법학 연구총서

● 학술원 우수학술 도서
▲ 문화체육관광부 우수학술 도서